## NE능률 영어교과서

대한민국 고등학생 **10**명 중 **4.7** 명이 보는 교과서

영어 고등 교과서 점유율 1위

[7차, 2007 개정, 2009 개정, 2015 개정]

## 리딩튜터

그동안 판매된
리딩튜터 1,900만 부
차곡차곡 쌓으면 19만 미터

**에베레스트 21 배 높이**

190,000m

에베레스트 8,848m

## 능률보카

그동안 판매된
능률VOCA 1,100만 부

대한민국 박스오피스
**천만명을 넘은 영화
단 28개**

## 그래머존

그동안 판매된 400만 부의 그래머존을 바닥에 쭉 ~ 깔면
**1000km** 서울 - 부산 왕복가능

서울

부산

## 교재 검토에 도움을 주신 선생님들

강군필 선생님 정오수학학원
강동호 선생님 리엔학원
고은영 선생님 키(KEY)영수학원
권경록 선생님 오창 로뎀학원
권이정 선생님 등용문학원
김기훈 선생님 영남고등학교
김남균 선생님 SDH어학원 세교캠퍼스
김대성 선생님 수원호매실킹스영어
김문희 선생님 브랜뉴영어
김민재 선생님 열공열강 영수학원
김민철 선생님 석관고등학교
김선경 선생님 마크영어
김수희 선생님 Sur English
김예원 선생님 서종원 영어학원
김용진 선생님 대성학원
김유빈 선생님 그레이스아카데미학원
김지은 선생님 제이포커스 잉글리쉬
김지현 선생님 리즈영어

김혜영 선생님 스터디원
류동현 선생님 지에듀(G EDU)
류선희 선생님 원테이블영어교습소
명가은 선생님 명가은 영어학원
송경주 선생님 대전대신고등학교
신상구 선생님 유신고등학교
신유정 선생님 비타민영어클리닉
양세희 선생님 양세희 수능영어학원
엄경화 선생님 리젠영어학원
유경미 선생님 천광학원(무무&차)
윤정희 선생님 앤즈잉글리쉬
윤현미 선생님 비비안의 잉글리쉬 클래스
이명순 선생님 Top Class English
이상준 선생님 상상이상학원
이선영 선생님 리더스 영어수학
이수빈 선생님 스카이 영수학원
이재윤 선생님 당곡고등학교
이정원 선생님 선정고등학교

이정진 선생님 존앤지나 영어전문학원
이제석 선생님 효성양지학원
이지은 선생님 임팩트 영어학원
이진선 선생님 ALL 바른영어
이진희 선생님 이진희영어
이현아 선생님 이은재 어학원
임한수 선생님 탑클래스학원
전미정 선생님 명성수학원
전성훈 선생님 훈선생영어학원
주자은 선생님 주쌤영어
진현경 선생님 솔루션영어
차희정 선생님 신예일학원
최경진 선생님 창현고등학교
최수근 선생님 Claire's reading club
최윤옥 선생님 이룸영어
허정욱 선생님 비비드영어학원

# 필히 통하는
# 고등 서술형 실전편

| | |
|---|---|
| 지은이 | NE능률 영어교육연구소 |
| 선임연구원 | 조은영 |
| 연구원 | 송민아, 박서경, 김영아 |
| 영문교열 | Curtis Thompson, Angela Lan |
| 디자인 | 김연주, 조가영 |
| 맥편집 | 김재민 |
| 영업 | 한기영, 이경구, 박인규, 정철교, 하진수, 김남준, 이우현 |
| 마케팅 | 박혜선, 남경진, 이지원, 김여진 |

**Let's grow together**

# NE능률이
# 미래를
# 창조합니다.

건강한 배움의 고객가치를 제공하겠다는 꿈을 실현하기 위해
42년 동안 열심히 달려왔습니다.

앞으로도 끊임없는 연구와 노력을 통해
당연한 것을 멈추지 않고

고객, 기업, 직원 모두가 함께 성장하는 NE능률이 되겠습니다.

# 필히 통하는 고등

## 서술형

**실전편**

# STRUCTURE

★ 고등 서술형 문항을 완벽하게 대비할 수 있도록 정교하게 설계된 이 책을 순서대로 학습하면,
틀리기 쉬운 문장 쓰기 점검부터 실전 서술형 적용까지 완료할 수 있습니다.

## PART 01 ★ 서술형 핵심 구문

총 40개의 서술형 핵심 구문이 내신에 출제되는 정도를 빈출도로 표기하고, 출제 POINT를 통해 출제 경향을 파악할 수 있도록 했습니다. 문장 구성 방식을 터득함으로써 서술형 점수를 높일 수 있을 것입니다.

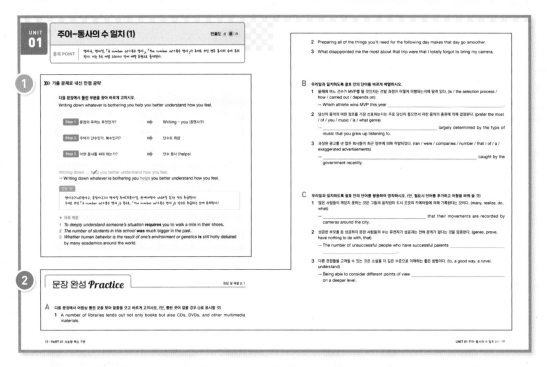

### ① ≫≫ 기출 문제로 내신 만점 공략

해당 문법 항목과 관련하여 가장 많이 출제되는 유형의 기출 문제와 3단계의 풀이 과정을 통해 효과적인 서술형 실전 연습이 가능합니다. 또한 만점 TIP 을 통해 서술형에서 흔히 놓치기 쉬운 포인트를 확인하고, 대표 예문에서 해당 구문의 형태를 익힐 수 있습니다.

### ② 문장 완성 *Practice*

앞서 학습한 서술형 문제 풀이 방법과 만점 TIP 을 적용해 내신 기출과 유사한 난이도의 문장 완성 문제를 풀어봅니다. 해당 문법 항목의 빈출 유형들로 구성되어 있어 실전에 효율적으로 대비할 수 있습니다.

### ③ 서술형 핵심 구문 REVIEW TEST

4~6개의 유닛을 학습한 뒤, REVIEW TEST를 통해 앞서 학습한 구문들을 점검합니다. 문장 연습 문제와, 실제 기출을 응용한 지문형 문제를 풀어보며 서술형에 대한 자신감을 키울 수 있습니다.

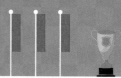

## PART 02 ★ 서술형 유형 완성

11개의 주요 서술형 유형을 선별하여 내신에 출제되는 정도를 빈출도로 표기하고, 대표 유형 과 유형 전략 을 제시하였습니다. 고난도 를 포함한 지문형 기출 응용 문제를 풀어보며 다양한 서술형 유형을 익힙니다.

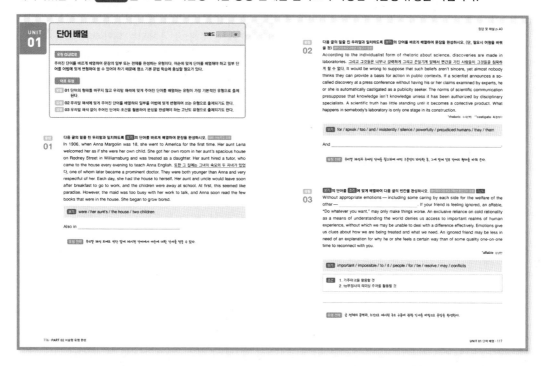

## PART 03 ★ 서술형 실전 TEST

6개의 지문과 12개의 문제들로 구성된 서술형 실전 TEST 6회분을 제공합니다. 실제 내신에 출제된 교과서, EBS 수능교재, 고1~2 학력평가 응용 지문 등을 수록하였으므로, 실제 시험처럼 풀어보며 내신 서술형에 대한 실전 감각을 키울 수 있습니다.

# 서술형 실력 향상을 위한 이 책의 활용법

## 핵심 구문 전략 학습

**UNIT 01**

각 문법·구문 항목이 주로 어떤 문제 유형으로 출제되는지 확인해 보세요. 예를 들어, '주어-동사의 수 일치'는 보통 어법상 틀린 부분을 고치거나 주어진 단어를 배열하는 유형으로 출제되는 편입니다. 따라서 서술형 대비를 위해 각 구문이 자주 출제되는 방식을 확인하고 반복적으로 연습해 볼 필요가 있습니다.

**출제 POINT** | 명사구, 명사절, 「a number of+복수 명사」, 「the number of+복수 명사」가 주어로 쓰인 경우 동사의 수에 유의한다. 이는 주로 어법 고치기나 단어 배열 유형으로 출제된다.

**>>> 기출 문제로 내신 만점 공략**

각 문법·구문 항목이 실제 기출에 어떻게 출제되는지 확인해 보세요. 정답을 도출하는 과정을 3단계로 제시하고 있으므로, 실전에서도 이를 활용하여 문제를 풀어 보세요.

다음 문장에서 **틀린 부분을 찾아 바르게 고치세요.**

Writing down whatever is bothering you help you better understand how you feel.

**Step 1** 문장의 주어는 무엇인가? ➡ Writing ~ you (동명사구)

**Step 2** 주어가 단수인가, 복수인가? ➡ 단수로 취급

**Step 3** 어떤 동사를 써야 하는가? ➡ 단수 동사 (helps)

각 문법·구문 항목과 관련된 문제를 풀이할 때 학습자들이 헷갈리기 쉬운 내용을 정리한 코너입니다. 내신 만점 공략을 위해 이 부분도 꼭 짚고 넘어가야 한다는 점을 기억하세요!

**만점 TIP**

명사구(to부정사구, 동명사구)나 명사절 주어(의문사절, 관계대명사 what절 등)는 단수 취급한다!
주어로 쓰인 「a number of+복수 명사」는 복수로, 「the number of+복수 명사」는 단수로 취급하는 것에 유의한다!

▶ **대표 예문**

1 *To deeply understand someone's situation* **requires** you to walk a mile in their shoes.
2 *The number of students in this school* **was** much bigger in the past.
3 *Whether human behavior is the result of one's environment or genetics* **is** still hotly debated by many academics around the world.

## 문장 완성 연습

## 문장 완성

내신 서술형에서는 단어 배열, 영작과 같이 문장의 일부 또는 전체를 완성하는 문제가 가장 많이 출제됩니다. 따라서 이 책에서도 해당 문제 유형을 반복적으로 풀어보도록 구성하였습니다. 문장 완성 훈련을 통해 실전에 완벽하게 대비해 보세요.

**A** 우리말과 일치하도록 괄호 안의 단어를 바르게 배열하시오.

1 그 기업의 이사회는 Klein 씨에게 CEO로서의 직위에서 물러나라고 촉구하고 있다. (step down from / is urging / his position / to / Mr. Klein)
→ The board of the company _____ as CEO.

상/중/하로 제시된 빈출도를 보고 어떤 유형이 내신 서술형에서 가장 많이 출제되는지 확인해 보세요. 단어 배열, 영작, 빈칸 채우기, 어법 유형이 빈출도 '상'에 해당하는 유형으로, 특정 구문의 어순과 형태에 맞게 문장을 완성하는 능력과 맥락에 맞게 빈칸에 들어갈 말을 추론할 수 있는 능력을 기르는 것이 중요합니다.

빈출도 [　　　] 상

### 유형 GUIDE

주어진 단어를 바르게 배~~~~
어를 어법에 맞게 변형~~

지문 기반 문제를 풀이하기 전에 자주 출제되는 대표 유형 세 가지를 확인해 보세요. 같은 단어 배열 유형이라도 일부 단어의 형태를 어법에 맞게 바꿔 쓰거나, 제시된 조건에 맞게 배열하는 등 다양한 방식으로 변형되어 출제될 수 있습니다. 따라서 유형별로 알맞은 전략을 적용하여 문제를 풀어 보세요.

### 대표 유형

**유형 01** 단어의 형태를 바꾸지 않고 우리말 해석에 맞게 주어진 단어를 배열하는 유형이 가장 기본적인 유형~~~~ 된다.

**유형 02** 우리말 해석에 맞게 주어진 단어를 배열하되 일부를 어법에 맞게 변형하여 쓰는 유형으로 출제되기도 한다.

**유형 03** 우리말 해석 없이 주어진 단어와 조건을 활용하여 문장을 완성해야 하는 고난도 유형으로 출제되기도 한다.

**[09~10] 다음 글을 읽고 물음에 답하시오.** 안산동산고등학교 2학년 중간고사 응용

Unlike coins and dice, humans have memories and do care about wins and losses. Still, the probability of a hit in baseball doesn't increase just because a player hasn't had one lately. If it is not bad luck, then a physical problem may be causing such a player to do poorly. (A) <u>Either way, a baseball player who had four outs in a row is not due for a hit, nor a player is who made four hits in a row due for an</u>

대부분의 학교에서 서술형 문제는 부분 점수가 없는 경우가 많습니다. 특히 배정이 높은 고난도 유형(어법상 틀린 부분을 고치고 이유 쓰기, 조건에 맞게 영작하기 등)을 틀리면 내신에서 높은 등급을 받지 못할 가능성이 있습니다. 실제 내신 서술형에 출제된 지문을 응용한 문제를 풀어본 후, 학습이 더 필요한 문법 항목과 유형이 무엇인지 파악하여 추가 학습 전략을 수립하는 것이 중요합니다.

고난도
**09** 윗글의 밑줄 친 (A)와 (B)에서 어법상 틀린 부분을 1개씩 찾아 바르게 고친 후, 그 이유를 쓰시오. (단, 틀린 부분과 바르게 고친 내용만 쓸 것) [10점]

(A) 정답: _____ → _____

　　이유: _____

## • 이 책에 쓰인 기호와 뜻

| 기호 | 뜻 | 기호 | 뜻 | 기호 | 뜻 |
|---|---|---|---|---|---|
| S | 주어 | V | 동사 | O | 목적어 |
| IO | 간접목적어 | DO | 직접목적어 | C | 보어 |
| SC | 주격보어 | OC | 목적격보어 | M | 수식어(구) |
| to-v | to부정사 | v-ing | 동명사, 현재분사 | p.p. | 과거분사 |

# CONTENTS

★ 권두부록 | 서술형 세부 유형 분석

## PART 02 | 서술형 유형 완성

## PART 03 | 서술형 실전 TEST

# 기출 분석 고등학교 명단 (210개교)

| 지역 | 학교명 | 지역 | 학교명 | 지역 | 학교명 |
|---|---|---|---|---|---|
| 부산 | 가야고 | 대구 | 대구중앙고 | 인천 | 부광고 |
| 강원 | 강릉명륜고 | 대구 | 대구혜화여고 | 부산 | 부산국제고 |
| 강원 | 강릉여고 | 부산 | 대연고 | 부산 | 부산외고 |
| 강원 | 강일여고 | 서울 | 대원고 | 부산 | 부산일과학고 |
| 경남 | 거제고 | 서울 | 대원외고 | 부산 | 부일외고 |
| 경남 | 거창대성고 | 서울 | 대일고 | 경기 | 분당고 |
| 부산 | 건국고 | 서울 | 대일외고 | 서울 | 상문고 |
| 경북 | 경구고 | 대전 | 대전관저고 | 전북 | 상산고 |
| 서울 | 경기고 | 대전 | 대전대신고 | 서울 | 상일여고 |
| 경남 | 경남외고 | 대전 | 대전동산고 | 광주 | 서강고 |
| 서울 | 경문고 | 대전 | 대전동신과학고 | 서울 | 서라벌고 |
| 서울 | 경성고 | 대전 | 대전외고 | 충남 | 서령고 |
| 대구 | 경신고 | 대전 | 대전중앙고 | 서울 | 서문여고 |
| 부산 | 경일고 | 부산 | 동래여고 | 서울 | 서울고 |
| 경남 | 경해여고 | 서울 | 동성고 | 서울 | 서울대부고 |
| 대구 | 경화여고 | 경기 | 동원고 | 경기 | 서울삼육고 |
| 대구 | 계성고 | 경기 | 동탄국제고 | 서울 | 서울예고 |
| 경기 | 계원예고 | 서울 | 명덕여고 | 서울 | 서울외고 |
| 광주 | 고려고 | 서울 | 명덕외고 | 경기 | 서현고 |
| 경기 | 고양외고 | 서울 | 명일여고 | 서울 | 선덕고 |
| 경기 | 과천외고 | 서울 | 목동고 | 서울 | 선화예고 |
| 광주 | 광덕고 | 전남 | 목포고 | 울산 | 성광여고 |
| 광주 | 광주동신고 | 전남 | 목포성신고 | 경기 | 성남외고 |
| 광주 | 광주동신여고 | 전남 | 목포중앙고 | 대구 | 성산고 |
| 광주 | 광주서석고 | 전남 | 목포혜인여고 | 서울 | 성신여고 |
| 충북 | 교원대부고 | 서울 | 문일고 | 부산 | 성지고 |
| 서울 | 구현고 | 인천 | 문일여고 | 충북 | 세광고 |
| 전북 | 군산중앙고 | 서울 | 미림여고 | 경기 | 세마고 |
| 경기 | 군포고 | 인천 | 미추홀외고 | 인천 | 세일고 |
| 부산 | 금성고 | 서울 | 반포고 | 서울 | 세종과학고 |
| 경기 | 김포외고 | 서울 | 배재고 | 세종 | 세종국제고 |
| 경남 | 김해경원고 | 서울 | 배화여고 | 세종 | 세종대성고 |
| 경남 | 김해외고 | 경기 | 병점고 | 서울 | 세화고 |
| 세종 | 다정고 | 대전 | 보문고 | 서울 | 세화여고 |
| 서울 | 단대부고 | 서울 | 보성고 | 경기 | 수원외고 |
| 대구 | 대건고 | 서울 | 보인고 | 경기 | 수지고 |
| 서울 | 대광고 | 충남 | 복자여고 | 서울 | 숙명여고 |
| 광주 | 대광여고 | 경기 | 복정고 | 광주 | 숭덕고 |

**\* 전국 자사고, 외고, 과학고, 거점형 일반고 등의 고1~2학년 내신에 출제된 서술형 문항을 면밀히 분석하였습니다.**

| 지역 | 학교명 | 지역 | 학교명 | 지역 | 학교명 |
|------|--------|------|--------|------|--------|
| 인천 | 숭덕여고 | 인천 | 인천과학고 | 충북 | 청주중앙여고 |
| 서울 | 숭의여고 | 인천 | 인천국제고 | 강원 | 춘천고 |
| 경기 | 신성고 | 인천 | 인천부흥고 | 강원 | 춘천여고 |
| 인천 | 신송고 | 인천 | 인천송천고 | 충북 | 충주중산고 |
| 서울 | 신일고 | 인천 | 인천외고 | 경남 | 통영여고 |
| 경기 | 심석고 | 인천 | 인천진산과학고 | 경북 | 포항고 |
| 대구 | 심인고 | 인천 | 인천청라고 | 경기 | 풍산고 |
| 경기 | 안산동산고 | 인천 | 인천포스코고 | 광주 | 풍암고 |
| 경기 | 양서고 | 경기 | 일산대진고 | 경기 | 하남고 |
| 서울 | 양정고 | 인천 | 작전고 | 울산 | 학성고 |
| 세종 | 양지고 | 서울 | 잠실여고 | 인천 | 학익고 |
| 서울 | 여의도고 | 경기 | 장안고 | 서울 | 한대부고 |
| 서울 | 영락고 | 부산 | 장안제일고 | 서울 | 한영고 |
| 서울 | 영신여고 | 경남 | 장유고 | 서울 | 한영외고 |
| 서울 | 영일고 | 서울 | 장훈고 | 충남 | 한일고 |
| 전남 | 영흥고 | 전남 | 전남외고 | 부산 | 해운대고 |
| 서울 | 예일여고 | 전북 | 전북여고 | 서울 | 현대고 |
| 경기 | 오산고 | 전북 | 전북외고 | 울산 | 현대청운고 |
| 서울 | 오산고 | 전북 | 전북제일고 | 서울 | 화곡고 |
| 충북 | 오송고 | 전북 | 전주한일고 | 서울 | 휘문고 |
| 전북 | 완산여고 | 경기 | 정명고 | | |
| 서울 | 용문고 | 서울 | 정의여고 | | |
| 울산 | 우신고 | 대구 | 정화여고 | | |
| 울산 | 울산외고 | 제주 | 제주제일고 | | |
| 전북 | 원광고 | 서울 | 중대부고 | | |
| 전북 | 원광여고 | 서울 | 중동고 | | |
| 강원 | 원주고 | 서울 | 중앙고 | | |
| 강원 | 원주삼육고 | 서울 | 중앙여고 | | |
| 강원 | 원주여고 | 서울 | 진명여고 | | |
| 강원 | 유봉여고 | 경기 | 진성고 | | |
| 경기 | 유신고 | 서울 | 창문여고 | | |
| 경기 | 의정부고 | 경남 | 창원경일고 | | |
| 서울 | 이대부고 | 경남 | 창원여고 | | |
| 전북 | 이리고 | 충남 | 천안고 | | |
| 서울 | 이화여고 | 충남 | 천안중앙고 | | |
| 서울 | 이화외고 | 충북 | 청원고 | | |
| 인천 | 인명여고 | 충북 | 청주고 | | |
| 인천 | 인일여고 | 충북 | 청주외고 | | |

# 🏁 서술형 세부 유형 분석 🏁

## 1. 단어 배열 (20%)

특정 구문의 어순에 맞게 단어를 배열하여 문장을 구성할 수 있는 능력을 요구하는 유형이다. 고등 내신 서술형에서는 5형식 문장, 현재완료와 과거완료 시제, to부정사와 동명사, 관계대명사, 병렬구조, 접속사 등을 평가하는 문제가 자주 출제된다.

| 세부 유형 | 특징 |
|---|---|
| 단순 배열 (60%) | 주어진 단어를 배열하여 문장을 완성하는 유형으로, 주어진 단어를 변형하거나 새로운 단어를 추가하지 않고 그대로 배열한다. 우리말 해석이 주어지는 경우도 있고, 주어지지 않는 경우도 있다. 조건이 제시되기도 한다. <br> **대표 지시문** <br> • 윗글의 괄호 안의 단어를 바르게 배열하시오. <br> • 위 글의 우리말과 같은 뜻이 되도록 아래 괄호 안의 단어를 알맞게 배열하시오. |
| 어형 변화 배열 (40%) | 주어진 단어를 배열하되 일부 단어를 어법에 맞게 바꿔 쓰는 유형이다. 우리말 해석이 주어지는 경우도 있고, 주어지지 않는 경우도 있다. 조건이 제시되기도 한다. <br> **대표 지시문** <br> • 다음 글의 밑줄 친 우리말과 일치하도록 〈보기〉의 주어진 단어들을 모두 사용하되, 필요시 변형하여 영작하시오. |

## 2. 영작 (14%)

특정 구문에 맞게 단어의 형태를 알맞게 변형하고, 어순에 맞게 문장을 구성할 수 있는 능력을 요구하는 유형이다. 고등 내신 서술형에서는 조동사, I wish/as if[though] 가정법, 비교 구문 등을 평가하는 문제가 자주 출제된다.

| 세부 유형 | 특징 |
|---|---|
| 기본 영작 (70%) | 주어진 일부 단어를 활용하여 우리말 해석에 맞게 문장을 완성하는 유형이다. 조건이 제시되기도 한다. <br> **대표 지시문** <br> • 윗글의 밑줄 친 우리말을 〈보기〉에 주어진 단어를 모두 한 번씩 사용하여 영어로 쓰시오. (필요시 어휘 추가 및 어형 변화 가능) |
| 고난도 영작 (30%) | **고난도 유형** 우리말 해석 없이 문맥에 맞게 주어진 단어만을 활용하여 문장을 완성하는 유형이다. 조건이 제시되기도 한다. <br> **대표 지시문** <br> • 다음 글의 흐름으로 보아 밑줄 (A)에 들어갈 말을 괄호 안의 주어진 단어를 이용하여 빈칸에 맞게 완성하시오. <br> • 위의 글에서 빈칸에 들어갈 말을 전체 흐름에 맞게 영작하시오. |

## 3. 빈칸 채우기 (14%)

본문의 전체적인 맥락을 파악하여 빈칸에 들어갈 내용을 추론할 수 있는 능력을 요구하는 유형이다. 어휘력과 구문 지식을 갖추고 있어야 빈칸에 알맞은 어구를 채워 넣을 수 있다.

| 세부 유형 | 특징 |
|---|---|
| 찾아 쓰기 (54%) | 빈칸에 들어갈 어구를 본문이나 〈보기〉에서 찾아 쓰는 유형이다. 빈칸에 공통으로 들어갈 단어를 찾아 쓰거나, 본문에서 찾은 단어를 어법에 맞게 바꿔 써야 하는 경우도 있다.<br>**고난도 유형** 주어진 조건에 맞게 특정 어구를 본문에서 찾아 쓰는 유형으로 출제되기도 한다.<br>**대표 지시문**<br>• 다음 빈칸 (A), (B)에 들어갈 단어를 본문에서 각각 찾아 쓰시오.<br>• 다음 빈칸에 들어갈 단어를 반드시 본문에서 찾아 변형하여 쓰시오. |
| 본문 빈칸 (46%) | 문맥상 본문의 빈칸에 들어갈 단어를 추론하여 쓰는 유형이다. 두 개 이상의 빈칸에 공통으로 들어갈 단어를 써야 하는 경우도 있다.<br>**대표 지시문**<br>• 다음 글의 흐름으로 보아, 빈칸 (A), (B), (C)에 들어갈 말로 가장 적절한 것을 주어진 철자로 시작하는 단어로 쓰시오.<br>• 다음 글을 읽고 각 빈칸 (A), (B)에 공통으로 들어갈 말을 한 단어로 쓰시오. |

## 4. 어법 (14%)

어법상 틀린 부분을 찾고 적절한 형태로 고쳐 쓸 수 있는 능력을 요구하는 유형이다. 수 일치, 분사구문, 관계대명사와 관계부사, 가목적어와 진목적어, 병렬구조 등을 평가하는 문제가 자주 출제된다.

| 세부 유형 | 특징 |
|---|---|
| 고치기 (86%) | 밑줄 친 부분 중 어법상 적절하지 않은 것을 찾아 고쳐 쓰거나, 밑줄 친 단어의 형태를 어법에 맞게 바꿔 쓰는 유형이다.<br>**고난도 유형** 밑줄 친 부분 없이 글 전체에서 틀린 부분을 찾아 고치는 유형으로 출제되기도 한다.<br>**대표 지시문**<br>• 다음 글의 밑줄 친 부분 중, 어법상 틀린 것을 2개 찾아 바르게 고치시오.<br>• 다음 글에서 어법상 어색한 부분을 두 개 찾아 올바르게 고친 후, 고친 문장 전체를 다시 쓰시오. |
| 고치고 이유 쓰기 (7%) | **고난도 유형** 밑줄 친 부분 중 어법상 틀린 것을 찾아 고치고, 그 이유를 쓰는 유형이다.<br>**대표 지시문**<br>• 다음 밑줄 친 부분 중 어법상 적절하지 않은 세 곳을 찾아 바르게 고치고, 왜 고쳐야 하는지 이유를 간단히 설명하시오. |
| 기타(골라 쓰기, 어법성 판단) (7%) | 네모 안에서 어법상 알맞은 것을 골라 쓰거나 밑줄 친 부분의 어법상의 역할을 파악하여 서술하는 유형이다.<br>**대표 지시문**<br>• 다음 괄호 안에서 어법상 적절한 표현을 골라 적으시오.<br>• 다음 주어진 문장에서 주어부(주어, 주어+수식어)에 해당하는 부분을 각각 쓰시오. |

## 5. 세부 내용 서술 (10%)

본문에서 특정 정보를 찾아 서술하거나 주요 내용과 연관된 질문에 대한 답을 찾아 쓸 수 있는 능력을 요구하는 유형이다.

| 세부 유형 | 특징 |
|---|---|
| 특정 내용 쓰기 (55%) | **본문에서 세부 정보를 찾아 우리말이나 영어로 서술하는 유형이다. 조건이 제시되기도 한다.**<br><br>대표 지시문<br>• 다음 글을 읽고, 평범한 사람들과 구별되는 창의적인 사람들의 특징 2가지를 우리말로 서술하시오.<br>• 환경운동가들의 활동으로 인해, 영향을 받을 수 있는 2가지 대상을 본문에서 찾아 영어로 쓰시오. |
| Q&A (34%) | **주어진 영어 질문에 대한 답을 본문에서 찾아 우리말이나 영어로 답하는 유형이다. 조건이 제시되기도 한다.**<br><br>대표 지시문<br>• 다음 글을 읽고 아래 질문에 우리말로 답하시오.<br>  Q: Why does the writer buy SIM cards when he goes abroad?<br>• According to the paragraph, what are the three factors that accelerated elephant poaching? (Write in English) |
| 도표 (11%) | **본문에서 세부 정보를 찾아 도표를 완성하는 유형이다. 조건이 제시되기도 한다.**<br><br>대표 지시문<br>• 윗글의 내용에 대한 질문과 답을 표로 작성하고자 한다. (A), (B)를 각각 완전한 영어 문장으로 작성하시오. |

## 6. 요약문 (6%)

글의 전체 내용을 이해하고 한두 문장으로 요약할 수 있는 능력을 요구하는 유형이다. 요약문의 빈칸에 들어갈 단어를 어법에 맞게 변형하거나 주어진 단어를 어순에 맞게 배열할 수 있어야 한다.

| 세부 유형 | 특징 |
|---|---|
| 빈칸 (80%) | **본문이나 〈보기〉에서 알맞은 단어를 골라 요약문의 빈칸을 완성하는 유형이다. 단어를 고른 후, 어법에 맞게 바꿔 써야 하는 경우도 있다. 조건이 제시되기도 한다.**<br><br>대표 지시문<br>• 다음 글의 내용을 한 문장으로 요약하고자 한다. 빈칸 (A), (B)에 들어갈 말로 가장 적절한 것을 본문에서 찾아 쓰시오.<br>• 다음 글의 내용을 두 문장으로 요약한 것이다. 빈칸 (A), (B), (C)에 들어갈 말을 〈보기〉에서 찾아 쓰시오. (필요시 단어의 형태를 변형할 것) |
| 배열 (10%) | **〈보기〉에 주어진 어구를 배열하여 요약문을 완성하는 유형이다.**<br><br>대표 지시문<br>• 다음 글의 내용을 한 문장으로 요약하고자 할 때 주어진 〈조건〉에 맞게 〈보기〉의 단어들을 모두 활용하여 빈칸에 들어갈 알맞은 말을 완성하시오. |

| 기타<br>(도표, 한글)<br>(10%) | 본문 내용을 요약한 도표를 완성하거나 우리말 요약문의 일부를 완성하는 유형이다. 요약문을 우리말로 직접 작성해야 하는 경우도 있다. |
|---|---|
| | 대표 지시문<br>• 다음 글을 읽고, 주어진 글을 요약한 〈표〉의 (A), (B), (C)를 영어로 된 구나 절로 완성하시오.<br>• 다음 글을 읽고, (A), (B), (C)의 빈칸에 들어갈 문장을 본문의 내용에 근거하여 우리말로 쓰시오.<br>• 위 글에서 필자가 주장하는 바를 요약하여 30자 이내의 우리말로 쓰시오. |

# 7. 지칭 내용 및 의미 (6%)

밑줄 친 대명사나 어구가 지칭하는 내용을 찾는 능력, 문맥상 밑줄 친 부분이 의미하는 바를 추론할 수 있는 능력을 요구하는 유형이다.

| 세부 유형 | 특징 |
|---|---|
| 지칭 내용<br>(41%) | 밑줄 친 어구가 가리키는 내용을 찾아 우리말이나 영어로 쓰는 유형이다. 조건이 제시되기도 한다.<br>대표 지시문<br>• 다음 글의 밑줄 친 this possibility가 의미하는 것을 20자 내외의 우리말로 쓰시오. |
| 지칭 대상<br>(34%) | 밑줄 친 부분이 가리키는 대상을 찾아 쓰거나, 밑줄 친 부분들 중 가리키는 대상이 다른 것을 골라 그것이 무엇을 지칭하는지 찾아 쓰는 유형이다.<br>대표 지시문<br>• 다음 글의 밑줄 친 (A), (B)가 가리키는 대상을 본문에서 찾아 쓰시오.<br>• 다음 글의 밑줄 친 he(him)가 가리키는 대상이 나머지 넷과 다른 것을 찾아 번호를 쓰고, 그것이 지칭하는 바가 무엇인지 본문에서 찾아 쓰시오. |
| 의미 서술<br>(25%) | 고난도 유형 밑줄 친 부분의 문맥적 혹은 함축적 의미를 서술하는 유형이다. 조건이 제시되기도 한다.<br>대표 지시문<br>• 밑줄 친 If we can't see it, we don't think about it의 문맥적 의미를 우리말로 서술하시오. |

## 8. 대의파악 (5%)

글의 주제·주장·요지·목적 등을 파악하고 이를 표현하는 능력을 요구하는 유형이다.

| 세부 유형 | 특징 |
|---|---|
| 서술 (37%) | 글의 주제나 요지 등을 우리말 또는 영어로 서술하는 유형이다. 조건에 맞게 서술하는 고난도 유형으로 출제되기도 한다.<br><br>**대표 지시문**<br>• 다음을 읽고 요지를 한 문장의 영어로 쓰시오. (단, 본문의 문장을 그대로 쓰지 말고, 본인이 영작할 것) |
| 완성 (36%) | 글의 주제·제목·주장·요지 등의 빈칸에 들어갈 단어를 쓰는 유형이다. 주어진 일부 단어를 활용하여 주제나 제목 등을 완성해야 하는 경우도 있다. 조건이 제시되기도 한다.<br><br>**대표 지시문**<br>• 다음 글의 요지를 본문에 있는 단어들만 사용하여 빈칸에 알맞게 완성하시오. |
| 배열 (21%) | 주어진 단어들을 알맞게 배열하여 글의 주제·제목·주장·요지 등을 완성하는 유형이다. 일부 단어는 어법에 맞게 변형해야 하는 경우도 있다. 조건이 제시되기도 한다.<br><br>**대표 지시문**<br>• 다음 글을 읽고, 〈보기〉에 주어진 단어를 사용하여 이 글의 요지를 완성하시오. |
| 기타(찾아 쓰기, 연결하기) (5%) | 본문에서 요지나 주장이 가장 잘 드러난 문장을 찾아 쓰거나 주어진 사례들을 글의 세부 주제와 연결하는 유형이다.<br><br>**대표 지시문**<br>• 다음 글의 요지가 가장 잘 드러난 한 문장을 찾아 쓰시오.<br>• 아래 [가]의 사례(A~C)가 아래 [나]의 color matching, disruptive coloration, active camouflage, mimesis 중 무엇에 해당하는지 각각 찾아 쓰시오. |

## 9. 어휘 (4%)

영영 뜻풀이에 해당하는 단어를 쓰거나 문맥상 어색한 어휘를 찾아낼 수 있는 능력을 요구하는 유형이다. '고치기'와 '골라 쓰기' 유형에서는 주로 반의어나 형태가 비슷한 어휘를 제시하므로 탄탄한 어휘력을 갖추어야 한다.

| 세부 유형 | 특징 |
|---|---|
| 영영정의 (47%) | 주어진 영영 뜻풀이를 참고하여 본문의 빈칸에 들어갈 단어를 쓰는 유형이다. 영영 뜻풀이에 해당하는 단어를 어법에 맞게 바꿔 써야 하는 경우도 있다.<br><br>**대표 지시문**<br>• 주어진 영영사전의 의미를 참고하여 윗글의 빈칸 (A)에 들어갈 가장 알맞은 단어를 쓰시오. |
| 고치기 (44%) | 밑줄 친 부분 중 문맥상 어색한 어휘를 찾아 고쳐 쓰는 유형이다. 문장이나 글 전체에서 어색한 부분을 찾아 고쳐야 하는 경우도 있다. 조건이 제시되기도 한다.<br><br>**대표 지시문**<br>• 위 글의 밑줄 친 부분 중 문맥상 낱말의 쓰임이 적절하지 <u>않은</u> 것을 찾아 번호를 쓰고, 바르게 고치시오. |

| 골라 쓰기<br>(7%) | 네모나 괄호 안에서 문맥상 적절한 어휘를 골라 쓰는 유형이다.<br><br>대표 지시문<br>• 다음 글의 괄호 (A), (B), (C) 안에서 문맥상 맞는 단어를 골라 각각 쓰시오. |
|---|---|
| 기타(핵심 어휘)<br>(1%) | 본문에서 핵심 단어를 찾고, 그와 어울리지 않는 표현을 골라 쓰는 유형이다.<br><br>대표 지시문<br>• 위 글에서 가장 핵심적인 내용을 나타내는 단어 하나를 본문에서 찾아 쓰고, 그 의미를 우리말로 작성하시오.<br>그리고 글 속 밑줄 친 표현들 중 해당 단어와 어울리지 않는 표현 두 가지를 골라 쓰시오. |

## 10. 문장 전환 (4%)

특정 구문을 활용하여 문장을 바꿔 쓸 수 있는 능력을 요구하는 유형이다. 내신 서술형에서는 수동태, 분사구문, 가정법, 「It seems that ~」 구문 등을 평가하는 문제가 자주 출제된다.

| 세부 유형 | 특징 |
|---|---|
| 바꿔 쓰기<br>(85%) | 어구나 문장을 특정한 구문으로 바꿔 쓰거나 동일한 의미가 되도록 바꿔 쓰는 유형이다. 조건이 제시되기도 한다.<br><br>대표 지시문<br>• 다음 문장을 'It ~ that ~' 구문으로 바꿔 쓰시오. |
| 문장 결합<br>(15%) | 주어진 두 문장을 결합하여 한 문장으로 만드는 유형이다. 조건이 제시되기도 한다.<br><br>대표 지시문<br>• 다음 문장 (1), (2)를 관계대명사를 사용하여 각각 한 문장으로 완성하시오. |

## 11. 흐름 및 내용 이해 (2%)

글을 읽고 해석할 수 있는 능력과 더불어 글의 논리적인 흐름을 파악할 수 있는 능력을 요구하는 유형이다.

| 세부 유형 | 특징 |
|---|---|
| 우리말 해석<br>(49%) | 밑줄 친 어구나 문장을 우리말로 해석하는 유형이다.<br><br>대표 지시문<br>• 윗글의 밑줄 친 부분을 10단어 이내의 한글로 해석하시오. |
| 순서 배열<br>(36%) | 주어진 글 다음에 올 문장들을 순서에 맞게 나열하는 유형이다.<br><br>대표 지시문<br>• 주어진 글 다음에 이어질 글의 순서를 흐름에 맞게 배열하시오. |
| 글의 흐름<br>(15%) | 문맥상 주어진 문장이 들어갈 위치를 찾아 쓰거나 글의 흐름상 무관한 문장을 찾는 유형이다.<br><br>대표 지시문<br>• 다음 문장이 들어가기에 가장 적절한 곳의 앞뒤 각각 1단어를 쓰시오.<br>• 다음 글에서 전체 흐름과 관계없는 문장을 골라서 답안지에 적으시오. |

# PART

# 01

## 서술형 핵심 구문

# UNIT
# 01-40

# 주어-동사의 수 일치 (1)

빈출도 (상) (중) (하)

출제 POINT | 명사구, 명사절, 「a number of+복수 명사」, 「the number of+복수 명사」가 주어로 쓰인 경우 동사의 수에 유의한다. 이는 주로 어법 고치기나 단어 배열 유형으로 출제된다.

---

### >>> 기출 문제로 내신 만점 공략

다음 문장에서 **틀린** 부분을 찾아 바르게 고치시오.

Writing down whatever is bothering you help you better understand how you feel.

| Step 1 | 문장의 주어는 무엇인가? | ➡ | Writing ~ you (동명사구) |

| Step 2 | 주어가 단수인가, 복수인가? | ➡ | 단수로 취급 |

| Step 3 | 어떤 동사를 써야 하는가? | ➡ | 단수 동사 (helps) |

Writing down ... help you better understand how you feel.
⇒ Writing down whatever is bothering you helps you better understand how you feel.

만점 TIP

명사구(to부정사구, 동명사구)나 명사절 주어(의문사절, 관계대명사 what절 등)는 단수 취급한다!
주어로 쓰인 「a number of+복수 명사」는 복수로, 「the number of+복수 명사」는 단수로 취급하는 것에 유의한다!

▶ 대표 예문

1 *To deeply understand someone's situation* **requires** you to walk a mile in their shoes.
2 *The number of students in this school* **was** much bigger in the past.
3 *Whether human behavior is the result of one's environment or genetics* **is** still hotly debated by many academics around the world.

---

## 문장 완성 *Practice*

정답 및 해설 p.1

**A** 다음 문장에서 어법상 틀린 곳을 찾아 밑줄을 긋고 바르게 고치시오. (단, 틀린 곳이 없을 경우 O로 표시할 것)

1 A number of libraries lends out not only books but also CDs, DVDs, and other multimedia materials.

**2** Preparing all of the things you'll need for the following day makes that day go smoother.

**3** What disappointed me the most about that trip were that I totally forgot to bring my camera.

<br>

**B** 우리말과 일치하도록 괄호 안의 단어를 바르게 배열하시오.

**1** 올해에 어느 선수가 MVP를 탈 것인지는 선발 과정이 어떻게 이행되는지에 달려 있다. (is / the selection process / how / carried out / depends on)

→ Which athlete wins MVP this year _____.

**2** 당신이 음악의 어떤 장르를 가장 선호하는지는 주로 당신이 들으면서 자란 음악의 종류에 의해 결정된다. (prefer the most / of / you / music / is / what genre)

→ _____ largely determined by the type of music that you grew up listening to.

**3** 과장된 광고를 낸 많은 회사들이 최근 정부에 의해 적발되었다. (ran / were / companies / number / that / of / a / exaggerated advertisements)

→ _____ caught by the government recently.

<br>

**C** 우리말과 일치하도록 괄호 안의 단어를 활용하여 영작하시오. (단, 필요시 단어를 추가하고 어형을 바꿔 쓸 것)

**1** 많은 사람들이 깨닫지 못하는 것은 그들의 움직임이 도시 곳곳의 카메라들에 의해 기록된다는 것이다. (many, realize, do, what)

→ _____ that their movements are recorded by cameras around the city.

**2** 성공한 부모를 둔 성공하지 못한 사람들의 수는 유전자가 성공과는 전혀 관계가 없다는 것을 입증한다. (genes, prove, have nothing to do with, that)

→ The number of unsuccessful people who have successful parents _____

_____.

**3** 다른 관점들을 고려할 수 있는 것은 소설을 더 깊은 수준으로 이해하는 좋은 방법이다. (to, a good way, a novel, understand)

→ Being able to consider different points of view _____ on a deeper level.

# UNIT 02

## 주어-동사의 수 일치 (2)

빈출도 (상) 중 (하)

출제 POINT | 주어부에 수식어구나 부분 표현이 쓰인 문장의 경우, 동사의 수에 유의한다. 이는 주로 어법 고치기나 단어 배열 유형으로 출제된다.

### >>> 기출 문제로 내신 만점 공략

다음 문장에서 <u>틀린</u> 부분을 찾아 바르게 고치시오.

The "24-hour" news cycle that emerged from the rise of cable TV are now a thing of the past.

Step 1 | 문장의 주어가 무엇인가?  ➡  The "24-hour" news cycle ~ cable TV

Step 2 | 수식어구를 뺀 핵심 주어는 무엇인가?  ➡  The "24-hour" news cycle

Step 3 | 어떤 동사를 써야 하는가?  ➡  단수 동사 (is)

The "24-hour" news cycle that emerged from the rise of cable TV are now a thing of the past.
⇒ The "24-hour" news cycle that emerged from the rise of cable TV is now a thing of the past.

> 만점 TIP
>
> 주어부에 수식어구가 있을 경우, 수식어구를 제외한 핵심 주어에 동사의 수를 맞추자!
> 「부분 표현+of+명사」 구문에서는 of 뒤의 명사에 동사의 수를 맞추지만, 「one[each]+of+복수 명사」 뒤에는 반드시 단수 동사가 온다는 것을 기억해두자!

▶ 대표 예문

1 *The ability* to see what the future will look like **is** one that many entrepreneurs possess.
2 *One third of the survey participants* **say** that they'd like to see more parks and trees in their city.

---

## 문장 완성 *Practice*

정답 및 해설 p.1

**A** 다음 문장에서 어법상 틀린 곳을 찾아 밑줄을 긋고 바르게 고치시오. (단, 틀린 곳이 없을 경우 O로 표시할 것)

1 The teacups that are on this antique table was handed down to me from my grandmother.

2 The quickest way to solve most problems is often the simplest way, so it's best not to overthink things.

20 • PART 01 서술형 핵심 구문

**3** This photo taken by one of the most renowned photographers in the world show the horrors of war.

**4** Interestingly, each of the Olympic gold medalists running in this marathon are from Kenya, a country well-known for its skilled runners.

**5** Because most of the plastic particles in the ocean is so small, there is no practical way to clean up the ocean.

**B** 우리말과 일치하도록 괄호 안의 단어를 바르게 배열하시오.

**1** 조용하고, 집중을 방해하는 것이 없는 어떤 장소는 공부에 집중하기 위해 내가 필요로 하는 것이다. (to focus on / I need / what / studying / is)

→ Some place quiet and free of distractions _____.

**2** 발전소에서의 화재에 책임이 있는 그 안전 검사관들은 자신들의 직무를 소홀히 한 것에 대해 조사 중이다. (for / their duties / are / neglecting / under investigation)

→ The safety inspectors responsible for the fire at the power plant _____

_____.

**3** 그 설문조사에 따르면, 미국 성인들 중 5분의 1보다 적은 사람들은 그들이 소셜 미디어 광고를 신뢰한다고 말한다. (of / say / fewer than / US adults / one-fifth)

→ According to the survey, _____ they trust social media advertisements.

**C** 우리말과 일치하도록 괄호 안의 단어를 활용하여 빈칸에 알맞은 말을 쓰시오. (단, 필요시 단어를 추가하고 어형을 바꿔 쓸 것)

**1** 당신 책상 옆의 탁자 위에 쌓여 있는 그 문서들은 그 회사의 회계사들에 의해 검토되었다. (review, accountant, by, the company's)

→ The papers piling up on the table by your desk _____ _____ _____ _____

_____ _____.

**2** 돌고래에 관한 가장 흥미로운 사실들 중 하나는 그들이 두 개의 위장을 갖고 있다는 것인데, 음식을 저장하기 위해서 사용되는 하나와, 소화를 위해 사용되는 다른 하나이다. (that, stomach, have)

→ One of the most interesting facts about dolphins _____ _____ _____

_____ _____ _____, with one used for storing food and the other for digestion.

**3** 10대들에게는, 친구들 및 다른 사회 집단들의 기준에 순응해야 한다는 압박감이 심할 가능성이 있다. (intense, be likely to)

→ For teenagers, the pressure to conform to the standards of friends and other social groups

_____ _____ _____ _____ _____.

# 3형식과 4형식 문장

빈출도 상 중 하

출제 POINT | 「주어+동사+간접목적어+직접목적어」 형태의 4형식 문장은 「주어+동사+직접목적어+to[for]+간접목적어」 형태의 3형식 문장으로 바꿔 쓸 수 있다. 이는 주로 단어 배열이나 어법 고치기 유형으로 출제된다.

## >>> 기출 문제로 내신 만점 공략

다음 문장에서 <u>틀린</u> 부분을 찾아 바르게 고치시오.

The chemical formula for water, $H_2O$, tells to us that a water molecule is made up of two hydrogen atoms and one oxygen atom.   *chemical formula: 화학식

| Step 1 | 문장의 동사는 무엇인가? | ➡ | tells (4형식 동사) |
| Step 2 | 그 동사는 어떤 문장 구조를 취하는가? | ➡ | 「주어+동사+간접목적어+직접목적어」 |
| Step 3 | 구조에 맞지 않는 부분이 있는가? | ➡ | 있음 (불필요한 전치사 to) |

The chemical formula for water, $H_2O$, tells ~~to~~ us that a water molecule is made up of ....

⇒ The chemical formula for water, $H_2O$, tells <u>us</u> that a water molecule is made up of two hydrogen atoms and one oxygen atom.

만점 TIP

3형식 문장에서 전치사 to을 쓰는 동사와 for을 쓰는 동사를 구분하여 기억해두자!

▶ 대표 예문

This department store **is giving** all of its customers a 20% discount.
(→ This department store **is giving** a 20% discount **to** all of its customers.)

# 문장 완성 *Practice*

정답 및 해설 p.2

A 다음 문장에서 어법상 <u>틀린</u> 곳을 찾아 밑줄을 긋고 바르게 고치시오. (단, 틀린 곳이 없을 경우 O로 표시할 것)

1  When I was pulled over, I rolled down my window and handed my driver's license for the police officer.

**2** Many friends and colleagues bought baby toys and books to Rachel, who has recently given birth to a baby.

**3** We don't have to order when we come to this restaurant because the chef automatically makes us our favorite dish as soon as he sees us.

**B** 우리말과 일치하도록 괄호 안의 단어를 바르게 배열하시오.

**1** 호혜주의는 포획된 상황에서 침팬지 한 마리에게 많은 양의 먹이를 건네주고 뒤이어 일어나는 것을 관찰함으로써 탐구될 수 있다. (a large amount of / handing / food / one chimpanzee)

→ Reciprocity can be explored in captivity by _____

and then observing what follows.   *reciprocity: 호혜주의, 상호의 이익

**2** 프랑스의 한 수학자는 수학이 서로 다른 것들에게 같은 이름을 부여하는 예술이라고 말했다. (giving / different things / the same name / to)

→ A French mathematician said that mathematics is the art of _____

_____.

**3** 저희 강습소는 여러분의 아이들에게 여름 동안 춤을 배울 기회를 제공하게 되어 기쁩니다. (the opportunity / dancing / offer / to learn / your kids)

→ Our studio is pleased to _____ during the summer.

**C** 우리말과 일치하도록 괄호 안의 단어를 활용하여 빈칸에 알맞은 말을 쓰시오. (단, 필요시 단어를 추가하고 어형을 바꿔 쓸 것)

**1** 그 세무서는 이달 말까지 필요한 서류들을 당신에게 보내줄 것이다. (the necessary documents, send)

→ The tax office will _____ _____ _____ _____ _____ _____

by the end of the month.

**2** Sally의 부모님은 그녀가 주중에 대학교까지 쉽게 통학할 수 있도록 그녀에게 이 차를 사 주셨다. (get, parents, car)

→ _____ _____ _____ _____ _____ _____ _____ so

that she can easily commute to her university during the week.

**3** 이 1시간 길이의 다큐멘터리를 통해서, 우리는 우리의 시청자들에게 우주 탐험의 역사를 보여줄 것이다. (the history, space exploration, show, of, audience)

→ Through this one-hour long documentary, we are going to _____ _____ _____

_____ _____ _____ _____ _____ _____.

# 5형식 문장 (1)

출제 POINT | 5형식 문장은 「주어+동사+목적어+목적격보어」의 구조로, 여기서는 목적격보어로 to부정사가 쓰인 경우를 다룬다. to부정사 목적격보어가 있는 5형식 문장은 주로 단어 배열이나 영작 유형으로 출제된다.

## >>> 기출 문제로 내신 만점 공략

우리말과 일치하도록 괄호 안의 단어를 바르게 배열하시오.

나의 자원봉사 경험은 내가 각계각층의 사람들과 함께 일할 수 있게 해주었다. (all walks of life / to / with / from / me / work / allowed / people)  *all walks of life: 각계각층

→ My volunteer experience has _____.

| Step 1 문장의 동사는 무엇인가? | ➡ | has allowed |
| Step 2 문장 구조가 어떻게 되는가? | ➡ | 「주어+동사+목적어+목적격보어」 |
| Step 3 목적격보어는 어떤 형태인가? | ➡ | to부정사 (to work) |

⇒ My volunteer experience has allowed me to work with people from all walks of life.

만점 TIP

5형식 문장의 구조를 기억하고, 목적격보어로 to부정사를 쓰는 동사들을 빠짐없이 알아 두자!

▶ 대표 예문
1 This catering company **asked** us **to dispose of** all of our food waste in the bin over there.
2 Many religions **persuade** people **to follow** a certain set of rules in order to improve their lives.

## 문장 완성 *Practice*

정답 및 해설 p.3

**A** 우리말과 일치하도록 괄호 안의 단어를 바르게 배열하시오.

1 그 기업의 이사회는 Klein 씨에게 CEO로서의 직위에서 물러나라고 촉구하고 있다. (step down from / is urging / his position / to / Mr. Klein)

→ The board of the company _____ as CEO.

**2** 건강검진은 환자들이 그들의 신체의 강점들과 약점들을 더 잘 이해하게 해준다. (their body's / understand / weaknesses / allow / and / to / patients / strengths)

→ Medical checkups _____ better.

**3** 그 보안 요원들은 특별 출입증을 가지고 있지 않으면 그 배우의 팬들이 무대 뒤로 가는 것을 허용해 주지 않는다. (not / go backstage / permit / to / do / the actor's fans)

→ The security guards _____ unless they have a special pass.

**4** Nile 교수는 그의 학생들이 고대 이집트에 관한 그들의 연구를 위해 인터넷과 도서들을 모두 이용하도록 권했다. (both / books / encouraged / and / use / his students / to / the internet)

→ Professor Nile _____ for their research on ancient Egypt.

**5** 환경과 관련된 규정들은 시민들과 사업체들이 그들의 행동의 환경적인 영향을 보다 주의 깊게 고찰하도록 만든다. (and / force / consider / citizens / businesses / to)

→ Environmental regulations _____ the environmental impact of their behavior more carefully.


**B** 우리말과 일치하도록 괄호 안의 단어를 활용하여 영작하시오. (단, 필요시 단어를 추가하고 어형을 바꿔 쓸 것)

**1** 모든 감독관은 그 건설 노동자들에게 눈이 그칠 때까지 그들의 일을 중단하라고 말했다. (tell, cease, the construction worker, work)

→ All of the supervisors _____ until the snow stopped.

**2** 운전 강사들은 그들의 학생들이 도로 법규들에 따라 운전하도록 가르친다. (teach, driving instructor)

→ _____ according to the rules of the road.

**3** Natalie는 그녀의 아들에게 그의 친구들과 공원에 가서 운동을 좀 하라고 권했다. (advise, the park)

→ Natalie _____ with his friends and get some exercise.

**4** 그 훈련이 끝나자, 병장은 그 병사들에게 숙소로 돌아가라고 지시했다. (the soldiers, head back, order)

→ When the training was over, the sergeant _____ to the dormitory.    *sergeant: 병장

**5** 그 무대 뒤에서 피어오르는 이상한 연기가 관객들로 하여금 극장을 일찍 떠나게 했다. (the audience, the theater, cause, leave)

→ The strange smoke rising from behind the stage _____ early.

**6** 그 연구에 따르면, 직장에서 경쾌한 음악을 틀어주는 것은 직원들이 다른 사람들과 더욱 협동적이 되도록 이끌 수 있다. (employee, lead, more cooperative)

→ According to the study, playing upbeat music in workplaces can _____ _____ with others.

# 5형식 문장 (2)

빈출도 (상) (중) (하)

출제 POINT | 5형식 문장에서는 to부정사 외에도 형용사, 명사, 분사, 동사원형이 목적격보어로 쓰일 수 있다. 이러한 문장은 주로 단어 배열이나 영작 유형으로 출제된다.

## 》》 기출 문제로 내신 만점 공략

우리말과 일치하도록 괄호 안의 단어를 바르게 배열하시오.

그녀의 열정이 그녀가 각각의 동작을 완벽하게 할 때까지 그 동작들을 수백 번 연습하게 만들었다. (the moves / her / made / hundreds of times / practice)

→ Her enthusiasm _____ until she perfected each one.

| Step 1 | 문장의 동사는 무엇인가? | ➡ | made (~하게 만들었다) |
| Step 2 | 문장 구조가 어떻게 되는가? | ➡ | 「주어+동사+목적어+목적격보어」 |
| Step 3 | 목적격보어는 어떤 형태인가? | ➡ | 동사원형 (practice) |

⇒ Her enthusiasm <u>made her practice the moves hundreds of times</u> until she perfected each one.

만점 TIP

목적어와 목적격보어의 관계가 능동일 때와 수동일 때 목적격보어의 형태에 유의하자!
부사는 보어로 쓰일 수 없다는 것을 잊지 말자!

▶ 대표 예문

1 The mayor of the city **declared** the summer festival **a great success**.
2 After half an hour, they finally **found** the little kitten **hiding** under the couch.
3 Sherlock Holmes **considered** the woman's behavior **suspicious**, and so he kept a close eye on her.

## 문장 완성 *Practice*

정답 및 해설 p.4

**A** 다음 문장에서 어법상 틀린 곳을 찾아 밑줄을 긋고 바르게 고치시오. (단, 틀린 곳이 없을 경우 O로 표시할 것)

1 I found my friend's shoes covering in mud in my backyard.

**2** In case I have unexpected visitors, I always keep my room clean and orderly.

**3** Before the plane took off, Chris watched birds flied around the plane's wings outside his window.

**4** It is unlikely that taking medicine will simply make all of your symptoms to disappear.

**5** Amy left the car running as Charles ran back inside the house to grab his coat.

**B** 우리말과 일치하도록 괄호 안의 단어를 바르게 배열하시오.

**1** 당신은 그들을 항상 실패로부터 보호하기 위해 애쓰는 것 대신에, 사람들이 그들만의 실수들을 하도록 놔두어야 한다.
(should / their own mistakes / people / you / make / let)

→ _____ instead of always trying to protect them from failure.

**2** 그 연구원들은 그들이 실험을 하기 위해 일어난 매일 아침에, 새들이 그들의 텐트 밖에서 지저귀고 있는 것을 들었다.
(outside / heard / of their tent / singing / birds)

→ The researchers _____ every morning when they got up to conduct their experiments.

**3** 미래에 일들이 잘못되거나 예측할 수 없는 방식들로 변할 경우에 대비해서, 당신은 새로운 현실에 당신의 비전이 들어맞게 하도록 준비되어 있어야 한다. (conform to / make / the new reality / your vision)

→ In case things go wrong or change in unpredictable ways in the future, you should be prepared to _____.

**4** 그가 그들의 옷에 관한 심술궂은 농담을 했을 때, 나는 그가 매우 불친절하고 무신경하다고 생각했다. (and / I / very unkind / him / insensitive / thought)

→ When he made a mean joke about their clothes, _____.

**C** 우리말과 일치하도록 괄호 안의 단어를 활용하여 영작하시오. (단, 필요시 단어를 추가하고 어형을 바꿔 쓸 것)

**1** 우리는 강당에 들어가기 전에 우리의 체온이 측정되도록 해야 했다. (temperatures, have, take, have to)
→ We _____ before we entered the auditorium.

**2** 그 학생들은 도마뱀들이 계속해서 자라기 위해 그들의 허물을 벗는 것을 관찰했다. (shed, the lizards, observe, skin)

*shed: (가죽·껍질 등을) 벗다

→ The students _____ in order to continue to grow.

**3** 낙담스럽게도, Tommy는 그의 주스잔이 탁자 전체에 엎질러진 것을 발견했다. (spill, glass of juice, find)
→ To his disappointment, Tommy _____ all over the table.

**4** 그녀가 집에 도착했을 때, 그녀는 자신의 집 앞에 모르는 빨간색 차 한 대가 주차되어 있는 것을 알아차렸다. (park, unknown, notice, car)
→ When she arrived home, she _____ in front of her house.

# 서술형 핵심 구문 REVIEW TEST

## STEP 1 문장 완성

**A** 우리말과 일치하도록 괄호 안의 단어를 바르게 배열하시오.

**1** 나는 그것들을 더 이상 입지 않아서 내 옷 중 대다수를 지역 자선 단체에 기부했다. (the majority of / I / my / gave / a local charity / to / clothes)

→ _____ because I don't wear them anymore.

**2** 충분한 물을 마시는 것은 당신의 몸이 신체적, 정신적 기능을 극대화하게 해준다. (allows / to / drinking / your body / water / maximize / enough)

→ _____ its physical and mental functions.

**3** 세계의 가장 훌륭한 많은 음악가가 바흐에게 영감을 받았는데, 그는 1,000점이 넘는 음악 작품을 창작했다. (a number / greatest musicians / the world's / were inspired / of)

→ _____ by Bach, who created over 1,000 pieces of music.

**4** 경찰이 그 용의자를 잡았을 때쯤에, 대부분의 사람들은 이미 그가 그 범죄에 대해 유죄라고 판단한 상태였다. (had / most people / him / already judged / guilty)

→ By the time the police caught the suspect, _____ of the crime.

**B** 우리말과 일치하도록 괄호 안의 단어를 활용하여 영작하시오. (단, 필요시 단어를 추가하고 어형을 바꿔 쓸 것)

**1** 이 지역에서의 사고의 수는 그 도시가 도로를 운전하기에 더 안전하도록 만들기 위해 도로를 개선할 필요가 있다는 것을 시사한다. (in this region, number, suggest, accident)

→ _____ that the city needs to improve its roads to make them safer to drive on.

**2** 그의 팀은 그 새 건물의 건설이 제시간에 완료되도록 할 수 있을 것이다. (the construction, have, of, complete)

→ His team will be able to _____ on time.

**3** 그 학생회는 몇몇 학생들이 그 축제를 준비하는 데 자원하기를 원한다. (some students, want, volunteer, the student council)

→ _____ to organize the festival.

**4** Amber의 조부모님은 그녀가 생일에 원했던 그 장난감을 그녀에게 사 주셨다. (buy, grandparents, the toy)

→ _____ that she wanted for her birthday.

**STEP 2 실전 문제 응용**

**[지문형 1]** 다음 글의 밑줄 친 우리말과 일치하도록 보기 의 단어를 바르게 배열하여 문장을 완성하시오. (단, 필요시 어형을 바꿔 쓸 것) 영어 II 교과서 응용

Non-cash transactions are currently growing at a much faster rate than cash transactions. All across the globe, a shift toward cash-free purchasing is taking place. 비현금 거래의 수에 있어서의 증가는 촉발되어왔다 by the advancement of information and communication technology, also known as ICT. These new technologies have led to more convenient means of payment. There has been an explosive increase in the use of credit cards, which has been facilitated by the ability of banks, sellers, and customers to exchange information instantly over the internet. As the internet has become more popular and computer-programming technology has become more sophisticated, internet banking and internet payment systems have emerged. Most recently, mobile cards and payment apps have been introduced, thanks to wireless communication technology and smartphones.

보기 have / the increase / the number of / triggered / non-cash transactions / in / been

→ _____

오답 피하기 수식어구의 수식을 받는 핵심 주어가 무엇인지 파악한다.

**[지문형 2]** 다음 글의 밑줄 친 우리말과 일치하도록 보기 의 단어를 활용하여 영작하시오. (단, 필요시 단어를 추가하고 어형을 바꿔 쓸 것) 대구혜화여자고등학교 2학년 중간고사 응용

Many people rely on anger to hide deeper primary emotions, such as sadness and fear, when they are emotionally charged. This, however, doesn't allow for true resolution to occur. Separating yourself from emotionally upsetting situations gives you the space you need to better understand what you are truly feeling so that you can more clearly articulate your emotions in a logical way. 우리가 우리의 감정에 대처하도록 허용해주지 않는, 혹은 우리로 하여금 그것들을 억누르도록 야기하는 상황에 직면할 때, we may transfer those feelings to other people or situations at a later point. After a frustrating test, for example, you may suppress your feelings at school, only to find yourself releasing them in a pointless fight with a sibling when you return home. Clearly, your anger didn't originate at home, but you released it there. When you take time to digest and analyze your feelings, you can avoid hurting people who had nothing to do with the situation.

보기 allow, our emotions, that, deal with, suppress, cause, that

→ When confronted with situations _____ or _____ them

오답 피하기 특정 형태의 목적격보어를 취하는 동사에 유의한다.

# 현재완료와 과거완료

빈출도 (상) (중) (하)

출제 POINT | 과거에 일어난 일이 현재까지 영향을 미칠 때는 현재완료를, 과거 이전에 일어난 일이 과거의 특정 시점까지 영향을 미치거나 대과거를 나타낼 때는 과거완료를 쓴다. 완료시제는 주로 단어 배열이나 어법 고치기 유형으로 출제된다.

## 》》》 기출 문제로 내신 만점 공략

다음 문장에서 **틀린** 부분을 찾아 바르게 고치시오.

When the magazine introduced the explorer's story with the title "One Man's Life of No Regrets," he has already realized 104 of his list of 127 dreams!

| Step 1 | 부사절의 시제가 무엇인가? | ⟶ | 과거시제 (introduced) |
| Step 2 | 104개의 꿈이 실현된 시점이 언제인가? | ⟶ | 탐험가가 잡지에 소개되기 이전 (대과거) |
| Step 3 | 주절의 시제가 무엇이어야 하는가? | ⟶ | 과거완료시제 (had p.p.) |

When the magazine introduced the explorer's story … he has already realized 104 of his list of 127 dreams!

⇒ When the magazine introduced the explorer's story with the title "One Man's Life of No Regrets," he <u>had</u> already realized 104 of his list of 127 dreams!

> 만점 TIP
>
> 부사절의 시제나, 완료시제와 자주 쓰이는 부사구를 단서로 하여 적절한 시제가 쓰였는지 판단하자!

▶ 대표 예문

1 Permission to film a scene in the national museum **has not been granted** yet to the film crew.
2 The infant **had been awoken** early by the noise, yet he showed no signs of requiring a nap.

# 문장 완성 *Practice*

정답 및 해설 p.6

**A** 다음 문장에서 어법상 **틀린** 곳을 찾아 밑줄을 긋고 바르게 고치시오. (단, 틀린 곳이 없을 경우 O로 표시할 것)

1 Since entering university, he had worked as a part-timer every weekend until now.

**2** The researchers has never heard of a species of tropical bird migrating such a great distance from the equator until they started this field study.

**3** The airport's foreign currency exchange kiosk has closed for the evening and will not reopen until tomorrow morning.

**B** 우리말과 일치하도록 괄호 안의 단어를 바르게 배열하시오.

**1** 그 토크쇼의 진행자는 수년 전에 은퇴했었지만, 그녀의 열렬한 팬들은 여전히 그녀가 주간 텔레비전에 돌아올 것이라는 희망을 보이고 있었다. (retired / the talk show host / years earlier / had)

→ _____, but her avid fans were still holding out hope that she would return to daytime television.  *avid: 열렬한

**2** 그 학교 축제는 자금 부족 때문에 취소되어서 그 학생회가 대체 행사를 계획하느라 바빴다. (canceled / been / the school festival / had)

→ _____ due to a lack of funding, so the student council was busy planning an alternative event.

**3** 운전자들은 공기 중의 많은 습기가 짙은 안개와 낮은 가시성에 알맞은 환경을 만들어 냈다는 것을 알고 있어야 한다. (ideal conditions / low visibility / created / and / for / has / heavy fog)

→ Motorists should be aware that an abundance of moisture in the air _____

_____.

**C** 우리말과 일치하도록 괄호 안의 단어를 활용하여 빈칸에 알맞은 말을 쓰시오. (단, 필요시 단어를 추가하고 어형을 바꿔 쓸 것)

**1** 그 사업체가 수익을 얻기 위해 분투 중이어서 최근에 많은 근로자들이 해고되었다. (worker, fire, a number of)

→ _____ _____ _____ _____ _____ _____ _____ recently, as the business is struggling to make money.

**2** 그랜드캐니언에 가본 적이 있는 관광객들은 그곳의 광활한 지역을 내다보며 경외감을 경험했다고 전한다. (who, the Grand Canyon, be, tourist)

→ _____ _____ _____ _____ _____ _____ _____ _____ report experiencing feelings of awe while looking out across its vast expanse.  *awe: 경외(감)

**3** 이탈리아에서의 Marco의 휴가는 그의 회사가 그에게 승진을 제의할 준비를 하고 있다는 소식을 그가 받았을 때 막 끝났었다. (end, vacation, just, in Italy)

→ _____ _____ _____ _____ _____ _____ _____ when he received the news that his firm was preparing to offer him a promotion.

# 조동사 중요 구문

빈출도 (상) (중) (하)

**출제 POINT** | 「조동사+have p.p.」는 과거에 대한 추측이나 후회를 나타낸다. 주장·제안·명령·요구 등을 나타내는 동사의 목적어인 that절의 내용이 당위성을 나타내면 that절의 동사로 「(should+)동사원형」을 쓴다. 주로 영작이나 단어 배열 유형으로 출제된다.

## 》》 기출 문제로 내신 만점 공략

우리말과 일치하도록 괄호 안의 단어를 활용하여 영작하시오. (단, 필요시 단어를 추가하고 어형을 바꿔 쓸 것)

그것은 당신에게 자동차들로 가득 찬 고속도로를 떠오르게 했을지도 모른다. (remind, of, a highway)

→ _____ packed with cars.

| Step 1 | 어떤 의미를 나타내는 문장인가? | ➡ | 과거에 대한 추측 (~했을지도 모른다) |
| Step 2 | 어떤 조동사 표현을 써야 하는가? | ➡ | may have p.p. (may have reminded) |
| Step 3 | 추가로 써야 할 구문은 무엇인가? | ➡ | 전치사 동반 동사 표현 (remind A of B) |

⇒ It may have reminded you of a highway packed with cars.

**만점 TIP**

> 조동사의 종류에 따라 달라지는 「조동사+have p.p.」의 의미를 알아 두자!
> 주장·제안·명령·요구 등을 나타내는 동사 뒤의 that절이 당위성을 나타내지 않으면 동사는 시제와 수에 맞게 쓰자!

▶ 대표 예문

1 You **must have been** shocked to learn that you had been nominated for the scholar of the year award.
2 My parents **requested that** I either **lower** the volume of my music or **keep** my bedroom door shut.

## 문장 완성 *Practice*

정답 및 해설 p.6

**A** 다음 문장에서 틀린 곳을 찾아 밑줄을 긋고 바르게 고치시오. (단, 틀린 곳이 없을 경우 O로 표시할 것)

1 The school required that all guests entering the campus reported to the administrative office to receive a visitor's pass.

**2** Although the victim cannot have known for sure that she was being fooled, she should have realized the proposal was too good to be true.

**3** James failed to answer the question. He must have admitted that he hadn't fully grasped the concept instead of remaining silent to protect his pride.

**B** 우리말과 일치하도록 괄호 안의 단어를 바르게 배열하시오.

**1** 정부는 그 질병의 발생이 가라앉을 때까지 모든 불필요한 이동이 연기되어야 할 것을 권고한다. (be / recommends / all unnecessary travel / delayed / that)

→ The government _____ until the outbreak of the disease has subsided.

**2** 그 영화의 촬영 기법은 대단히 훌륭했지만, 그것의 특수효과는 더 나았을 수도 있다는 것에 일반적으로 의견이 일치되었다. (been / could / its special effects / better / have)

→ The film's camerawork was superb, but it was universally agreed that _____ _____.

**3** 그 집주인은 카펫이 깔려 있는 어떤 방에라도 들어가기 전에 모두 그들의 신발을 벗어야 한다고 주장했다. (remove / insisted / their footwear / everyone / that)

→ The homeowner _____ before entering any of the carpeted rooms.

**C** 우리말과 일치하도록 괄호 안의 단어를 활용하여 빈칸에 알맞은 말을 쓰시오. (단, 필요시 단어를 추가하고 어형을 바꿔 쓸 것)

**1** Natasha는 그녀의 프라이버시를 보호하기 위해 그 회사의 웹사이트에서 그녀의 전화번호가 삭제되어야 할 것을 요청했다. (remove, ask, phone number)

→ Natasha _____ _____ _____ _____ _____ _____ _____ from the company's website to protect her privacy.

**2** 많은 열차들이 무기한 지연된 것으로 목록에 포함되어 있으므로, 그 폭풍이 국내 철도편에 지장을 주었음이 틀림없다. (the national rail service, disrupt)

→ The storm _____ _____ _____ _____ _____ _____ _____, as multiple trains are being listed as indefinitely delayed.

**3** 그 보안 장치의 카메라들이 안뜰 내에서의 움직임을 감지했을지도 모르는데, 그것이 자동 경보로 하여금 경찰에 전송되도록 했다. (detect, in the courtyard, might, motion)

→ The security system's cameras _____ _____ _____ _____ _____ _____ _____, which caused an automatic alert to be sent to the police.

## 4형식과 5형식 문장의 수동태

빈출도 (상) (중) (하)

**출제 POINT** | 4형식 문장은 대부분 간접목적어나 직접목적어를 주어로 하는 수동태 문장으로 바꿔 쓸 수 있다. 5형식 문장은 목적격보어가 명사, 형용사, 분사, to부정사인 경우에 수동태 문장에서 「be+p.p.」 뒤에 그 형태 그대로 쓴다. 이들은 주로 단어 배열이나 문장 전환 유형으로 출제된다.

### 》》 기출 문제로 내신 만점 공략

우리말과 일치하도록 괄호 안의 단어를 바르게 배열하시오.

Winston 고등학교의 코치가 마침내 승리가 자신들의 것임을 알게 되자, 사이드라인에 있던 모든 졸업반 선수는 마지막 몇 초간 뛸 수 있도록 허락받았다. (allowed / few / for / seconds / were / the last / to play)

→ Once Winston High's coach finally knew that victory was theirs, all the seniors on the sidelines _____.

| Step 1 | allow는 주로 어떤 문장에 쓰이는가? | ➡ | 5형식 문장 (allow+목적어+to-v) |
| Step 2 | 해당 부분이 능동태인가, 수동태인가? | ➡ | 수동태 (~하도록 허락받았다) |
| Step 3 | 어떤 형태로 써야 하는가? | ➡ | 「주어+be allowed+to-v」 |

⇒ Once Winston High's coach finally knew that victory was theirs, all the seniors on the sidelines <u>were allowed to play for the last few seconds</u>.

> **만점 TIP**
>
> buy, make, get과 같은 동사는 간접목적어를 주어로 하는 수동태 문장에 쓸 수 없다는 것을 알아두자!
> 5형식 문장에서 지각동사나, 사역동사 make의 목적격보어로 쓰인 동사원형은 수동태 문장에서 to부정사로 바뀌는 것을 기억하자!

▶ 대표 예문

1 Reggie **was told** a secret by his best friend, who asked him not to share it with others.
2 In order to reduce drowning deaths, a lot of children **are taught** *to swim* at a young age.

## 문장 완성 *Practice*

정답 및 해설 p.7

**A** 다음 문장에서 어법상 틀린 곳을 찾아 밑줄을 긋고 바르게 고치시오. (단, 틀린 곳이 없을 경우 O로 표시할 것)

1 The students caught skipping class were made spend two weeks in after-school detention by the principal. *detention: (방과 후) 학교에 남게 하기

**2** A short film about the importance of traffic safety was shown to the students preparing to take their driving exam.

**3** New recruits should be encouraged participating in as many club activities as their academic schedules will allow.


**B** 우리말과 일치하도록 괄호 안의 단어를 바르게 배열하시오.

**1** 그 실험용 쥐들은 그들이 받은 실험적인 암 치료에 긍정적으로 반응하는 것으로 관찰되었다. (respond / the laboratory rats / observed / were / to)

→ _____ positively to the experimental cancer treatment that they received.

**2** 어린아이였을 때, 그 작곡가는 즐거워하는 손님들을 위해서 피아노로 복잡한 작품들을 연주하게 되었다. (to / was / play / complex compositions / the composer / made)

→ As a young child, _____ on the piano for delighted guests.

**3** 공식적인 난민 자격을 받지 않았으면 내일 자정 후에 아무도 이 국경을 넘는 것을 허용받지 못할 것이다. (will / cross / no one / to / this border / allowed / be)

→ _____ after midnight tomorrow unless they have received official refugee status.


**C** 다음 문장을 수동태 문장으로 바꿔 쓰시오. (「by+행위자」는 생략할 것)

**1** The teacher heard Norman whisper the exam answers to the student seated in the desk in front of him.

→ Norman _____
in front of him.

**2** The judge asked the spelling bee contestants to spell some of the most difficult words in the English language.   *spelling bee: 철자법 대회

→ The spelling bee contestants _____
_____.

**3** The police offered the person who provided the information leading to the arrest of the vandals a $50,000 reward.   *vandal: 공공 기물 파손자

→ A $50,000 reward _____
_____ of the vandals.

# that절의 수동태

빈출도 상 중 하

**출제 POINT**
목적어가 that절인 문장의 수동태는 보통 「It(가주어) is[was]+p.p.+that ~」 또는 「that절의 주어+be p.p.+to-v」의 두 가지 형태로 나타낼 수 있다. 이는 주로 문장 전환이나 단어 배열 유형으로 출제된다.

**》》 기출 문제로 내신 만점 공략**

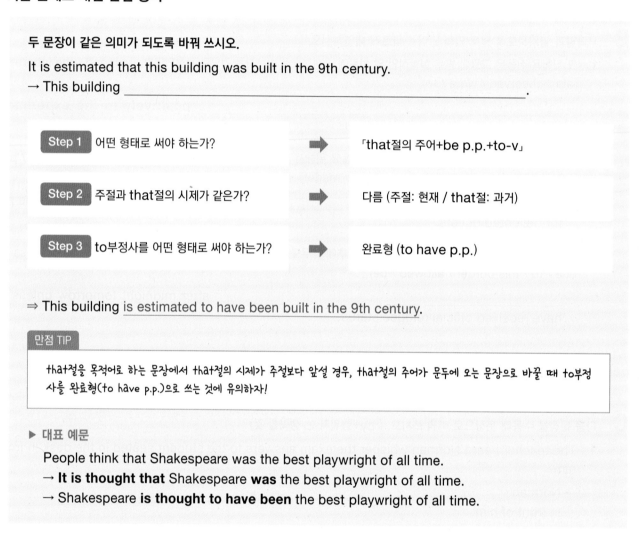

두 문장이 같은 의미가 되도록 바꿔 쓰시오.

It is estimated that this building was built in the 9th century.

→ This building _____.

| Step 1 어떤 형태로 써야 하는가? | ➡ | 「that절의 주어+be p.p.+to-v」 |
| Step 2 주절과 that절의 시제가 같은가? | ➡ | 다름 (주절: 현재 / that절: 과거) |
| Step 3 to부정사를 어떤 형태로 써야 하는가? | ➡ | 완료형 (to have p.p.) |

⇒ This building is estimated to have been built in the 9th century.

**만점 TIP**

that절을 목적어로 하는 문장에서 that절의 시제가 주절보다 앞설 경우, that절의 주어가 문두에 오는 문장으로 바꿀 때 to부정사를 완료형(to have p.p.)으로 쓰는 것에 유의하자!

▶ 대표 예문

People think that Shakespeare was the best playwright of all time.
→ **It is thought that** Shakespeare **was** the best playwright of all time.
→ Shakespeare **is thought to have been** the best playwright of all time.

## 문장 완성 *Practice*

정답 및 해설 p.8

**A** 다음 문장을 수동태 문장으로 바꿔 쓰시오.

**1** People say that fish is one of the healthiest foods to eat.
  → It _____ to eat.
  → Fish _____ to eat.

**2** They claimed that Julie was responsible for the repairs to the stairs.

→ It _____ for the repairs to the stairs.

→ Julie _____ for the repairs to the stairs.

**3** People believe that an asteroid caused the dinosaurs to go extinct.   *asteroid: 소행성

→ It _____ to go extinct.

→ An asteroid _____ to go extinct.


**B** 우리말과 일치하도록 괄호 안의 단어를 바르게 배열하시오.

**1** 그리스인들은 부상을 치료하는 데 마시멜로를 이용했던 것으로 알려져 있다. (used / known / have / marshmallows / are / to)

→ The Greeks _____ to treat injuries.

**2** 우리가 많은 선택권을 가지고 있을수록 우리의 의사결정 과정이 더 힘들 것이라고 말해진다. (we / is / that / suggested / the more options / have)

→ It _____ , the harder our decision-making process will be.

**3** 헐거워진 전깃줄이 그 화재의 원인이었다는 것이 밝혀졌다. (that / was / a loose electrical wire / found / was)

→ It _____ the cause of the fire.


**C** 우리말과 일치하도록 괄호 안의 단어를 활용하여 빈칸에 알맞은 말을 쓰시오. (단, 필요시 단어를 추가하고 어형을 바꿔 쓸 것)

**1** 모든 직원이 올해 상여금을 받을 것이 보장된다. (a bonus, guarantee, receive)

→ All employees _____ _____ _____ _____ _____ this year.

**2** 우주비행사들은 다음 20년 이내에 화성에 갈 것으로 예상된다. (go, Mars, expect)

→ Astronauts _____ _____ _____ _____ _____ _____ within the next twenty years.

**3** 질문을 받은 사람들 대부분이 어젯밤에 그 파티에 참석했었다고 전해진다. (attend, report)

→ Most of the people asked _____ _____ _____ _____ _____ _____ _____ last night.

**4** Edmund Hillary와 Tenzing Norgay가 에베레스트산 정상에 도달한 첫 등반가들이었던 것으로 여겨진다. (believe)

→ It _____ _____ _____ _____ _____ _____ _____ _____ the first climbers to ever reach the peak of Mount Everest.

## 여러 가지 수동태 표현

빈출도 상 중 **하**

**출제 POINT** | 수동태의 행위자는 보통 「by+행위자」의 형태로 나타내지만, by 이외의 전치사를 사용하는 경우도 있다. 이러한 수동태 표현들은 주로 영작이나 어법 고치기 유형으로 출제된다.

### ⟫⟫ 기출 문제로 내신 만점 공략

다음 문장에서 **틀린** 부분을 찾아 바르게 고치시오.

Our tendency to easily recall a task that is incomplete until that task is complete is commonly referred to the Zeigarnik effect.

| Step 1 | 어떤 표현이 쓰였는가? | ➡ | refer to A as B (A를 B라고 일컫다) |
| Step 2 | 그 표현의 수동태는 무엇인가? | ➡ | A be referred to as B (A가 B로 불리다) |
| Step 3 | 표현이 알맞게 쓰였는가? | ➡ | 그렇지 않음 (전치사 as가 누락됨) |

⇒ Our tendency to easily recall a task that is incomplete until that task is complete is commonly referred to <u>as</u> the Zeigarnik effect.

**만점 TIP**

be satisfied with, be interested in, be composed of 등 by 이외의 전치사를 쓰는 수동태 표현과 그 의미를 알아 두자!

▶ 대표 예문

1 Drew **is worried about** his upcoming exams, so he's searching for ways to improve his study habits.
2 James **is known as** "the captain" because he often spends his free time on his family's boat.

## 문장 완성 *Practice*

정답 및 해설 p.9

**A** 다음 문장에서 어법상 **틀린** 곳을 찾아 밑줄을 긋고 바르게 고치시오. (단, 틀린 곳이 없을 경우 O로 표시할 것)

1 The larger planets in our solar system, known as gas giants, are composed mostly from hydrogen and helium, with a small rocky core. *gas giant: 가스상 거대 혹성

**2** The hearts of the elderly couple were filled of joy at the sight of their neighbors joining together to help them out.

**3** I received a text message from my boss informing me that he would be late, as he had been involved in a minor car accident.

**B** 우리말과 일치하도록 괄호 안의 단어를 바르게 배열하시오.

**1** 만약 Natalie가 안내데스크에서 받았던 서비스에 만족하지 않는다면, 그녀는 그 호텔 관리자에게 항의해야 한다. (Natalie / satisfied / the service / if / not / is / with)

→ _____ she received at the front desk, she should complain to the hotel manager.

**2** 이 다리는 75년 전에 지어졌을 때 현대 건축의 전형적인 예로 여겨졌다. (a prime example / this bridge / regarded / of / was / as / modern architecture)

→ _____ when it was built 75 years ago.

**3** 그 희극 배우는 그녀가 작곡하는 재미있는 노래들로 유명하지만, 그녀가 뛰어난 피아노 연주가이기도 하다는 것을 아는 사람은 거의 없다. (is / the funny songs / for / the comedian / known)

→ _____ she writes, but few people know that she is also an accomplished pianist.

**C** 우리말과 일치하도록 괄호 안의 단어를 활용하여 영작하시오. (단, 필요시 단어를 추가하고 어형을 바꿔 쓸 것)

**1** 어린 학생들이 그들의 수업에 관심이 있을 때, 그들의 주의 지속 시간이 훨씬 더 긴 경향이 있다. (young, interest, lessons, when)

→ _____ , their attention spans tend to be much longer.

**2** 그 도시는 오래된 쓰레기 매립지가 연말쯤에는 공원으로 바뀔 것이라고 발표했다. (transform, would, a public park)

→ The city announced that the old landfill _____ by the end of the year.

**3** 내가 시끄러운 환경에서 공부하는 데 익숙하긴 하지만, 나는 건설 공사의 소리가 매우 정신을 산란하게 한다고 생각한다. (accustom, in noisy environments, studying)

→ Although _____ , I find the sound of the construction work very distracting.

# 서술형 핵심 구문 REVIEW TEST

**A** 우리말과 일치하도록 괄호 안의 단어를 바르게 배열하시오.

**1** 그 아이들은 마당에 있는 그 큰 개를 무서워해서, 그들은 그 길을 걸어가는 것을 피했다. (the big dog / were / of / the children / frightened)

→ _____ in the yard, so they avoided walking down that street.

**2** 우리 제품은 동물들에게 전혀 실험되지 않는다는 것과 그것들의 성분이 안전하다는 것이 보장된다. (guaranteed / it / are / that / our products / never tested / is)

→ _____ on animals and that their ingredients are safe.

**3** 김 박사는 자신의 실험 결과로 기뻐서 그녀의 동료들과 공유하기 위해 빠르게 자료를 기록했다. (the results / pleased / of / Dr. Kim / with / her experiment / was)

→ _____ , and she quickly recorded the data to share it with her colleagues.

**4** 그 신사업이 착수된 이후로, 그 회사는 20%의 성장률을 보여 왔다. (the company / the new business / was / shown / launched / a growth rate / has)

→ Since _____ , _____ of 20 percent.

**B** 우리말과 일치하도록 괄호 안의 단어를 활용하여 영작하시오. (단, 필요시 단어를 추가하고 어형을 바꿔 쓸 것)

**1** 내 전기차가 길 한가운데에서 갑자기 멈췄다. 내가 여행에 앞서 그것을 충전했어야 했는데. (charge)

→ My electric car abruptly stopped in the middle of the road. _____ prior to the trip.

**2** 우리는 사생활 침해의 위험이 전혀 없는 공공장소에서 무엇이든 촬영하도록 허용된다. (anything, film, allow)

→ _____ in a public space where there is no risk of invasion of privacy.

**3** 그 언론인은 우리가 다른 사람의 외모를 모욕하는 언어를 사용하는 것을 피해야 한다고 주장했다. (argue, avoid, journalist)

→ _____ language that insults the way others look.

**4** 그 감염된 남자는 격리 병실에 머물게 되어서, 그는 바깥 세상으로부터 단절된 기분을 느꼈다. (stay, make, in an isolation room)

→ The infected man _____ , so he felt cut off from the outside world.

## STEP 2 실전 문제 응용

**[지문형 1]** 다음 글의 밑줄 친 우리말과 일치하도록 보기 의 단어를 바르게 배열하여 문장을 완성하시오. 영어 II 교과서 응용

Today, it is common knowledge that butterflies go through an egg-caterpillar-pupa cycle. However, until the 17th century, many people regarded the butterfly and the caterpillar as entirely different creatures. They believed insects were evil creatures that came from mud. Butterflies, on the other hand, were considered "summer birds," and 그것들은 따뜻한 날씨에 하늘에서 떨어지고 가을에 사라진다고 흔히 믿어졌다. In those days, one woman stood out as a pioneer. Although having an interest in insects was considered odd and weird, she observed many cases of insect metamorphosis and recorded these invaluable scientific observations through her unique paintings. Her name was Maria Sibylla Merian.

*metamorphosis: (동물의) 변태

보기  in the fall / commonly believed / they / it / fell from / in warm weather / was / that / the sky / vanished / and

→ _____

오답 피하기  목적어가 that절인 문장의 수동태 형태에 유의한다.

**[지문형 2]** 다음 글의 밑줄 친 우리말과 일치하도록 보기 의 단어를 바르게 배열하여 문장을 완성하시오. 2020년 고2 학력평가 응용

If a food contains more sugar than any other ingredient, 정부 규정은 설탕이 라벨에 첫 번째로 기재되어야 한다고 요구한다. But if a food contains several different kinds of sweeteners, they can be listed separately, which pushes each one farther down the list. Because of this requirement, the food industry now avoids listing sugar first by listing three different sources of sugar instead. This can end up deceiving consumers about the actual sugar content. Whatever the true motive, ingredient labeling still does not fully convey the amount of sugar being added to food—certainly not in easy-to-understand language, at least. A world-famous cereal brand's label, for example, indicates that the cereal has 11 grams of sugar per serving. But this leaves out the important fact that added sugar accounts for more than one-third of the cereal's ingredients.

보기  sugar / government regulations / listed first / that / on the label / require / be

→ _____

오답 피하기  that절의 의미에 따른 동사의 형태에 유의한다.

# to부정사의 쓰임

빈출도 상 중 하

출제 POINT │ to부정사는 명사처럼 문장에서 주어, 목적어, 보어 역할을 할 수 있다. 또한 형용사처럼 (대)명사를 수식하거나 부사처럼 동사, 형용사, 부사, 문장 전체를 수식할 수도 있다. 이는 주로 단어 배열이나 영작 유형으로 출제된다.

### 》》 기출 문제로 내신 만점 공략

우리말과 일치하도록 괄호 안의 단어를 바르게 배열하시오.

그 학회는 최신 기술 경향에 관한 당신의 이해를 증진시킬 훌륭한 기회이다. (your / a great chance / improve / understanding / to)

→ The conference is _____ of the latest technology trends.

| Step 1 | 우리말 해석에 구문의 단서가 있는가? | ➡ | 있음 (증진시킬 훌륭한 기회) |
| Step 2 | 어떤 표현을 써야 하는가? | ➡ | to부정사 (to improve) |
| Step 3 | 해당 표현의 역할은 무엇인가? | ➡ | 명사 수식 (a great chance to improve) |

⇒ The conference is a great chance to improve your understanding of the latest technology trends.

만점 TIP

수식받는 (대)명사가 전치사의 목적어인 경우, to부정사 뒤에 전치사를 빠뜨리지 않았는지 살펴보자!
목적, 감정의 원인, 결과, 형용사 수식 등 부사 역할을 하는 to부정사의 여러 의미를 알아두자!

▶ 대표 예문

1 The purpose of this meeting is **to decide** which play the drama club will present at the festival.
2 We have to leave quickly **to get** to the arena and **(to) buy** snacks before the game starts.

## 문장 완성 *Practice*

정답 및 해설 p.11

A 우리말과 일치하도록 괄호 안의 단어를 바르게 배열하시오.

1 그 호텔 지배인은 호텔의 투숙객들을 안전하게 지키기 위해 여러 명의 보안 요원이 근무를 서게 했다. (the guests / safe / of / keep / the hotel / to)

→ The hotel manager put several security guards on duty _____.

**2** 그 부부의 여행 가방들은 운반하기에 어려웠기 때문에, 그들은 공항에 있는 수하물 카트 위에 그것들을 올려서 옮겼다. (were / to / the couple's / carry / difficult / suitcases)

→ Since _____, they transported them on luggage carts in the airport.

**3** Jason은 그 팀에서 최고의 선수가 되어야 할 자신의 필요에 의해 동기부여를 받아 매일 연습한다. (to / the best player / his need / on the team / be)

→ Jason is motivated by _____, so he practices every day.

**4** 일반적인 생각에도 불구하고, 붉은색은 황소들이 그것을 볼 때 성나서 돌진하게 하지 않는데, 황소들은 붉은색을 볼 수 없기 때문이다. (bulls / cause / charge / become angry / doesn't / and / to)

→ Despite popular belief, the color red _____ when they see it, because bulls can't see the color red.

**5** 당신이 선다형 시험에서 익숙해 보이는 선택지를 고를 때 친숙함은 오류로 이어질 수 있는데, 나중에 당신은 그것을 잘못 읽었다는 것을 알고 만다. (find later / it / misread / only / you / to / that)

→ Familiarity can lead to error when you pick a choice that looks familiar on a multiple-choice exam, _____.

---

**B** 우리말과 일치하도록 괄호 안의 단어를 활용하여 영작하시오. (단, to부정사를 활용하되 필요시 단어를 추가하고 어형을 바꿔 쓸 것)

**1** 마스크는 매일 착용하기에 불편할지도 모르지만, 그것들은 바이러스의 확산을 막는 데 있어 중요한 역할을 한다. (wear, face masks, may, uncomfortable)

→ _____ on a daily basis, but they play an important role in preventing the spread of viruses.

**2** Baker 씨는 그 파티에 같이 갈 몇몇 친구들이 있었지만, 그녀는 혼자 가는 것을 고집했다. (friend, several)

→ Ms. Baker _____, but she insisted on going by herself.

**3** 우리가 적절한 안전 장비를 잘 갖추고 있지 않다면 이 공구들은 사용하기에 안전하지 않다. (safe, tool, use)

→ _____ unless we are well equipped with the proper safety gear.

**4** 그것은 1년의 품질 보증서가 있으므로 저희는 귀하의 결함 있는 토스터를 새것으로 기꺼이 교환해 드리겠습니다. (faulty toaster, would, replace, happy)

→ _____ with a new one since it has a one-year warranty.

**5** 중요한 부품의 부족으로 인해, 새로운 게임기를 생산하는 것이 불가능했다. (game consoles, manufacture)

→ Due to a shortage of important components, _____ was impossible.

## 의문사+to부정사

**출제 POINT** | 「의문사+to부정사」는 문장에서 명사처럼 주어, 목적어, 보어의 역할을 한다. 이는 주로 단어 배열이나 영작 유형으로 출제된다.

>>> **기출 문제로 내신 만점 공략**

우리말과 일치하도록 괄호 안의 단어를 바르게 배열하시오.

우리가 기숙사로 돌아올 때, Diego는 그의 아버지가 그에게 강에서 수영하는 방법을 가르쳐 주셨다고 나에게 말했다. (him / swim / had taught / to / in the river / his father / how)
→ As we returned to the dormitory, Diego told me that _____.

| Step 1 | 우리말 해석에 구문의 단서가 있는가? | ➡ | 있음 (수영하는 방법) |
| Step 2 | 그 해석에 해당하는 표현은 무엇인가? | ➡ | how to swim |
| Step 3 | 배열해야 할 부분의 구조는 어떠한가? | ➡ | 「주어+동사+간접목적어+직접목적어」 |

⇒ As we returned to the dormitory, Diego told me that his father had taught him how to swim in the river.

**만점 TIP**

의문사에 따라 달라지는 「의문사+to부정사」의 의미를 알아 두자!
「의문사+to부정사」는 보통 「의문사+주어+should+동사원형」의 형태로 바꿔 쓸 수 있다!

▶ **대표 예문**

1 The company still needs to consider **where to sell** their new product and **how to market** it.
2 Terry didn't know **who to blame** for the broken window, so he ended up paying for it on his own.

## 문장 완성 *Practice*

정답 및 해설 p.11

**A** 우리말과 일치하도록 괄호 안의 단어를 바르게 배열하시오.

1 그 청첩장을 받은 후에, Sid의 첫 질문들은 무엇을 입을지와 누구와 같이 갈지였다. (and / to / what / go with / to / who / wear)

→ After getting the wedding invitation, Sid's first questions were _____

_____.

**2** 그 감독에게 그 연극의 주연에 누구를 배정할지는 쉬운 선택이었지만, 그녀는 조연들을 배정하는 것이 훨씬 더 어렵다고 생각하고 있었다. (in the lead role / to / the play / who / cast / of)

→ _____ was an easy choice for the director, but she was finding it much more difficult to cast the supporting roles.

**3** 쇼핑몰을 몇 시간 동안 돌아다닌 후에도, Nancy는 여전히 그녀의 친구의 졸업 선물로 무엇을 살지 결정할 수 없었다. (graduation present / what / for / couldn't / to / her friend's / decide / buy)

→ After wandering around the mall for hours, Nancy still _____

_____.

**4** 의사들은 언제 수술을 할지, 그리고 그들의 환자의 상황에 더 이로울 수도 있는 대체 치료법들을 언제 시도할지 인지하는 것이 중요하다. (when / to recognize / to / and / when / try / operate / to)

→ It's important for doctors _____ alternative treatments that might be more beneficial to their patient's situation.

**B** 우리말과 일치하도록 괄호 안의 단어를 활용하여 빈칸에 알맞은 말을 쓰시오. (단, to부정사를 활용하되 필요시 단어를 추가하고 어형을 바꿔 쓸 것)

**1** Kelsey는 Clark 선생님께 잉카 제국의 몰락에 관한 그녀의 보고서를 위해 더 많은 정보를 어디서 찾아야 할지 질문했다. (more information, find)

→ Kelsey asked Mr. Clark _____ _____ _____ _____ _____ for her report on the fall of the Incan Empire.

**2** 당신의 돈을 효율적으로 투자하는 방법은 당신이 불확실한 미래에 대비하는 데 도움이 될 수 있는 필수적인 기술이다. (money, invest)

→ _____ _____ _____ _____ _____ efficiently is a necessary skill that can help you prepare for an uncertain future.

**3** 2차 세계대전 동안, 유럽의 많은 유대인들은 어디에 숨어야 할지 몰랐으며 그들을 나치 당원들로부터 안전하게 지키기 위해 다른 이들에게 의지해야 했다. (hide, know)

→ During World War II, many Jewish people in Europe _____ _____ _____ _____ _____ and had to rely on others to keep them safe from the Nazis.

**4** Colin은 그의 에세이들을 더 잘 체계화하는 방법을 배울 필요가 있는데, 그러지 않으면 그는 문학 수업들을 통과하는 데 힘든 시간을 보내게 될 것이다. (need to, organize, learn, essays)

→ Colin _____ _____ _____ _____ _____ _____ _____

_____ better, or he will have a difficult time passing his literature classes.

# to부정사의 관용 표현

빈출도 상 중 하

**출제 POINT** | 「enough to-v」, 「too ~ to-v」, 「seem to-v」, 「it takes+시간[돈]+to-v」와 같이 to부정사가 쓰인 관용 표현들이 있다. to부정사 관용 표현은 주로 단어 배열이나 영작 유형으로 출제되므로 어순에 특히 유의한다.

## ≫ 기출 문제로 내신 만점 공략

우리말과 일치하도록 괄호 안의 단어를 바르게 배열하시오.

고대 인간들은 그들이 한창때에 접어들면서 정말로 급사했을까, 아니면 어떤 사람들은 그들의 얼굴에 있는 주름을 볼 수 있을 만큼 충분히 오래 살았을까? (live / to / long / a wrinkle / see / enough)

→ Did ancient humans really just drop dead as they were entering their prime, or did some _____ on their face?

| Step 1 | 우리말 해석에 구문의 단서가 있는가? | ➡ | 있음 (볼 수 있을 만큼 충분히 오래) |
|---|---|---|---|
| Step 2 | 그 해석에 해당하는 표현은 무엇인가? | ➡ | long enough to see |
| Step 3 | 추가로 배열해야 할 단어는 무엇인가? | ➡ | live (동사) / a wrinkle (see의 목적어) |

⇒ Did ancient humans really just drop dead as they were entering their prime, or did some live long enough to see a wrinkle on their face?

**만점 TIP**

to부정사가 나타내는 때가 문장의 동사 시제보다 앞설 경우 「seem to have p.p.」의 형태로 쓸 수 있다.

▶ 대표 예문

1 Most of Cameron's clothes were **too** casual **to wear** at his new job, so he decided to go shopping.

2 **It took** over an hour **to get** to school by bus this morning because the traffic was so heavy.

## 문장 완성 *Practice*

정답 및 해설 p.12

**A** 다음 문장에서 어법상 <u>틀린</u> 곳을 찾아 밑줄을 긋고 바르게 고치시오. (단, 틀린 곳이 없을 경우 O로 표시할 것)

1 Tara's backpack wasn't enough small to take on the plane, so she checked it with the rest of her luggage.

**2** The economic growth rate of the region seems to have surged last year because of an increase in consumer spending.

**3** It should take about three hours completing the test, but students can leave the auditorium after two hours have passed if they finish early.

**B** 우리말과 일치하도록 괄호 안의 단어를 바르게 배열하시오.

**1** 그 운동선수는 그가 수행한 것에 좌절했는데, 그가 멀리뛰기 종목에서 올림픽 메달전의 자격을 얻을 만큼 충분히 멀리 뛰지 못했기 때문이다. (didn't / enough / far / qualify / jump / to / he)

→ The athlete was frustrated by his performance because _____
for the Olympic medal round in the long jump event.

**2** 연구가 충성 고객이 더 믿을 만한 구매층이라는 것을 보여주었음에도 불구하고, 많은 사업체들이 충성 고객들보다 신규 고객들을 가치 있게 여기는 것처럼 보인다. (over / loyal customers / to / new customers / value / seem)

→ A lot of businesses _____, even though research has shown that loyal customers are a more reliable market.

**3** 그 설명서는 게임을 하는 방법을 제대로 설명해 주기에 너무 모호해서, Martin은 온라인으로 사용 지침 영상을 봐야 했다. (how to play / to / ambiguous / properly explain / the game / too)

→ The instructions were _____,
so Martin had to watch a tutorial video online.

**C** 우리말과 일치하도록 괄호 안의 단어를 활용하여 빈칸에 알맞은 말을 쓰시오. (단, 필요시 단어를 추가하고 어형을 바꿔 쓸 것)

**1** Ginny는 그녀의 트럭이 매일 운전하기에는 너무 비실용적이라고 생각해서 소형차를 사기 위해 그것을 팔았다. (drive, impractical, truck)

→ Ginny thought _____ _____ _____ _____ _____
_____ every day, so she sold it to buy a small car.

**2** 한 원숭이가 우리가 먹이 주는 시간 동안 잠시 열려 있었던 어젯밤에 시립 동물원에서 탈출했던 것처럼 보인다. (escape from, seem, the city zoo)

→ A monkey _____ _____ _____ _____ _____ _____
_____ _____ last night when a cage was briefly left open during feeding time.

**3** 기류 때문에, 서울에서 밴쿠버까지 비행하는 데 걸리는 것보다 밴쿠버에서 서울까지 비행하는 데 더 많은 시간이 걸린다. (take, fly)

→ Because of air currents, _____ _____ _____ _____ _____
_____ _____ _____ _____ _____ than it does to fly from Seoul to
Vancouver.

# 가주어-진주어

빈출도 상 중 하

출제 POINT | to부정사(구)나 명사절이 주어로 쓰이는 경우, 보통 주어 자리에 가주어 it을 쓰고 진주어는 뒤로 보낸다. 이는 주로 단어 배열이나 영작 유형으로 출제된다.

**》》 기출 문제로 내신 만점 공략**

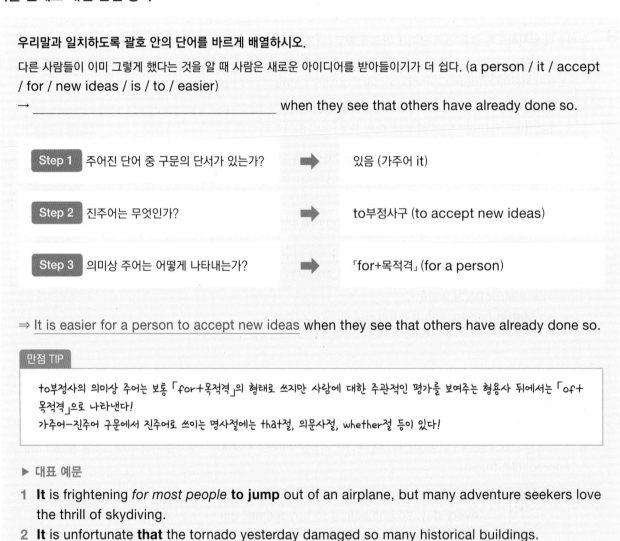

우리말과 일치하도록 괄호 안의 단어를 바르게 배열하시오.

다른 사람들이 이미 그렇게 했다는 것을 알 때 사람은 새로운 아이디어를 받아들이기가 더 쉽다. (a person / it / accept / for / new ideas / is / to / easier)

→ _____ when they see that others have already done so.

| Step 1 | 주어진 단어 중 구문의 단서가 있는가? | ➡ | 있음 (가주어 it) |
| Step 2 | 진주어는 무엇인가? | ➡ | to부정사구 (to accept new ideas) |
| Step 3 | 의미상 주어는 어떻게 나타내는가? | ➡ | 「for+목적격」(for a person) |

⇒ It is easier for a person to accept new ideas when they see that others have already done so.

> **만점 TIP**
>
> to부정사의 의미상 주어는 보통 「for+목적격」의 형태로 쓰지만 사람에 대한 주관적인 평가를 보여주는 형용사 뒤에서는 「of+목적격」으로 나타낸다!
> 가주어-진주어 구문에서 진주어로 쓰이는 명사절에는 that절, 의문사절, whether절 등이 있다!

▶ **대표 예문**

1 **It** is frightening *for most people* **to jump** out of an airplane, but many adventure seekers love the thrill of skydiving.
2 **It** is unfortunate **that** the tornado yesterday damaged so many historical buildings.

## 문장 완성 *Practice*

정답 및 해설 p.13

**A** 다음 문장에서 어법상 틀린 곳을 찾아 밑줄을 긋고 바르게 고치시오. (단, 틀린 곳이 없을 경우 O로 표시할 것)

**1** It was generous for Ellen to buy snacks for the class with her own money.

**2** It is magical for tourists in Alaska to see the Northern Lights dance across the sky.

*the Northern Lights: 북극광

**3** This is amazing that blue whales can hold their breath for up to ninety minutes before they need to surface for air.

## B 우리말과 일치하도록 괄호 안의 단어를 바르게 배열하시오.

**1** 우리가 그 하이킹을 즐기는 한 우리가 산 정상에 이르는지는 중요하지 않다. (we / the top / reach / matter / whether / doesn't / it / of the mountain)

→ _____ as long as we enjoy the hike.

**2** 길을 따라 차를 몰기 시작하기 전에, Rick이 자신의 차의 펑크 난 타이어를 알아채지 못한 것이 이상하다. (didn't / that / the flat tire / notice / strange / is / Rick / on his car / it)

→ _____

before he started driving down the street.

**3** 그 소방관이 그 가족의 개를 구하기 위해 불타는 건물로 뛰어든 것은 용감했다. (rush into / was / the firefighter / courageous / to / the burning building / it / of)

→ _____ to save the family's dog.

## C 우리말과 일치하도록 괄호 안의 단어를 활용하여 영작하시오. (단, 가주어-진주어 구문을 활용하되 필요시 단어를 추가하고 어형을 바꿔 쓸 것)

**1** 그 해커들이 어떻게 어떤 흔적도 남기지 않고 우리 고객들로부터 개인 정보를 훔쳤는지는 불확실하다. (steal, uncertain, personal information, the hackers)

→ _____ from our customers

without leaving any traces behind.

**2** 그 대학교가 영어 실력을 향상시키고 싶어 하는 학생들을 위한 하계 수업을 열 것 같다. (that, summer classes, likely, hold, the university)

→ _____ for students who want

to improve their English.

**3** 당신이 고기에 있을지도 모르는 어떤 위험한 박테리아든 없앨 수 있도록 먹기 전에 닭고기를 완전히 익히는 것이 필수적이다. (cook, to, necessary, chicken)

→ _____ thoroughly before you eat it so that you kill any

dangerous bacteria that may be on the meat.

# 가목적어-진목적어

빈출도 (상) (중) (하)

출제 POINT | 문장의 목적어가 to부정사(구)나 that절인 경우, 보통 목적어 자리에 가목적어 it을 쓰고 진목적어는 뒤로 보낸다. 이는 주로 단어 배열이나 어법 고치기 유형으로 출제된다.

## >>> 기출 문제로 내신 만점 공략

다음 문장에서 **틀린** 부분을 찾아 바르게 고치시오.

He enjoyed his day-to-day life without worry and thought it quite satisfying live in his parents' house.

| Step 1 | 어떤 구문인가? | ➡ | 가목적어-진목적어 구문 |
| Step 2 | 어떤 형태로 써야 하는가? | ➡ | 「주어+동사+가목적어 it+목적격보어+진목적어(to-v)」 |
| Step 3 | 형태에 맞지 않는 부분이 있는가? | ➡ | 있음 (live) |

⇒ He enjoyed his day-to-day life without worry and thought it quite satisfying <u>to</u> live in his parents' house.

**만점 TIP**

가목적어-진목적어 구문에서 자주 쓰이는 동사(consider, find, make, think, believe 등)를 알아두자!
가목적어 it 뒤에 오는 목적격보어로 부사는 쓸 수 없다는 것을 잊지 말자!

▶ **대표 예문**

The scientist *thought* **it** strange **that** the results of his latest experiment were so different from the previous one's, so he carefully checked the variables again.   *variable: 변수

## 문장 완성 *Practice*

정답 및 해설 p.13

**A** 다음 문장에서 어법상 **틀린** 곳을 찾아 밑줄을 긋고 바르게 고치시오.

**1** Hanna didn't believe that necessary to rent a car for her trip to Ireland, but she regretted not renting one once she got there.

**2** The detective thought pointless to question the witness further because he had plenty of evidence to close the case.

**3** In Egypt, people consider it rudely for a customer at a restaurant to ask for salt because it implies that the food doesn't have enough flavor.

## B 우리말과 일치하도록 괄호 안의 단어를 바르게 배열하시오.

**1** Carrie는 그가 마술을 하는 것을 돕도록 그녀가 그 마술사에 의해 무대 위로 초청된 것이 즐겁다고 생각했다. (she / invited onstage / it / was / that / found / delightful)

→ Carrie ＿＿＿＿＿＿＿＿＿＿＿＿＿＿＿＿＿＿＿＿＿ by the magician to help him perform a magic trick.

**2** 그 우주비행사들은 그들이 한 모든 준비 후에 그들의 우주 왕복선의 발사를 취소하는 것을 받아들일 수 없다고 여겼다. (cancel / it / to / considered / the launch / unacceptable)

→ The astronauts ＿＿＿＿＿＿＿＿＿＿＿＿＿＿＿＿＿＿＿ of their shuttle after all of the preparations they had made.

**3** 그것들이 그의 회사에 불리했기 때문에, 그 거래의 조건들은 Phil이 그 제안을 받아들이는 것을 어렵게 만들었다. (Phil / the proposal / it / for / difficult / accept / to / made)

→ The terms of the deal ＿＿＿＿＿＿＿＿＿＿＿＿＿＿＿＿＿＿ because they were unfavorable to his company.

## C 우리말과 일치하도록 괄호 안의 단어를 활용하여 빈칸에 알맞은 말을 쓰시오. (단, 가목적어 it을 활용하되 필요시 단어를 추가하고 어형을 바꿔 쓸 것)

**1** 학교에서 스트레스가 많았던 하루가 지난 뒤, Kent는 발코니에 앉아 소설을 읽는 것이 마음을 느긋하게 해 준다고 생각했다. (relaxing, find, sit)

→ After a stressful day at school, Kent ＿＿＿＿＿ ＿＿＿＿＿ ＿＿＿＿＿ ＿＿＿＿＿ ＿＿＿＿＿ on the balcony and read a novel.

**2** Rita는 그 매장 책임자가 고장 난 진공청소기에 대해 그녀에게 환불해 주는 것을 거부한 것이 불만스럽다고 생각했다. (think, refuse, the store manager, frustrating)

→ Rita ＿＿＿＿＿ ＿＿＿＿＿ ＿＿＿＿＿ ＿＿＿＿＿ ＿＿＿＿＿ ＿＿＿＿＿ ＿＿＿＿＿ ＿＿＿＿＿ to give her a refund for the broken vacuum.

**3** 자동 계산 시스템은 긴 줄을 서서 기다리거나 가게 직원들과 소통해야 할 필요 없이 고객들이 빠르게 지불하는 것을 더 쉽게 만들어 준다. (make, pay, customer)

→ Automated checkout systems ＿＿＿＿＿ ＿＿＿＿＿ ＿＿＿＿＿ ＿＿＿＿＿ ＿＿＿＿＿ ＿＿＿＿＿ ＿＿＿＿＿ quickly without having to wait in long lines or interact with store personnel.

# 서술형 핵심 구문 REVIEW TEST

STEP 1 문장 완성

**A** 우리말과 일치하도록 괄호 안의 단어를 바르게 배열하시오.

**1** 나는 나중에 벌하는 것보다 범죄를 사전에 예방하는 것이 더 중요하다고 생각한다. (prevent / more important / it / to / consider / crimes / beforehand)

→ I _____ than to punish them afterwards.

**2** 알베르트 아인슈타인의 공식들 중 일부는 너무 복잡해서 전문가들조차 해독할 수 없다. (complicated / too / even experts / for / decode / are / to)

→ Some of Albert Einstein's formulas _____.

**3** 금전적인 장려책이 그로 하여금 업무에 복귀하도록 권하기에 충분하지 않은 것으로 밝혀졌다. (to / not sufficient / him / come back / encourage / to)

→ Financial incentive turned out to be _____ to work.

**4** 몇몇 작은 실수 때문에 네가 Martin이 서툴다고 속단한 것은 성급했다. (to / it / you / jump to the conclusion / was / of / hasty)

→ _____ that Martin was clumsy because of a few minor mistakes.

**B** 우리말과 일치하도록 괄호 안의 단어를 활용하여 영작하시오. (단, 필요시 단어를 추가하고 어형을 바꿔 쓸 것)

**1** 군중이 광장에서 흩어지고 난 직후에 그 화재가 발생한 것은 다행이었다. (that, fortunate, break out, the fire)

→ _____ right after the crowd had dispersed from the square.

**2** 세계의 지도자들은 그 국가가 그 비극에서 회복되는 데 오랜 시간이 걸릴 것으로 예상한다. (the country, recover, long, for)

→ World leaders expect that _____ from the tragedy.

**3** 나의 상사는 사람들에게 어떻게 동기를 부여할지 아는데, 이것은 리더가 지니는 중요한 자질이다. (to, know, motivate)

→ My boss _____, which is an important quality for a leader to have.

**4** 그 피아노 대회 우승자는 시립 관현악단과 함께 공연할 기회를 제안받았다. (a chance, offer, perform with)

→ The winner for the piano contest _____ the city orchestra.

## STEP 2 실전 문제 응용

**[지문형 1]** 다음 글의 밑줄 친 우리말과 일치하도록 보기 의 단어를 바르게 배열하여 문장을 완성하시오. 대연고등학교 2학년 기말고사 응용

Encouraging people to focus on their own reasons for completing shared tasks is considered the shortest path to improving group cohesion. Despite this, many team experts teach that individuals must subordinate their own interests for the sake of the group's success. There are a few problems with this. 첫째로, 경쟁적인 문화에서 일하고 있는 사람들이 집단을 위해 그들의 사리사욕을 하위에 둘 것이라고 기대하는 것은 비현실적이다. And, second, there is no necessary or logical connection between subordination and successful, powerful teamwork. A more effective practice is to use people's self-interest to promote powerful teamwork. For each individual, discover how he or she benefits when the team is successful. The easiest and best way to do this is by asking. When you align individual and collective outcomes in this way, what you will have is true collaboration.

보기 to / it / unrealistic / working in / is / to / competitive cultures / expect / subordinate / people

→ First, _____
their self-interest for the group.

오답 피하기 다양한 문장 구조에서의 to부정사의 쓰임에 유의한다.

**[지문형 2]** 다음 글의 밑줄 친 우리말과 일치하도록 보기 의 단어를 활용하여 조건 에 맞게 영작하시오. 2019년 고2 학력평가 응용

우리가 유아였을 때, 우리의 몸은 우리에게 언제 먹고 언제 그만둘지를 말해주었다. We had an instinctive awareness of what foods our bodies needed and how much of these foods we should eat. As we grew older, we began receiving conflicting messages from parents, peers, and scientific research. This bewildering host of external voices telling us how we should eat drowned out the inner wisdom of our childhoods, creating a confusion of desires, impulses, and aversions. As a result, we now find ourselves unable to eat simply and to eat the right amount. If we are to return to a healthy and balanced relationship with food, it is essential that we learn to turn our awareness inward and to hear again what our bodies are telling us.

*aversion: 반감, 혐오

보기 eat, tell, stop, bodies

조건 1. 4형식 문장으로 쓸 것
2. 「의문사+to부정사」 구문을 활용할 것
3. 필요시 단어를 추가하고 어형을 바꿔 쓸 것

→ When we were infants, _____.

오답 피하기 의문사와 결합하여 특정한 의미를 나타내는 to부정사의 쓰임에 유의한다.

## 동명사의 쓰임

빈출도 상 중 하

출제 POINT  동명사는 문장에서 주어, 목적어, 보어의 역할을 할 수 있다. 이는 주로 단어 배열이나 영작 유형으로 출제되므로 동명사의 형태와 쓰임에 유의한다.

**》》》 기출 문제로 내신 만점 공략**

우리말과 일치하도록 괄호 안의 단어를 바르게 배열하시오. (단, 필요시 어형을 바꿔 쓸 것)

그의 연구는 그가 의학 학위를 받은 첫 아프리카계 미국인이 되는 것으로 이어졌다. (he / led to / the first African-American / become)

→ His research _____ to earn a medical degree.

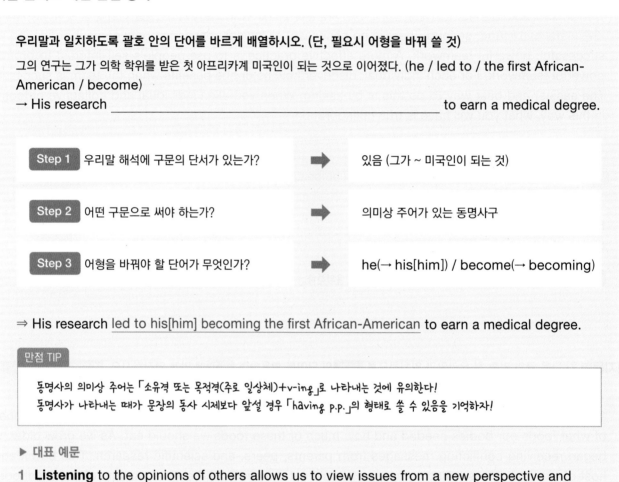

| Step 1 | 우리말 해석에 구문의 단서가 있는가? | ➡ | 있음 (그가 ~ 미국인이 되는 것) |
| Step 2 | 어떤 구문으로 써야 하는가? | ➡ | 의미상 주어가 있는 동명사구 |
| Step 3 | 어형을 바꿔야 할 단어가 무엇인가? | ➡ | he(→ his[him]) / become(→ becoming) |

⇒ His research led to his[him] becoming the first African-American to earn a medical degree.

만점 TIP

동명사의 의미상 주어는 「소유격 또는 목적격(주로 일상체)+v-ing」로 나타내는 것에 유의한다!
동명사가 나타내는 때가 문장의 동사 시제보다 앞설 경우 「having p.p.」의 형태로 쓸 수 있음을 기억하자!

▶ **대표 예문**

1 **Listening** to the opinions of others allows us to view issues from a new perspective and develop more advanced ideas.

2 My little brother complained about **having been told** to go to bed the night before, as he wanted to watch the soccer game on TV.

## 문장 완성 *Practice*

정답 및 해설 p.16

**A** 다음 문장에서 어법상 틀린 곳을 찾아 밑줄을 긋고 바르게 고치시오. (단, 틀린 곳이 없을 경우 O로 표시할 것)

1 My aunt, who is a successful entrepreneur, gave me some useful advice on choose a specific field to major in.

**2** Waking up in the middle of the night regularly can be a sign that you have too much caffeine or sugar in your diet.

**3** Leading a group of tourists through the city, the guide was surprised by they suggesting a sudden change of itinerary.

**B** 우리말과 일치하도록 괄호 안의 단어를 바르게 배열하시오.

**1** 야외로 나가기 전에 자외선 차단제를 바르는 것이 일반적인 것이 되었지만, 그것이 항상 일반적인 관행이었던 것은 아니었다. (outdoors / putting on / going / before / sunscreen)

→ _____ has become the norm, but it wasn't always standard practice.

**2** 발전시켜야 할 한 가지 중요한 기술은 감정적인 충동보다는 논리와 이성에 근거한 결정을 내리는 것이다. (and / logic / making / based on / reason / decisions)

→ One important skill to develop is _____ rather than emotional impulses.

**3** 그 참전 용사는 그의 가족이 그렇게 하도록 그를 격려했기 때문에 전쟁터에서의 그의 경험에 관한 책을 쓸 것을 고려했다. (writing / the war veteran / about / considered / his experience / a book)

→ _____ in the battlefield because his family encouraged him to.

**C** 우리말과 일치하도록 괄호 안의 단어를 활용하여 빈칸에 알맞은 말을 쓰시오. (단, 동명사를 활용하되 필요시 단어를 추가하고 어형을 바꿔 쓸 것)

**1** 참고 문헌의 목록을 살펴본 후에, 그 교수는 다음 날을 위한 그녀의 강의를 준비하는 것을 끝냈다. (prepare, finish, lecture, the professor)

→ After going through a list of references, _____ _____ _____ _____ _____ _____ for the next day.

**2** 장거리 자동차 여행 동안 한밤중에 길을 잃었었던 것에 관한 그 교사의 이야기는 그의 학생들을 웃게 만들었다. (about, the teacher's, be lost, story)

→ _____ _____ _____ _____ _____ _____ _____ in the middle of the night during a road trip made his students laugh.

**3** 가상 현실에서 오랜 시간을 보내는 것은 몇몇 사람들이 어지러움이나 메스꺼움을 느끼게 한다. (long periods of, virtual reality, spend)

→ _____ _____ _____ _____ _____ _____ _____ makes some people feel dizzy or nauseous.

# 목적어로 쓰이는 동명사와 to부정사

빈출도 (상) (중) (하)

출제 POINT | 동명사만을 목적어로 취하는 동사(mind, enjoy, consider, dislike 등)와 to부정사만을 목적어로 취하는 동사(ask, expect, want, decide 등), 둘 다 목적어로 취할 수 있는 동사가 있다. 이는 주로 단어 배열이나 영작 유형으로 출제된다.

## >>> 기출 문제로 내신 만점 공략

우리말과 일치하도록 괄호 안의 단어를 바르게 배열하시오. (단, 필요시 어형을 바꿔 쓸 것)

만약 당신이 갈등에 관한 논의를 미루기로 정한다면, 보다 생산적일 수 있는 나중에 그것을 재개할 것을 기억하라. (about a conflict / a discussion / remember / later / you / put off / if / resume / choose / it)

→ _____, _____
when it can be more productive.

| Step 1 | 우리말 해석에 동사에 관한 단서가 있는가? | ➡ | 있음 (~하기로 정한다면, ~할 것을 기억하라) |
| Step 2 | if절의 동사와 그 목적어는 무엇인가? | ➡ | choose, to put off |
| Step 3 | 주절의 동사와 그 목적어는 무엇인가? | ➡ | remember, to resume |

⇒ If you choose to put off a discussion about a conflict, remember to resume it later when it can be more productive.

만점 TIP

remember, forget, regret, try와 같이 동명사와 to부정사를 모두 목적어로 취할 수 있으나 의미 차이가 있는 동사에 유의하자! stop은 동명사만을 목적어로 취하는 동사로, stop to-v(~하기 위해 멈추다)의 to부정사는 부사적 용법의 to부정사임을 기억하자!

▶ 대표 예문

1 When I was *trying* **to lose** weight for health reasons, a friend *suggested* **cutting** bread and pasta from my diet completely.
2 Koko was a gorilla at the San Francisco Zoo that *learned* **to communicate** with her trainer using sign language.

## 문장 완성 *Practice*

정답 및 해설 p.16

**A** 다음 문장에서 어법상 틀린 곳을 찾아 밑줄을 긋고 바르게 고치시오. (단, 틀린 곳이 없을 경우 O로 표시할 것)
1 Some impatient people dislike to wait so much that they will attempt to cut in line, an act that is considered terribly rude.

**2** The passengers expected arriving in Boston before 6 p.m. but found themselves trapped in the train all night due to a blizzard.

**3** After I stretched and yawned loudly, all of the other members of my study group started yawning as well.

**B** 우리말과 일치하도록 괄호 안의 단어를 바르게 배열하시오.

**1** Audrey는 그녀의 가족과 말레이시아로 이민 간 후에 그녀의 모든 오랜 친구와 매일 연락하고 지내기로 약속했다. (to / all her old friends / keep in touch / promised / with)

→ Audrey _____ on a daily basis after moving to Malaysia with her family.

**2** 그 관객들은 뮤지컬의 실감 나는 상연에 너무나 감격해서 그것이 끝난 후에 몇 분 동안 계속해서 박수를 쳤다. (after / ended / continued / for several minutes / it / applauding)

→ The audience was so thrilled by the lively performance of the musical that they _____
_____.

**3** Keira는 습관적으로 그녀의 일을 시작하는 것을 마지막 순간까지 미루어, 그녀 자신과 그녀의 동료들 모두에게 불필요한 스트레스를 유발한다. (until / puts off / her work / starting / the last minute)

→ Keira habitually _____, causing unnecessary stress for both herself and her coworkers.

**C** 우리말과 일치하도록 괄호 안의 단어를 활용하여 빈칸에 알맞은 말을 쓰시오. (단, 필요시 단어를 추가하고 어형을 바꿔 쓸 것)

**1** Arianna는 나에게 자신의 전화번호를 준 것을 잊어버려서, 내가 그녀에게 전화하자 놀랐다. (give, phone number)

→ Arianna _____ _____ _____ _____ _____ _____, so she was surprised when I called her.

**2** Amanda는 교사로서 일하기 위해 그녀의 일을 그만두기로 결정했는데, 그것은 그녀가 오랫동안 간직해 온 꿈이었다. (job, decide, quit)

→ _____ _____ _____ _____ _____ _____ to pursue a career as a teacher, which was her long-held dream.

**3** Jonathan은 그가 왜 지난주에 수업을 빼먹었는지에 관해 그의 교사와 이야기하기를 원했다. (teacher, want, speak with)

→ Jonathan _____ _____ _____ _____ _____ _____ about why he had to skip class last week.

# 동명사의 관용 표현

빈출도 상 (중) 하

「make a point of v-ing」, 「stop[keep/prevent] A from v-ing」, 「be on the point of v-ing」, 「end up v-ing」, 「on v-ing」, 「have trouble v-ing」 등과 같이 동명사를 이용한 관용 표현은 주로 단어 배열이나 영작 유형으로 출제된다. 따라서 각 표현의 형태와 의미에 유의한다.

## 》》》 기출 문제로 내신 만점 공략

우리말과 일치하도록 괄호 안의 단어를 바르게 배열하시오. (단, 필요시 어형을 바꿔 쓸 것)

자만은 개인이 자신의 진정한 가치와 다른 사람들의 진정한 가치를 경험하는 것을 막는다. (their true value / individuals / prevents / from / pride / experience)

→ _____ and the true value of others.

| Step 1 | 우리말 해석에 구문의 단서가 있는가? | ➡ | 있음 (개인이, 경험하는 것을 막는다) |
| Step 2 | 주어진 단어 중 구문의 단서가 있는가? | ➡ | 있음 (prevents, from, experience) |
| Step 3 | 어형을 바꿔야 할 단어가 무엇인가? | ➡ | experience → experiencing (동명사) |

⇒ Pride prevents individuals from experiencing their true value and the true value of others.

만점 TIP

「look forward to v-ing」, 「when it comes to v-ing」, 「object to v-ing」, 「be used[accustomed] to v-ing」와 같은 표현의 전치사 to를 to부정사의 to와 혼동하지 않도록 주의한다!

▶ 대표 예문

**It goes without saying that** eating home-cooked meals is a more nutritious option than dining at fast-food restaurants.

# 문장 완성 *Practice*

정답 및 해설 p.17

**A** 다음 문장에서 어법상 틀린 곳을 찾아 밑줄을 긋고 바르게 고치시오. (단, 틀린 곳이 없을 경우 O로 표시할 것)

1 Some people can't help laughing the first time they see a platypus, an animal that resembles both a duck and a beaver.   *platypus: 오리너구리

**2** Most of the residents objected to build a nuclear power plant in the city, so the government had to put the project on hold.

**3** When people with asthma have trouble to breathe, they use an inhaler to reduce the inflammation in their airways.   *asthma: 천식   **inhaler: 흡입기

**B** 우리말과 일치하도록 괄호 안의 단어를 바르게 배열하시오.

**1** 냉혈이고 자신의 체온을 조절할 수 없다는 사실 때문에 도마뱀은 낮의 많은 시간을 햇볕을 쬐는 데 보낸다. (in the sun / spend / lizards / much of the day / basking)   *bask: (햇볕 등을) 쬐다

→ _____ due to the fact that they are cold-blooded and unable to regulate their own body temperature.

**2** 천천히 그리고 꾸준히 일하는 것의 중요성에 관한 그의 할아버지의 조언이 기억났을 때, Clint는 막 포기하려고 했었다. (on / Clint / the point / giving up / was / of)

→ _____ when he remembered his grandfather's advice about the importance of working slowly and steadily.

**3** 토네이도가 접근 중이라는 것을 나타내는 사이렌 소리를 들었을 때, Joanne은 아이들에게 학교에 갈 준비를 시키느라 바빴다. (was / the kids / busy / ready / getting / for school / Joanne)

→ _____ when she heard sirens indicating that a tornado was approaching.

**C** 우리말과 일치하도록 괄호 안의 단어를 활용하여 영작하시오. (단, 필요시 단어를 추가하고 어형을 바꿔 쓸 것)

**1** 그 선수들은 대회에 참가한 다른 팀들을 얕잡아봤지만, 그들은 결국 개막 경기를 지게 되었다. (lose, end, the opening game)

→ The players looked down on the other teams that had entered the competition, but _____.

**2** Otto는 무언가를 하기 위해 애쓸 때, 그에게 도움을 주는 사람들에게 반드시 항상 감사해한다. (thank, a point of)

→ Otto always _____ who lend him a hand when he's struggling to do something.

**3** 사냥꾼들이 그들의 소유지에 무단 침입하는 것을 막기 위해서, 그 부부는 그들의 온 마당 주위에 울타리를 세웠다. (hunters, stop, trespass, in order to)   *trespass: 무단 침입하다

→ _____ on their property, the couple erected a fence around their entire yard.

## 현재분사와 과거분사

빈출도 상 중 하

출제 POINT | 분사는 형용사처럼 쓰여 명사를 앞이나 뒤에서 수식할 수 있는데, 분사가 목적어나 수식어구와 함께 쓰여 길어지면 명사를 뒤에서 수식한다. 이는 주로 어법 고치기나 단어 배열 유형으로 출제된다.

### 》》 기출 문제로 내신 만점 공략

다음 문장에서 **틀린** 부분을 찾아 바르게 고치시오.

The designers launched a clothing division produces T-shirts that are 100 percent made in Africa.

| Step 1 | 틀린 부분이 어디인가? | ➡ | produces (launched가 문장의 동사) |
| Step 2 | 해당 부분이 어떤 역할을 해야 하는가? | ➡ | 앞의 명사구를 수식하는 역할 |
| Step 3 | 분사와, 분사가 수식하는 명사구가 어떤 관계인가? | ➡ | 능동 관계 (티셔츠를 생산하는 의류 분과) |

The designers launched a clothing division produces T-shirts that are 100 percent made in Africa.
⇒ The designers launched a clothing division <u>producing</u> T-shirts that are 100 percent made in Africa.

만점 TIP

분사와, 분사가 수식하는 명사가 의미상 능동 관계이면 현재분사(v-ing)를, 수동 관계이면 과거분사(p.p.)를 쓴다는 점을 기억하자!

▶ 대표 예문
1 Whenever Mr. Green finds himself getting upset or anxious, he takes a **relaxing** walk to soothe his nerves.
2 The police officer talked to all of the people **involved** in the argument, asking them for their version of the events.

## 문장 완성 *Practice*

정답 및 해설 p.17

**A** 다음 문장에서 어법상 **틀린** 곳을 찾아 밑줄을 긋고 바르게 고치시오. (단, 틀린 곳이 없을 경우 O로 표시할 것)

1 Leah awoke to the sound of unfamiliar birds sang in the trees on the first morning of her trip to Peru.

**2** The baseball fans sitting near home plate chanted the name of the team's star player after he hit a game-winning home run.

**3** The folding laundry should be placed in a drawer, while the other items can be hung on the hangers in the closet.

**B** 우리말과 일치하도록 괄호 안의 단어를 바르게 배열하시오.

**1** 다음 주 운동회 날에 참가하는 것에 관심이 있는 누구든지 부모님이나 후견인에게 서명 받은 허가서를 가져와야 한다. (anyone / sports day / taking part in / interested in)

→ _____ next week must bring in a permission form signed by a parent or guardian.

**2** 지난주에, 혼란스러워하는 한 남자가 경찰서에 걸어 들어와서 그가 자신이 누구인지에 관한 아무런 기억이 없는 채로 깨어났다고 설명했다. (a / walked into / confused / a police station / man)

→ Last week, _____ and explained that he had awoken with no memory of who he was.

**3** 벽난로 안에서 타고 있던 통나무들 중 하나가 갑자기 움직여서, 불길 위로 손을 따뜻하게 하고 있었던 아이들을 깜짝 놀라게 했다. (in the fireplace / of the logs / one / burning)

→ _____ shifted suddenly, startling the children who had been warming their hands over the flames.

**C** 우리말과 일치하도록 괄호 안의 단어를 활용하여 영작하시오. (단, 분사를 활용하되 필요시 단어를 추가하고 어형을 바꿔 쓸 것)

**1** 그 그림을 설명하고 있는 그 여자는 미술사 분야에서 가장 존경받는 학자 중 한 명으로 여겨진다. (the painting, explain)

→ _____ is regarded as one of the most respected scholars in the field of art history.

**2** 그 교사들은 한국어를 처음으로 배우고 있는 그 학생들에게 한글에 관해 가르칠 더 쉬운 방법을 논의했다. (learn, for the first time)

→ The teachers discussed an easier way to teach _____ _____ about Hangeul.

**3** 나의 학교 옆 공터에 지어진 그 집은 한 젊은 부부가 그것을 구매하기 전까지 몇 달 동안 비어 있었다. (in, build, the vacant lot)

→ _____ next to my school had been unoccupied for several months before a young couple purchased it.

# 분사구문

빈출도 (상) (중) (하)

출제 POINT | 분사구문은 「접속사+주어+동사」 형태의 부사절을 분사를 이용해 구로 나타낸 것이다. 이는 주로 어법 고치기나 문장 전환 유형으로 출제된다.

## ≫ 기출 문제로 내신 만점 공략

다음 밑줄 친 부분을 분사구문으로 바꿔 쓰시오.

As she had had a passion for swimming since childhood, she looked for a women's swimming team in university.

→ _____, she looked for a women's swimming team in university.

| Step 1 | 부사절과 주절의 주어가 동일한가? | ➡ | 동일함 (she) |
| Step 2 | 부사절과 주절의 시제가 무엇인가? | ➡ | 부사절: 과거완료 / 주절: 과거 |
| Step 3 | 부사절의 주어와 동사가 어떤 관계인가? | ➡ | 능동 관계 (열정이 있었다) |

⇒ Having had a passion for swimming since childhood, she looked for a women's swimming team in university.

**만점 TIP**

수동형 분사구문에서 Being이나 Having been은 주로 생략된다!
부사절의 시제가 주절의 시제보다 앞설 때는 완료형 분사구문(having p.p.)을 사용한다는 것을 알아 두자!

▶ 대표 예문

1  **Opening** the app you have just installed, you will be able to see the current location of the bus for which you are waiting.

2  **(Having been)** Accidentally **dropped** from a second-floor balcony, the smartphone is no longer functional.

## 문장 완성 *Practice*

정답 및 해설 p.18

**A** 다음 문장에서 어법상 틀린 곳을 찾아 밑줄을 긋고 바르게 고치시오. (단, 틀린 곳이 없을 경우 O로 표시할 것)

1  Having caught in a lie by his parents, the little boy tearfully apologized for his bad behavior.

**2** Knowing to hide in shallow water, the crocodile is a threat to any thirsty animal coming for a drink.

**3** Feeling sick from eating too much junk food, Isaac canceled his evening plans and went to bed early.

**B** 다음 밑줄 친 부분을 분사구문으로 바꿔 쓰시오.

**1** After she had completed the multiple-choice section of the test, Gabriella flipped the paper over and began to work on the essay.

→ _____, Gabriella flipped the paper over and began to work on the essay.

**2** When she was asked to switch seats with a woman who wanted to sit next to her husband, Talia agreed with a polite smile.

→ _____,

Talia agreed with a polite smile.

**3** Since she had been permitted by her parents to spend the night at a friend's house, the girl put a pair of pajamas into her backpack.

→ _____ at a friend's house, the girl put a pair of pajamas into her backpack.

**C** 우리말과 일치하도록 괄호 안의 단어를 바르게 배열하시오.

**1** 십 대 시절 동안 바다 근처에 살아서, Allison은 물 밖보다 물 속에서 더 많은 시간을 보내는 열렬한 서퍼로 자랐다. (the ocean / during her teenage years / having / near / lived)

→ _____, Allison grew up an enthusiastic surfer who spent more time in the water than out of it.

**2** 그의 졸업식에서 연설하기로 선정되어서, Anthony는 기억에 남을 만한 연설을 생각해 내기 위해 열심히 노력하는 중이다. (to speak / his graduation ceremony / chosen / at)

→ _____, Anthony has been working hard to come up with a memorable speech.

**3** 오늘 아침에 스케이트보드 사고로 그의 다리가 부러졌었기 때문에, Colin은 다리에 깁스를 하기 위해 병원을 찾아갔다. (in a skateboarding accident / broken / his leg / having)

→ _____ this morning, Colin visited the hospital to get a cast on it.

## 여러 가지 분사구문

출제 POINT | 주어나 접속사가 남아 있는 분사구문, 「with+(대)명사+분사」와 같은 형태의 분사구문이 있다. 이는 주로 어법 고치기나 단어 배열 유형으로 출제되므로 분사의 형태에 유의한다.

### 》》 기출 문제로 내신 만점 공략

우리말과 일치하도록 괄호 안의 단어를 바르게 배열하시오. (단, 필요시 어형을 바꿔 쓸 것)

그들의 팔이 머리 위로 올려진 채로, 그들은 플루트 음악과 북소리에 맞춰 춤을 추기 시작했다. (their arms / with / over their heads / raise)

→ _____, they began dancing to flute music and drumbeats.

| Step 1 | 우리말 해석에 구문의 단서가 있는가? | ➡ | 있음 (그들의 팔이 머리 위로 올려진 채로) |
| Step 2 | 해당 구문의 형태는 어떠한가? | ➡ | 「with+(대)명사+분사」 |
| Step 3 | 명사구와 분사가 어떤 관계인가? | ➡ | 수동 관계 (올려진 채로) |

⇒ <u>With their arms raised over their heads</u>, they began dancing to flute music and drumbeats.

> **만점 TIP**
>
> 「with+(대)명사+분사」 구문에서는 (대)명사와 분사의 관계가 능동·진행이면 현재분사, 수동·완료이면 과거분사를 쓴다!
> 분사구문을 만들 때, 부사절의 주어와 주절의 주어가 다른 경우 부사절의 주어를 생략하지 않는 것에 유의하자!

▶ 대표 예문

1 **Tears rolling down** her cheeks, Melanie returned home after visiting her teacher in the hospital.
2 **With** his carvings **arranged** on a blanket in front of him, the craftsman called out to the passing tourists.

## 문장 완성 *Practice*

정답 및 해설 p.19

**A** 다음 문장에서 어법상 틀린 곳을 찾아 밑줄을 긋고 바르게 고치시오. (단, 틀린 곳이 없을 경우 O로 표시할 것)

1 The kindergarten teacher prefers to begin each day's lesson with all of her students sit attentively in their assigned seats.

**2** It being a Wednesday, Lauren has a cello lesson right after school, followed by her swimming class at the community center at 6 p.m.

**3** As the attack began, one pirate leapt from the mast of his ship to the deck of the other with his knife holding in his mouth.   *mast: 돛대

**B** 우리말과 일치하도록 괄호 안의 단어를 바르게 배열하시오.

**1** 그의 신발 속에 그의 돈을 숨긴 채로, 그 젊은 남자는 소매치기를 걱정하지 않고 붐비는 거리를 걸어서 지날 수 있었다. (his / hidden / with / in his shoe / money)

→ _____, the young man was able to walk through the crowded streets without worrying about pickpockets.

**2** 바로 먹을 아보카도를 고를 때, 어두운 색을 지니고 있고 만졌을 때 부드러운 것을 찾아라. (choosing / when / to be / an avocado / eaten immediately)

→ _____, look for one that has a dark color and is soft to the touch.

**3** 관광객들로 가득 찬 사파리 차량이 도착했을 때, 세 마리의 새끼들이 뒤를 바짝 따라가는 채로 그 암사자는 키 큰 풀 속으로 서둘러 들어갔다. (her three cubs / closely behind / with / following)

→ When a safari vehicle full of tourists arrived, the lioness hurried into the tall grass _____

_____.

**C** 다음 밑줄 친 부분을 분사구문으로 바꿀 때 빈칸에 알맞은 말을 쓰시오.

**1** <u>After he discussed his intentions with his parents</u>, Joseph was convinced that his plan to attend culinary school was a sound decision.

→ After _____ _____ _____ with his parents, Joseph was convinced that his plan to attend culinary school was a sound decision.

**2** Chase finds it difficult to focus on his homework <u>while other people talk nearby</u>, so he usually does it at the local library.

→ Chase finds it difficult to focus on his homework with _____ _____ _____ _____, so he usually does it at the local library.

**3** <u>Because his article had been accepted for publication by a national magazine</u>, the writer decided to have a party with his family and friends.

→ His _____ _____ _____ _____ for publication by a national magazine, the writer decided to have a party with his family and friends.

# 서술형 핵심 구문 REVIEW TEST

**A** 우리말과 일치하도록 괄호 안의 단어를 바르게 배열하시오.

**1** 그 디자인 소프트웨어를 설치하려 하는 동안, 내가 '설치' 버튼을 누를 때마다 나는 계속해서 오류 메시지를 받았다. (trying / I / getting / to install / while / the design software / kept / an error message)

→ _____, _____
every time I clicked the "Install" button.

**2** 최신 기기를 소유하는 것에 사로잡혀서, 나는 그 회사의 최신이자 최고의 TV를 사는 데 엄청난 양의 돈을 썼다. (owning / with / devices / being / the newest / obsessed)

→ _____, I spent a huge amount of money
on buying the company's latest and greatest TV.

**3** 우리는 그가 어머니를 보살피는 데 전념하기 위해 프로 농구에서 은퇴하는 것에 놀랐다. (we / by / were / professional basketball / retiring from / surprised / his)

→ _____ to devote himself
to taking care of his mother.

**4** 그 책은 독자들의 흥미를 돋우고 그들이 행간에 숨겨진 보다 깊은 뜻을 발견하도록 했다. (hidden / the lines / discover / between / the deeper meaning)

→ The book intrigued readers and encouraged them to _____
_____.

**B** 우리말과 일치하도록 괄호 안의 단어를 활용하여 영작하시오. (단, 필요시 단어를 추가하고 어형을 바꿔 쓸 것)

**1** 너무 많은 사람들이 줄을 서서 기다리는 채로, 그 부부는 점심을 먹을 다른 식당을 찾아야 했다. (so many, wait in line, with)

→ _____, the couple had to find another restaurant to eat
lunch at.

**2** 저희가 그 상품에 대해 당신에게 전액 환불을 해드릴 수 없다는 것을 당신에게 말씀드리게 되어 유감입니다. (that, be able to, regret, give, tell)

→ _____ you a full refund for the product.

**3** 그의 업무로 스트레스를 받을 때, Jason은 충분한 수면을 취하는 데 어려움을 겪는다. (get enough sleep, trouble)

→ _____ when he is stressed out by his work.

**4** 그의 책상 위에 일이 높이 쌓인 채로, Bill은 정규 연간 휴가를 갔다. (high, with, pile, work)

→ _____, Bill took his regular annual leave.

## STEP 2 실전 문제 응용

**[지문형 1]** 다음 글의 밑줄 친 우리말과 일치하도록 보기 의 단어를 바르게 배열하여 문장을 완성하시오. (단, 필요시 어형을 바꿔 쓸 것) 2019년 고2 학력평가 응용

When you encounter an adorable creature, such as a baby animal, you may experience a powerful urge to cuddle or even bite it. This is a perfectly normal psychological reaction called "cute aggression," and even though it sounds cruel, it's not about causing harm. In fact, strangely enough, this compulsion may actually make us more caring. The first study to look at cute aggression in the human brain has now revealed that it is a complex neurological response involving several parts of the brain. <u>그 연구자들은 귀여운 공격성이 우리가 감정적으로 과부하되는 것을 막을지도 모른다는 것을 제시한다</u>, which would make it difficult to look after things that we consider extremely cute. It is believed that cute aggression may serve as a tempering mechanism that allows us to function and actually take care of something we might first perceive as overwhelmingly cute.

보기 may / emotionally overloaded / from / cute aggression / stop / become / us

→ The researchers suggest that _____.

오답 피하기 동명사 관용 표현의 의미와 형태에 유의한다.

**[지문형 2]** 다음 글의 밑줄 친 부분을 분사구문으로 바꿔 쓰시오. 영어 II 교과서 응용

Wolfgang Amadeus Mozart, cited as a child prodigy, is known to have acquired his musical skills very early on. He started to compose music at the age of four. At the age of six, he traveled around Europe giving special performances with his father, Leopold. However, there is a misunderstanding about Mozart's precocity. First of all, the music he composed at four isn't any good. His childhood works are basically arrangements of works by other composers. Mozart's great talent as a musician did not so much come from a natural musical ability as it did from his ability to work hard and a father that pushed him to do so. What gave young Mozart his incredible musical ability was constant practice. <u>Because he was compelled to practice three hours a day since he was three</u>, he had practiced an astonishing 3,500 hours by age six, which was three times more than anybody else in his peer group.

*child prodigy: 신동  **precocity: 조숙함

→ _____

오답 피하기 분사구문의 의미상 주어와 분사의 관계에 유의한다.

# 관계대명사 구문 (1)

출제 POINT | 관계대명사는 절과 절을 연결하는 접속사의 역할과 더불어, 선행사를 대신하는 대명사의 역할을 한다. 이는 주로 단어 배열이나 영작 유형으로 출제되므로 각 관계대명사의 역할에 유의한다.

## 〉〉〉 기출 문제로 내신 만점 공략

우리말과 일치하도록 괄호 안의 단어를 바르게 배열하시오.

사람들은 일반적으로 그들 자신이나 다른 이들에 대한 막대한 이해관계를 수반하는 중대한 결정을 하는 데 있어서 확신이 없다. (huge stakes / others / that / critical decisions / themselves / involve / or / for) *stake: 이해관계
→ People are generally doubtful in making _____.

| Step 1 | 주어진 단어 중 구문의 단서가 있는가? | ➡ | 있음 (관계대명사 that) |
|---|---|---|---|
| Step 2 | 선행사는 무엇인가? | ➡ | critical decisions |
| Step 3 | 해당 관계대명사는 어떤 역할을 하는가? | ➡ | 관계사절의 주어 역할 |

⇒ People are generally doubtful in making <u>critical decisions that involve huge stakes for themselves or others</u>.

만점 TIP

목적격 관계대명사는 흔히 생략되는 경향이 있으며, 「주격 관계대명사+be동사」 역시 생략할 수 있다는 점을 알아두자!

▶ 대표 예문

1 It can be extremely difficult to discuss politics with *people* **whose** views are vastly different from your own.

2 The temple **(that is)** located at the top of this mountain was built by a Buddhist monk more than 100 years ago.

## 문장 완성 *Practice*

정답 및 해설 p.21

**A** 다음 문장에서 어법상 틀린 곳을 찾아 밑줄을 긋고 바르게 고치시오. (단, 틀린 곳이 없을 경우 O로 표시할 것)

1 All of the people who Cameron works with possess master's degrees from prestigious universities.

**2** The fireworks display whom took place after the K-pop concert was very impressive and was 20 minutes long.

**3** The family who pet dog is missing handed out flyers in the park in the hopes that someone would recognize his picture.

**B** 우리말과 일치하도록 괄호 안의 단어를 바르게 배열하시오.

**1** 그 철자 대회에서는 초등학교에 다니는 동안 영어를 제2언어로 배웠던 한 십 대가 이겼다. (English / had learned / who / a second language / as)

→ The spelling contest was won by a teenager _____
while she was in elementary school.

**2** 그 박물관에서, 학생들은 기원전 500년경에 고대 그리스에서 만들어진 것으로 여겨지는 아름다운 화병을 봤다. (believed / in / a beautiful vase / to have been made / ancient Greece)

→ At the museum, the students saw _____
_____ around 500 BC.

**3** 그 근로자들이 받은 이메일에 바이러스가 있었기 때문에 우리 회사의 중요한 파일들 중 많은 것이 훼손되었다. (contained / received / a virus / the workers / the email)

→ Many of our company's important files have been destroyed because _____
_____.

**C** 우리말과 일치하도록 괄호 안의 단어를 활용하여 영작하시오. (단, 관계대명사를 활용하되 필요시 단어를 추가하고 어형을 바꿔 쓸 것)

**1** 첫 번째 소설이 부커상을 탄 그 작가는 오늘 아침 여러 명의 기자들과 인터뷰를 했다. (novel, had won, the author)

→ _____ the Booker Prize was interviewed by several reporters this morning.

**2** 학생들은 그들의 영어 교사에게 말하고 있던 그 남자가 수년 전에 그녀의 교사였다는 것을 알게 되어 놀랐다. (talk to, English teacher)

→ The students were surprised to learn that _____
_____ had been her teacher years ago.

**3** 그 남자가 불평한 그 읍 의회의 제안은 그 지역에 새로운 대형 슈퍼마켓을 짓는 것이었다. (complain about, the proposal, the town council)

→ _____ was to build a new superstore in the area.

## 관계대명사 구문 (2)

**출제 POINT** | 관계대명사의 계속적 용법은 선행사에 대한 부가적인 정보를 나타내는 것으로, 「콤마(,)+관계대명사」의 형태를 취한다. 또한, 관계대명사가 전치사의 목적어로 쓰일 때 전치사는 관계대명사 앞이나 관계사절 끝에 온다. 이들은 주로 어법 고치기나 단어 배열 유형으로 출제된다.

### ≫ 기출 문제로 내신 만점 공략

다음 문장에서 **틀린** 부분을 찾아 바르게 고치시오.

There have been some situations in that you have observed a smile and could sense that it was not genuine.

| Step 1 | 어떤 구문이 쓰였는가? | ➡ | 관계대명사 구문 |
| Step 2 | 관계대명사가 어떤 역할을 하는가? | ➡ | 전치사의 목적어 역할 |
| Step 3 | 알맞은 관계대명사가 쓰였는가? | ➡ | 아님 (관계대명사 that은 전치사 뒤에 올 수 없음) |

There have been some situations in that you have observed ....

⇒ There have been some situations in <u>which</u> you have observed a smile and could sense that it was not genuine.

**만점 TIP**

계속적 용법의 관계대명사 whom과 which는 「한정사(all, both, most, some, none 등)+of+관계대명사」의 형태로도 쓰인다는 것을 알아두자!
관계대명사 that이나 who는 「전치사+관계대명사」의 형태로 쓸 수 없다는 것에 유의하자!

▶ 대표 예문

Sydney spent the afternoon discussing how to form an environmental club with *Owen*, **who** she considered as a prospective leader.

## 문장 완성 *Practice*

정답 및 해설 p.22

**A** 다음 문장에서 어법상 **틀린** 곳을 찾아 밑줄을 긋고 바르게 고치시오. (단, 틀린 곳이 없을 경우 O로 표시할 것)

**1** One of my friends with whom I've started a band came over to show me some lyrics she had written.

**2** The river that we will raft down today is full of small islands, some of them remain uninhabited even today.

**3** We need to cook these plantains, that lack the sweetness of other banana varieties and can't be eaten raw due to their bitterness.   *plantain: 플랜테인(채소처럼 요리해서 먹는, 바나나 비슷한 열매)

**B**  우리말과 일치하도록 괄호 안의 단어를 바르게 배열하시오.

**1**  그 미어캣이 안으로 사라져버린 그 구멍은 터널과 굴로 이루어진 복잡한 연결망으로 가는 많은 입구 중 단지 하나에 불과했다. (the meerkat / into / disappeared / which)

→ The hole _____ was just one of many entrances to a complex network of tunnels and dens.

**2**  내가 처음으로 나의 새로운 교실에 들어섰을 때, 그곳은 웃고 있는 행복한 학생들로 가득 차 있었는데, 나는 그들 중 누구도 알아볼 수 없었다. (of / I / whom / recognized / none)

→ When I stepped into my new classroom for the very first time, it was full of happy, laughing students, _____.

**3**  Anna의 조부모님이 앉아 계시던 그 공원 벤치는 야구장 바로 건너편에 위치해 있었다. (Anna's grandparents / that / on / were sitting)

→ The park bench _____ was located directly across from the baseball field.

**4**  졸업식 직후에 Samantha는 그녀의 반 친구들과 사진을 찍었는데, 그들 대부분은 그녀가 초등학교 때부터 알아왔다. (most / she / whom / elementary school / since / of / had known)

→ Right after the graduation ceremony, Samantha took pictures with her classmates, _____ _____.

**5**  그 형제는 큰 소유지를 샀는데, 그곳에 그들은 여러 채의 집을 지을 생각이다. (intend / which / they / to build / several houses / on)

→ The brothers purchased a large piece of property, _____ _____.

**6**  그 간호사는, 최근 독감의 발생 때문에 오랜 시간을 일해야 했는데, 병원으로부터의 얼마간의 휴식을 요청했다. (work / of flu / who / long hours / due to / had to / a recent outbreak)

→ The nurse, _____, requested some time off from the hospital.

# 관계부사 구문

빈출도 상 중 하

**출제 POINT** | 관계부사는 접속사와 부사(구)의 역할을 하며, 뒤에 완전한 절이 이어진다. 또한, 관계부사 중 where과 when은 계속적 용법으로 쓸 수 있다. 주로 어법 고치기나 단어 배열 유형으로 출제되므로 선행사에 따른 관계부사의 종류에 유의한다.

## ≫ 기출 문제로 내신 만점 공략

우리말과 일치하도록 괄호 안의 단어를 바르게 배열하시오.

수년이 지나 Merian은 암스테르담으로 이주했는데, 그곳에서 그녀는 그녀의 그림들을 판매할 수 있었다. (her paintings / where / was able to / she / sell)

→ Many years passed and Merian moved to Amsterdam, _____.

| Step 1 | 우리말 해석에 구문의 단서가 있는가? | ➡ | 있음 (이주했는데, 그곳에서) |
| Step 2 | 주어진 단어 중 구문의 단서가 있는가? | ➡ | 있음 (관계부사 where) |
| Step 3 | 어떤 어순으로 써야 하는가? | ➡ | 「계속적 용법의 관계부사+주어+동사 ~」 |

⇒ Many years passed and Merian moved to Amsterdam, <u>where she was able to sell her paintings</u>.

**만점 TIP**

> 선행사 the way와 관계부사 how는 함께 쓸 수 없음을 잊지 말자!
> 선행사가 일반적인 명사(time, day, place 등)일 때 관계부사를 생략할 수도 있고, 대신 that을 쓸 수도 있다는 것을 알아 두자!

▶ 대표 예문

1 Landon looks forward to *Tuesdays*, **when** he has no after-school lessons and can use his free time.

2 Hurrying back into the restaurant she had just eaten lunch at, Grace was relieved to find that her purse was still in *the place* **where** she had left it.

## 문장 완성 *Practice*

정답 및 해설 p.23

**A** 다음 문장에서 어법상 틀린 곳을 찾아 밑줄을 긋고 바르게 고치시오. (단, 틀린 곳이 없을 경우 O로 표시할 것)

1 The moment when Luke realized he had insulted his classmate, he apologized for speaking without thinking first.

**2** The tour guide explained the way how the ancient Egyptians transported the large stones used to construct the pyramids.

**3** The Black Death devastated Europe during the Middle Ages, where people had little scientific understanding of how diseases spread.   *Black Death: 흑사병

**B** 다음 두 문장을 관계부사를 사용하여 한 문장으로 바꿔 쓰시오.

**1** Scientists are trying to understand the reason. Some living creatures do not need to sleep for that reason.

→ Scientists are trying to understand the reason _____

_____ .

**2** As it was a national holiday, many people were out of town on the day. The earthquake hit the city on the day.

→ As it was a national holiday, many people were out of town on the day _____

_____ .

**3** The hikers were dismayed to discover that there was nothing but a large, ragged hole in the spot. A towering tree had once stood in the spot.

→ The hikers were dismayed to discover that there was nothing but a large, ragged hole in the spot _____ .

**C** 우리말과 일치하도록 괄호 안의 단어를 바르게 배열하시오.

**1** 공기의 질이 좋지 못한 날에, 천식이나 다른 호흡 문제를 가진 사람들은 그들이 야외에서 보내는 시간의 양을 제한해야 한다. (the air quality / that / poor / is / on days)

→ _____ , people with asthma or other breathing problems should limit the amount of time they spend outdoors.

**2** Alexis는 그 카페 안으로 걸어 들어갔는데, 그곳에서 그녀는 웃으면서 차를 마시던 오랜 친구들 무리에게 큰 소리로 환영받았다. (was loudly greeted / by / where / she / a group of old friends)

→ Alexis walked into the café, _____
laughing and drinking tea.

**3** 에베레스트산을 등반하기를 원하는 이유를 질문받았을 때, 등산가 George Mallory는 "산이 거기에 있으니까요."라는 유명한 답변을 했다. (to climb / the reason / he / why / Mount Everest / desired)

→ When asked _____ , the mountaineer George Mallory famously replied, "Because it's there."

# 복합관계사

빈출도 상 중 하

**출제 POINT** │ 복합관계사는 관계사에 -ever를 붙인 형태로, '~든지', '~하더라도'의 의미로 쓰인다. 또한, 관계사의 형태에 따라 복합관계대명사와 복합관계부사로 나뉜다. 이들은 주로 단어 배열이나 영작 유형으로 출제된다.

## >>> 기출 문제로 내신 만점 공략

우리말과 일치하도록 괄호 안의 단어를 바르게 배열하시오.

사람들이 아무리 미숙하더라도, 그들은 성장하도록 자극받을 필요가 있다. (are / however / people / inexperienced)

→ _____, they need to be challenged to grow.

| Step 1 | 우리말 해석에 구문의 단서가 있는가? | ➡ | 있음 (아무리 ~하더라도) |
| Step 2 | 어떤 구문으로 나타낼 수 있는가? | ➡ | 복합관계부사 구문 |
| Step 3 | 해당 구문은 어떤 형태로 써야 하는가? | ➡ | 「However+형용사+주어+동사」 |

⇒ <u>However inexperienced people are</u>, they need to be challenged to grow.

**만점 TIP**

복합관계대명사는 불완전한 절을 이끄는 반면, 복합관계부사는 완전한 절을 이끈다는 것에 유의하자!
whatever와 whichever는 명사를 앞에서 수식하는 복합관계형용사로도 쓰일 수 있다는 점을 알아 두자!

▶ 대표 예문

1 When you get to the forest, you can take **whichever** path you want, as they all end up in the same place.
2 **Whenever** it rains heavily, large puddles form at the intersection in front of the school, slowing up traffic.

# 문장 완성 *Practice*

정답 및 해설 p.23

**A** 빈칸에 들어갈 알맞은 단어를 보기 에서 골라 쓰시오.

보기  whenever        whatever        whoever

**1** _____ the comedian says sounds funny because he talks quickly and has a heavy accent.

**2** The judges will award a special prize to _____ comes to the Halloween party in the most creative costume.

**3** Passengers may leave their seats to use the lavatories _____ they want, unless the "fasten seat belt" sign is lit.

**B** 우리말과 일치하도록 괄호 안의 단어를 바르게 배열하시오.

**1** 당신이 몇 살이더라도, 습득할 새로운 지식들과 즐길 새로운 경험들이 항상 많을 것이다. (you / may / however / be / old)

→ _____, there will always be plenty of new knowledge to acquire and new experiences to enjoy.

**2** 당신이 당신의 비서가 되도록 고른 누구든지 마케팅이나 홍보에 경험이 있어야 한다. (you / your secretary / to be / whoever / choose)

→ _____ should have experience in marketing or public relations.

**3** 그의 피부가 빨갛거나 염증이 생긴 곳은 어디든지 그 의약용 로션을 바름으로써, Nick은 그를 괴롭혀왔던 가려움을 줄일 수 있었다. (was / wherever / his skin / red)

→ By rubbing the medicated lotion _____ and inflamed, Nick was able to reduce the itchiness that had been tormenting him.

**C** 우리말과 일치하도록 괄호 안의 단어를 활용하여 빈칸에 알맞은 말을 쓰시오. (단, 필요시 단어를 추가하고 어형을 바꿔 쓸 것)

**1** 당신이 사기로 결정하는 어느 차든지 그것을 집으로 가져갈 수 있기 전에 그 중개인의 정비공에게 점검을 받아야 할 것이다. (car, to buy, decide)

→ _____ _____ _____ _____ _____ _____ will need to be inspected by the dealer's mechanic before you can take it home.

**2** 그녀가 아무리 열심히 애써도, Tina는 그녀의 장신구를 넣어뒀던 호텔 금고를 열어줄 비밀번호를 기억해 낼 수 없었다. (try, hard)

→ _____ _____ _____ _____, Tina was unable to recall the passcode that would open the hotel safe in which she had placed her jewelry.

**3** 우리는 그 자동문의 센서를 조정해야 하는데, 그것이 인도 위에서 누군가가 지나갈 때마다 미끄러지듯이 열리기 때문이다. (walk past, someone)

→ We need to adjust the sensor of the automatic door, as it slides open _____ _____ _____ _____ on the sidewalk.

# 서술형 핵심 구문 REVIEW TEST

**A** 우리말과 일치하도록 괄호 안의 단어를 바르게 배열하시오.

**1** 통찰력이 깊은 한 작가와의 토론은 당신에게 영감을 줄 것이다. (insights / whose / a writer / are / deep)

→ Discussion with _____ will inspire you.

**2** Brooklyn은 식당에 있던 그 여자가 우리가 어렸을 때 보곤 했던 예전 시트콤의 드라마 배우였다고 주장한다. (used to / that / an old sitcom / we / watch)

→ Brooklyn claims that the woman in the restaurant was a television actress from _____
_____ when we were little.

**3** Lauren은 그 이메일에 첨부된 파일들을 열기 전에 이메일 주소를 다시 확인했다. (attached / before / the files / the email / opening / to)

→ Lauren checked the email address again _____.

**4** 이 연구는 정서 지능이 행복에 기여하는 정도를 조사한다. (which / emotional intelligence / to / contributes / the extent)

→ This research examines _____
to well-being.

**B** 우리말과 일치하도록 괄호 안의 단어를 활용하여 빈칸에 알맞은 말을 쓰시오. (단, 관계사를 활용하되 필요시 단어를 추가하고 어형을 바꿔 쓸 것)

**1** 내가 온라인으로 주문한 채소들이 배송되었는데, 그것들 중 일부는 썩어 있었다. (some, be rotten)

→ The vegetables I ordered online were delivered, _____ _____ _____
_____ _____.

**2** 이 필요조건들을 충족시키는 누구든지 이 직위에 가장 알맞은 후보이다. (requirements, meet, an ideal candidate)

→ _____ _____ _____ _____ _____
_____ for this position.

**3** 우리가 그것들을 없애려고 아무리 열심히 애써도, 잡초는 항상 곧 다시 자라난다. (hard, get rid of, try)

→ _____ _____ _____ _____ _____ _____ _____
_____ _____, weeds always grow back very soon.

**4** 많은 종이 번식하기 위해 본능적으로 그것들이 태어났던 곳으로 돌아가는데, 이는 '귀소'라고 불린다. (call, be born)

→ Many species instinctively return to the place _____ _____ _____
in order to reproduce, _____ _____ _____ "homing."

**STEP 2 실전 문제 응용**

**[지문형 1]** 다음 글의 밑줄 친 우리말과 일치하도록 **보기**의 단어를 바르게 배열하여 문장을 완성하시오.

Translating academic language into everyday language is an essential tool used by writers to clarify their ideas to themselves. For, as writing theorists often note, we don't start writing with a fully formed idea in our heads, and then simply transcribe it onto the page without changing it. 도리어 글쓰기는 우리가 글쓰기 과정을 사용하여 우리의 생각이 정확히 무엇인지를 알아내는 발견의 수단인 경우가 더 흔하다. As a result, what we intended to write can be quite different from what we end up with on the page. The point is that using everyday language is a crucial part of the discovery process. Translating your ideas into more common, simpler terms can help you figure out what your ideas really are, as opposed to what you initially imagined they were.

*transcribe: 옮겨 쓰다

**보기** a means / writing / discovery / of / which / we / in / use / is

→ On the contrary, it is more often that _____
the writing process to figure out what exactly our idea is.

**오답 피하기** 관계대명사가 전치사의 목적어 역할을 할 때 전치사의 위치에 유의한다.

**[지문형 2]** 다음 글의 밑줄 친 우리말과 일치하도록 **보기**의 단어를 활용하여 **조건**에 맞게 영작하시오.

A.Y. Jackson was born to a poor family in Montreal in 1882. At the age of 12, he had to go to work in order to help support his brothers and sisters, as his father had abandoned the family some years before. Working in a print shop, he became interested in art, and he began to paint landscapes in a fresh new style. Traveling by train across northern Ontario, Jackson and several other artists painted everything they saw. The "Group of Seven," as they called themselves, put the results of the tour together to create an art show in Toronto in 1920. 그것이 그들의 그림 스타일이 혹독하게 비판받은 전시회였다. But he kept painting, traveling, and exhibiting, and by the time he died in 1974 at the age of 82, Jackson was acknowledged as a painting genius and a pioneer of modern landscape art.

**보기** style of painting, the show, severely criticize

**조건** 1. 관계부사를 활용할 것
2. 수동태 표현을 활용할 것

→ That was _____.

**오답 피하기** 선행사에 알맞은 관계부사를 사용한다.

## if절이 있는 가정법

출제 POINT | 가정법은 실현 가능성이 희박한 일을 가정하거나, 현재 또는 과거의 사실을 반대로 가정할 때 사용한다. 주로 단어 배열이나 영작 유형으로 출제된다.

### ≫ 기출 문제로 내신 만점 공략

우리말과 일치하도록 괄호 안의 단어를 활용하여 영작하시오. (단, 필요시 단어를 추가하고 어형을 바꿔 쓸 것)

만약 내가 지금 아는 것을 과거에 알았더라면, 나는 내 개인적인 발전에 속도를 더 낼 수 있었을 텐데. (know, in the past, speed up, what, personal development)

→ If _____ now, I _____.

| Step 1 | 우리말 해석에 구문의 단서가 있는가? | ➡ | 있음 (알았더라면, 낼 수 있었을 텐데) |
| Step 2 | 어떤 가정법 구문인가? | ➡ | 가정법 과거완료 구문 |
| Step 3 | 어떤 형태로 써야 하는가? | ➡ | 「If+주어+had p.p. ~, 주어+조동사의 과거형 +have p.p. ...」 |

⇒ If I had known in the past what I know now, I could have sped up my personal development.

만점 TIP

현재의 사실과 반대되는 가정에는 가정법 과거를, 과거의 사실과 반대되는 가정에는 가정법 과거완료 구문을 쓰자!
과거에 실현되지 못한 일을 현재와 관련지어 표현할 때는 「If+주어+had p.p. ~, 주어+조동사의 과거형+동사원형 ...」의 형태인 혼합가정법 구문을 쓰자!

▶ 대표 예문

1 **If** the little girl **had** a pet to take care of on a daily basis, she **would be** more responsible.
2 **If** Gavin **hadn't caught** a cold, he **could have gone** to the science fair with the rest of his classmates.

## 문장 완성 *Practice*

정답 및 해설 p.25

**A** 다음 문장에서 어법상 **틀린** 곳을 찾아 밑줄을 긋고 바르게 고치시오. (단, 틀린 곳이 없을 경우 O로 표시할 것)

1 If they wasted less time constantly arguing about minor details, their trip wouldn't be behind schedule.

**2** If Layla sleeps in on Sunday morning, she couldn't have accompanied her aunt and uncle on their birdwatching hike.

**3** If Zoe hadn't forgotten to reserve tickets in advance, we would have been at the stadium right now rather than watching the big game on TV.

**B**  우리말과 일치하도록 괄호 안의 단어를 바르게 배열하시오.

**1** 만약 그 도시가 더 많은 나무들을 심고 더 적은 고속도로들을 건설했더라면, 지금 많은 사람들이 그곳에 사는 것을 택할 텐데. (prefer / had / fewer highways / there / more trees / built / to live / planted / and / would)

→ If the city _____ , many people
_____ now.

**2** 만약 Tyler가 도시 지역 대신 시골 지역에 산다면, 그는 하이킹과 같은 야외 활동을 하는 데 더 많은 시간을 보낼 텐데. (more time / a rural area / spend / outdoor activities / would / lived / pursuing / in)

→ If Tyler _____ instead of an urban one, he _____
_____ such as hiking.

**3** 만약 그 장군이 적군의 규모를 알았더라면, 그는 그의 병사들에게 방향을 바꾸어 요새로 복귀하라고 지시했을 수도 있을 텐데. (the size / ordered / known / might / the enemy's army / had / of / have)

→ If the general _____ , he _____
his soldiers to turn around and return to the fort.

**C**  우리말과 일치하도록 괄호 안의 단어를 활용하여 빈칸에 알맞은 말을 쓰시오. (단, 필요시 단어를 추가하고 어형을 바꿔 쓸 것)

**1** 만약 그 아이들이 그 주의 초에 그들의 숙제를 했더라면, 그들은 지금 그들의 친구들과 놀 더 많은 시간이 있을 텐데. (do, homework, time)

→ If the kids _____ _____ _____ _____ earlier in the week, _____
_____ _____ _____ _____ to play with their friends now.

**2** 만약 경찰관이 고장 난 전조등으로 운전한다고 그를 세우지 않았더라면, 그 운전자의 생명은 위험에 빠졌을 수도 있을 텐데. (stop, be in danger, might)

→ If a police officer _____ _____ _____ for driving with a broken headlight, the
driver's life _____ _____ _____ _____ _____ .

**3** 만약 이 동네의 주택 가격이 더 낮다면, 우리는 하나를 임대하는 대신에 우리만의 아파트를 구매할 수 있을 텐데. (could, own, low, purchase)

→ If housing prices in this neighborhood _____ _____ , _____ _____
_____ _____ _____ _____ instead of renting one.

# if절을 대신하는 표현

빈출도 상 중 **하**

**>>> 기출 문제로 내신 만점 공략**

우리말과 일치하도록 괄호 안의 단어를 활용하여 영작하시오. (단, 필요시 단어를 추가하고 어형을 바꿔 쓸 것)

그의 도움이 없었더라면, 그 오래된 책들과 그림들은 파괴되거나 해외로 반출되었을 텐데. (destroy, overseas, take, without)

→ _____, the old books and paintings _____.

| Step 1 | 우리말 해석에 구문의 단서가 있는가? | ➡ | 있음 (없었더라면, ~되었을 텐데) |
| Step 2 | 어떤 가정법 구문인가? | ➡ | Without이 쓰인 가정법 과거완료 구문 |
| Step 3 | 주절의 동사를 어떤 형태로 써야 하는가? | ➡ | 「would have been p.p.」 |

⇒ Without his help, the old books and paintings would have been destroyed or taken overseas.

만점 TIP

가정법 과거 구문의 without[but for]은 if it were not for로, 가정법 과거완료 구문의 without[but for]은 if it had not been for로 바꿔 쓸 수 있다는 것을 기억하자!

▶ 대표 예문
**Without** the ability to locate their prey using sound, bats **would not be** able to hunt for insects at night.

# 문장 완성 *Practice*

정답 및 해설 p.26

**A** 두 문장이 같은 의미가 되도록 바꿔 쓰시오.

**1** Without the love and support of her family, Riley would not have been able to get through that difficult period of her life.

→ If _____, Riley would not have been able to get through that difficult period of her life.

**2** But for the high cost of raw materials, we could use materials of good quality when renovating our house.

→ If _____, we could use materials of good quality when renovating our house.

**3** But for the social barriers preventing women from getting an education at that time, Jessica could have devoted her life to studying art.

→ If _____ preventing women from getting an education at that time, Jessica could have devoted her life to studying art.

**4** Without our weekly practices, the players on our team would not be able to improve their skills or learn to play together effectively.

→ If _____, the players on our team would not be able to improve their skills or learn to play together effectively.

**B** 우리말과 일치하도록 괄호 안의 단어를 활용하여 빈칸에 알맞은 말을 쓰시오. (단, 필요시 단어를 추가하고 어형을 바꿔 쓸 것)

**1** 거실에 저 큰 창들이 없다면, 네 아파트는 그렇게 밝고 쾌적하지 않을 텐데. (so bright, cheerful)

→ But for those big windows in the living room, your apartment _____ _____
_____ _____ _____ _____ _____.

**2** 만약 그것의 대기가 없다면, 지구는 너무나 추워져서 인간이 살아남을 수 없을 텐데. (if, were, cold, atmosphere, so, become)

→ _____ _____ _____ _____ _____ _____ _____, the
earth _____ _____ _____ _____ that human beings would not be able
to survive.

**3** 그것의 어미의 한결같은 보호가 없었더라면, 그 새끼 코끼리는 대초원을 활보하는 많은 포식자들 중 하나의 먹이가 되었을 텐데. (fall prey to)

→ Without the constant protection of its mother, the baby elephant _____ _____
_____ _____ _____ one of the many predators that stalk the savannah.

**4** 만약 그의 재킷 주머니 안에 그 초코바가 없었더라면, 그 조난 사고의 생존자는 어떤 음식도 전혀 없이 혼자 구명 뗏목 위에 있었을 텐데. (be alone, if, the candy bar)

→ _____ _____ _____ _____ _____ _____ _____
_____ _____ in his jacket pocket, the survivor of the shipwreck _____
_____ _____ _____ on the life raft without any food at all.

# I wish/as if[though] 가정법

빈출도 상 중 하

출제 POINT | I wish 가정법은 '~라면[했더라면] 좋을 텐데', as if[though] 가정법은 '마치 ~인[였던] 것처럼'의 의미를 나타낸다. 이들은 주로 영작이나 문장 전환 유형으로 출제된다.

>>> 기출 문제로 내신 만점 공략

우리말과 일치하도록 괄호 안의 단어를 활용하여 영작하시오. (단, 필요시 단어를 추가하고 어형을 바꿔 쓸 것)

Brent는 그 책에 관해 몰랐지만, 그는 마치 그것에 관해 아는 것처럼 말했다. (know, if, speak)

→ Brent didn't know about the book, but _____.

| Step 1 | 어떤 구문을 써야 하는가? | ➡ | as if 가정법 구문 (마치 ~인 것처럼) |

| Step 2 | 주절과 일치하는 시점을 반대로 가정하는가? | ➡ | O (모르는 시점 = 아는 것처럼 말하는 시점) |

| Step 3 | as if절의 동사는 어떤 형태로 써야 하는가? | ➡ | 과거형 (knew) |

⇒ Brent didn't know about the book, but he spoke as if he knew about it.

만점 TIP

I wish 가정법에서 현재 사실에 대한 아쉬움은 동사의 과거형, 과거 사실에 대한 아쉬움은 「had p.p.」로 나타내자!
as if 가정법에서 주절과 일치하는 시점의 일을 반대로 가정할 때는 동사의 과거형, 주절보다 이전 시점의 일을 반대로 가정할 때는 「had p.p.」로 나타내자!

▶ 대표 예문

1 **I wish** I **knew** how some people are able to balance their schoolwork with an active social life.
2 A good host welcomes guests into their home **as if** they **were** family, encouraging them to make themselves comfortable.

# 문장 완성 *Practice*

정답 및 해설 p.27

**A** 주어진 문장을 참고하여 알맞은 가정법 구문을 완성하시오.

1 I'm sorry that I lost the new wallet you gave me for my birthday.
→ I wish _____ for my birthday.

**2** In fact, the two tennis players are not the greatest players in the world.

→ The coach treats the two tennis players as if _____
in the world.

**3** I'm sorry that I don't know who is responsible for destroying the plants in the garden.

→ I wish _____ for destroying the plants in the garden.

**4** In fact, Mike didn't prepare all the food for last weekend's party by himself.

→ Mike acts as if _____ for last weekend's party by himself.

**B** 우리말과 일치하도록 괄호 안의 단어를 활용하여 빈칸에 알맞은 말을 쓰시오. (단, 가정법 구문을 활용하되 필요시 단어를 추가하고 어형을 바꿔 쓸 것)

**1** 어떤 사람들은 그것들을 불면증이나 배탈에 대한 치료제로 여기면서 마치 그것들이 약인 것처럼 허브를 사용한다. (medicine)

→ Some people use herbs _____ _____ _____ _____ _____ ,
considering them treatment for insomnia or an upset stomach.

**2** 어색한 대화를 피하고 싶어서, Green 씨는 마치 그가 그의 전 동료가 자신의 이름을 부르는 것을 듣지 못했던 것처럼 계속해서 걸었다. (hear)

→ Wanting to avoid an awkward conversation, Mr. Green kept walking _____ _____
_____ _____ _____ _____ his ex-coworker calling his name.

**3** 내가 필리핀에서 더 많은 시간을 보낼 수 있다면 좋을 텐데, 내 수업들이 월요일에 시작해서 나는 내일 비행기를 타고 집에 가야 한다. (spend, more time, can)

→ _____ _____ _____ _____ _____ _____ _____ in the
Philippines, but my classes start on Monday, so I need to fly home tomorrow.

**4** 그녀가 학급 회장으로 선출되었다는 것을 알게 된 후에, Abby는 마치 그녀가 복권에 당첨됐었던 것처럼 활짝 웃지 않을 수 없었다. (win the lottery)

→ After learning that she had been elected class president, Abby couldn't help grinning
_____ _____ _____ _____ _____ _____ .

**5** 외출하기 전에 내가 내 침실 창문을 닫았더라면 좋을 텐데, 폭우와 바람이 내 침대를 젖게 했기 때문이다. (bedroom window, close)

→ _____ _____ _____ _____ _____ _____ _____ _____
before going out, as the heavy rain and wind caused my bed to get wet.

## if 생략과 도치

출제 POINT | 가정법에서 if절의 (조)동사가 were, had, should이면 if를 생략할 수 있는데, 이때 주어와 (조)동사가 도치된다. 이는 주로 영작 유형으로 출제되므로 구문의 형태에 유의한다.

---

**》》 기출 문제로 내신 만점 공략**

우리말과 일치하도록 괄호 안의 단어를 활용하여 영작하시오. (단, 필요시 단어를 추가하고 어형을 바꿔 쓸 것)

우리가 경관들이 이렇게 아름다운지 알았더라면, 우리는 우리의 여행을 연장했을 텐데. (that, the views, know, this beautiful)

→ Had _____, we would have extended our trip.

| Step 1 | 우리말 해석에 구문의 단서가 있는가? | ➡ | 있음 (알았더라면, 연장했을 텐데) |
| Step 2 | 어떤 구문을 써야 하는가? | ➡ | If가 생략된 가정법 과거완료 구문 |
| Step 3 | 어떤 형태로 써야 하는가? | ➡ | 「Had+주어+p.p.+목적어(that절)」 |

⇒ Had <u>we known that the views were this beautiful</u>, we would have extended our trip.

> 만점 TIP
>
> 가정의 의미를 나타내는 문장이 (조)동사로 시작하면 if가 생략된 것이 아닌지 살펴보자!
> if가 생략된 절과 주절의 시제가 제대로 쓰였는지 반드시 확인하자!

▶ 대표 예문

1 **Were dinosaurs** still alive today, the earth's ecosystems **would be** different from what they currently are.

2 **Had I gotten** a sufficient amount of sleep over the past few nights, I **might not feel** so tired today.

---

## 문장 완성 *Practice*

정답 및 해설 p.28

**A** 우리말과 일치하도록 다음 문장에서 틀린 곳을 찾아 밑줄을 긋고 바르게 고치시오. (단, 틀린 곳이 없을 경우 O로 표시할 것)

1 이 에스프레소 기계가 언제라도 제대로 작동하지 않으면, 후면 패널에 있는 번호로 전화하시오.

→ Should this espresso machine malfunction at any time, call the number located on the back panel.

**2** 지하철이 더 붐빈다면, 승객들 중 아무도 그들의 팔다리를 움직일 수 없을 텐데.

→ Were the subway more crowded, none of the passengers would have been able to move their arms and legs.

**3** 바퀴의 발명이 없었더라면, 초기 인류는 고도의 문명을 발전시키지 못했을 텐데.

→ Were it not for the invention of the wheel, early humans would not have been able to develop advanced civilizations.

**B** 우리말과 일치하도록 괄호 안의 단어를 바르게 배열하시오.

**1** 서로에게 무례하게 말하는 것이 법에 어긋난다면, 아마 우리는 우리 사회에서 더 적은 언쟁과 의견 충돌을 겪을 텐데. (against / to speak rudely / were / the law / it)

→ _____ to one another, perhaps we would have fewer arguments and disagreements in our society.

**2** 그 지도 애플리케이션이 없다면, 나는 이 낯선 나라에서 길을 어떻게 찾는지 알 수 없을 텐데. (for / it / the map application / not / were)

→ _____, I wouldn't be able to know how to find my way around in this unfamiliar country.

**3** Madelyn이 그 영화가 얼마나 긴지 알았더라면, 그녀는 분명히 그것이 시작되기 전에 화장실을 이용했을 텐데. (known / the movie / Madelyn / had / how long / was)

→ _____, she definitely would have used the restroom before it started.

**C** 우리말과 일치하도록 괄호 안의 단어를 활용하여 영작하시오. (단, if가 생략된 가정법 구문을 활용하되 필요시 단어를 추가하고 어형을 바꿔 쓸 것)

**1** Lily가 스페인어를 더 잘할 수 있다면, 그녀는 마드리드에 있는, 그녀 회사의 새 사무소 일자리에 지원할 수 있을 텐데. (speak, be able to, better)

→ _____, she could apply for a job at her company's new office in Madrid.

**2** Ryan이 참을성이 덜하다면, 그는 그의 친구 Addison이 그들의 스터디 그룹 모임에 40분 늦게 도착한 것에 대해 화가 날 수도 있을 텐데. (might, less patient, be angry)

→ _____, _____ at his friend Addison for arriving 40 minutes late to their study group's meeting.

**3** 이 전채요리들이 덜 매웠더라면, 그것들은 파티의 손님들에게 더 인기가 있었을 수도 있을 텐데. (appetizers, less spicy)

→ _____, they may have been more popular with the guests at the party.

# 서술형 핵심 구문 REVIEW TEST

**A** 우리말과 일치하도록 괄호 안의 단어를 바르게 배열하시오.

1 만약 기한에 대한 합의에 이르기 위한 협상의 여지가 있다면, 그들은 그것을 적극적으로 밀고 나갈 텐데. (for / were / negotiation / there / room / if)

→ _____ to reach an agreement on the deadlines, they would pursue it actively.

2 만약 그 두뇌 회전이 빠른 행인들에게 받은 응급 처치가 없었더라면, 나는 오늘날 살아 있지 않을 텐데. (for / it / been / the first aid / if / not / had)

→ _____ given by those quick-thinking bystanders, I wouldn't be alive today.

3 내가 UN에 가서 그 전쟁을 중단시킬 권한이 있다면 좋을 텐데, 내가 할 수 있는 일이 없다. (I / the authority / had / wish / to / I / go)

→ _____ to the UN and halt the war, but there is nothing I can do.

4 내가 네 입장이라면 나는 이런 날씨에 등산하는 위험을 무릅쓰지 않을 텐데, 그것은 매우 예측 불가능하다. (I / the risk / your shoes / I / wouldn't / were / take / in)

→ _____, _____ of hiking in this weather, which is very unpredictable.

**B** 우리말과 일치하도록 괄호 안의 단어를 활용하여 영작하시오. (단, 가정법 구문을 활용하되 필요시 단어를 추가하고 어형을 바꿔 쓸 것)

1 시간이 흐르면서, Anna의 미소는 마치 내가 그것을 전혀 본 적이 없었던 것처럼 내 기억에서 희미해지고 있다. (see, never)
→ As time goes by, Anna's smile is fading from my memory, _____.

2 만약 우리가 조금만 더 일찍 퇴근했더라면, 우리는 지금 저녁을 먹고 있을 텐데. (have, leave the office)
→ _____ just a bit earlier, _____ now.

3 그 상원 의원에 의해 제기된 이의가 없었더라면, 그 법안은 의회에 제출되었을 텐데. (but, the bill, the objection, submit)

→ _____ made by the senator, _____ to parliament.

4 만약 그가 가능한 대안들을 가지고 있었더라면, 그는 그것을 그렇게 쉽게 포기하지 않았을 수도 있을 텐데. (give up, might, alternatives)

→ _____ available, he _____ on it so easily.

## STEP 2 실전 문제 응용

**[지문형 1]** 다음 글의 밑줄 친 문장을 if를 활용하여 바꿔 쓰시오. 성지고등학교 2학년 기말고사 응용

We need to protect tigers in order to protect ourselves. This is because all of Earth's species are interconnected. Think about what would happen if tigers became extinct. Existing at the top of the food chain, they maintain the populations of the animals they prey on, such as deer and boar. <u>Without tigers, these species would rapidly increase in number.</u> As a result, their food source, vegetation, would begin to disappear. This would cause birds and insects to lose their homes, and bigger animals that prey on them would soon run out of food. Eventually, the entire ecosystem would be affected. Humans are no exception, as we rely on nature for everything we need to survive, including air, food, and water.

→ _____

오답 피하기 Without을 사용한 가정법 문장의 의미에 유의한다.

**[지문형 2]** 다음 글의 밑줄 친 우리말과 일치하도록 보기의 단어를 바르게 배열하여 문장을 완성하시오. (단, 필요시 어형을 바꿔 쓸 것) 영흥고등학교 2학년 기말고사 응용

There are instances of nonhuman primate deception that occur simply to avoid punishment. In an attempt to avoid physical punishment from its mother, <u>어린 개코원숭이는 마치 적이나 포식자가 오고 있는 것처럼 열심히 지평선 쪽을 바라볼지도 모른다</u>. This eventually fools its entire troop, driving them into a frenzy. Similarly, the savannah baboon has been known to emit a predator alarm call when it is being chased by its parents or other dominant adults. A young bonnet macaque will also emit alarm calls to prevent punishment or an attack by an adult. In such a case, the aggressor is tricked into thinking there are predators nearby through the use of tactical deception, which causes the aggressor to stop punishing or attacking the young primate in order to prepare for a confrontation with predators.

*frenzy: 극도의 흥분  **baboon: 개코원숭이  ***bonnet macaque: 보닛마카크(영장목 긴꼬리원숭이과의 포유류)

보기 enemies / as / predators / approaching / if / or / be

→ a young baboon may look intently toward the horizon _____

오답 피하기 가정법 문장에서 동사의 형태에 유의한다.

# 절을 품은 seem 구문

빈출도 (상) (중) (하)

**출제 POINT** 「It seems that ~」구문은 '~인 것 같다', '~처럼 보인다'의 의미로, 「seem to-v」구문으로 바꿔 쓸 수 있다. 이는 주로 단어 배열이나 문장 전환 유형으로 출제된다.

## >>> 기출 문제로 내신 만점 공략

두 문장이 같은 의미가 되도록 바꿔 쓰시오.

It seems that product placement was designed to give subtle suggestions to consumers while they shop.  *product placement: PPL 광고, 작품 속 간접 광고

→ _____ to give subtle suggestions to consumers while they shop.

| Step 1 | 어떤 구문으로 바꿔 쓸 수 있는가? | ➡ | 「seem to-v」구문 |
| Step 2 | 주절의 시제와 that절의 시제는? | ➡ | 주절의 시제: 현재 / that절의 시제: 과거 |
| Step 3 | 적절한 to부정사의 형태는 무엇인가? | ➡ | 완료형 (to have p.p.) |

⇒ <u>Product placement seems to have been designed</u> to give subtle suggestions to consumers while they shop.

**만점 TIP**

「It seems that ~」을 「seem to-v」구문으로 바꿔 쓸 때, to부정사가 나타내는 때가 주절의 시제와 같으면 단순부정사 (to-v), 그보다 앞서면 완료부정사(to have p.p.)를 쓰자!

▶ 대표 예문

**It seems that** you *understand* Japanese better than I do, so could you please read these directions for me? (→ You **seem to understand** Japanese better than I do, ~)

# 문장 완성 *Practice*

정답 및 해설 p.30

**A** 우리말과 일치하도록 괄호 안의 단어를 바르게 배열하시오.

**1** 네 딸 Olivia는 지난번에 내가 그녀를 본 이후로 몇 센티미터 더 자란 것 같다. (seems / grown / to / your daughter Olivia / several centimeters / have)

→ _____

since the last time I saw her.

**2** 그들이 그 농산물 시장에서 구매한 복숭아들은 익은 것 같아서 그들은 그것들을 바로 먹기로 했다. (at the farmers market / seemed / the peaches / were / it / they / ripe / that / purchased)

→ _____,

so they decided to eat them right away.

**3** 내가 주문한 파스타 위의 소스는 안에 많은 설탕이 들어 있는 것 같은데, 그것이 내가 그러리라고 예상했던 것보다 훨씬 더 단 맛이 나기 때문이다. (atop the pasta / to / I / the sauce / a lot of sugar / seems / ordered / have)

→ _____

in it, as it tastes far sweeter than I expected it to.

**4** 길 아래에 있는 정육점은 영구적으로 폐업한 것 같은데, 창문이 가려져 있고 간판이 없어졌기 때문이다. (have / the butcher's shop / seems / closed permanently / down the road / to)

→ _____,

as the windows are covered up and the sign has been removed.

**B** 두 문장이 같은 의미가 되도록 바꿔 쓰시오.

**1** The weather seems to be improving now, but the ground is still wet from this morning's heavy rain.

→ It _____, but the ground is still wet from this morning's heavy rain.

**2** It seemed that time stood still as the speeding truck headed toward us, but fortunately the driver managed to stop in time.

→ Time _____,
but fortunately the driver managed to stop in time.

**3** It seems that you dropped your spoon on the floor, so I will ask the waiter to bring you a new one.

→ You _____, so I will ask the waiter to bring you a new one.

**4** The flowers in my garden seem to open their petals and stretch upward toward the sun when it shines down strongly on them.

→ It _____
toward the sun when it shines down strongly on them.

**5** It seemed that Noah enjoyed himself at the birthday party, which is surprising because he is usually quite shy.

→ Noah _____, which is surprising because he is usually quite shy.

# 병렬구조

빈출도 상 중 하

출제 POINT | 등위접속사나 상관접속사로 연결된 어구는 문법적으로 대등한 형태를 취한다. 이는 주로 어법 고치기나 단어 배열 유형으로 출제된다.

**》》 기출 문제로 내신 만점 공략**

다음 문장에서 <u>틀린</u> 부분을 찾아 바르게 고치시오.

She is likely to choose the meaty burger and being perfectly satisfied at the end of the meal.

Step 1 어떤 문장 구조인가?  ➡  등위접속사 and로 연결된 병렬구조

Step 2 어떤 어구가 연결되어 있는가?  ➡  to부정사구 (be likely to-v)

Step 3 어느 부분을 고쳐야 하는가?  ➡  being (→ (to) be)

She is likely to choose the meaty burger and be~~ing~~ perfectly satisfied at the end of the meal.
⇒ She is likely to choose the meaty burger and <u>(to) be</u> perfectly satisfied at the end of the meal.

만점 TIP

접속사 앞뒤로 연결된 어구의 형태와 수, 시제에 유의하자!
to부정사구가 병렬 연결된 구조에서는 뒤에 나온 to부정사의 to를 생략할 수 있다!

▶ 대표 예문

1 Surfers reduce the likelihood that they will slip **by** regularly **applying** a layer of wax to their boards *and* **(by) rubbing** it into the surface with a circular motion.
2 Students are expected to spend their free period *either* **reviewing** past material *or* **working** on class assignments.

# 문장 완성 *Practice*

정답 및 해설 p.30

**A** 다음 문장에서 어법상 <u>틀린</u> 곳을 찾아 밑줄을 긋고 바르게 고치시오.

1 For many years, children have been instructed to look both ways for traffic and crossed the street carefully.

**2** The students promised neither to use disposable plastic products nor threw away anything that is recyclable.

**3** For the first time in a long time, Naomi was not withdrawing cash from her bank account but deposited money into it.


**B** 우리말과 일치하도록 괄호 안의 단어를 바르게 배열하시오.

**1** Leo는 그의 숙제를 제시간에 끝마치지 못한 것뿐만 아니라 수업에 15분 늦게 도착한 것에 대해서도 사과했다. (failing / for / to complete / assignment / his)

→ Leo apologized for arriving to class 15 minutes late as well as _____

_____ on time.

**2** 그 예술가는 자신의 일이 자연을 모방하는 것이 아니라 자연의 신성한 특성들을 드러내는 것이라고 생각한다. (the sacred qualities / but / nature / reveal / of)

→ The artist thinks his job is not to imitate nature _____.

**3** 이 단체는 모든 동물이 존중받아야 하고 호의를 가지고 대우받아야 한다는 믿음으로 설립되었다. (should / treated / be / and / respected / with kindness)

→ This organization was founded on the belief that all animals _____

_____.


**C** 우리말과 일치하도록 괄호 안의 단어를 활용하여 영작하시오. (단, 필요시 단어를 추가하고 어형을 바꿔 쓸 것)

**1** 취소된 항공편의 표를 예매했던 사람들에게는 그들의 항공편 일정을 변경하거나 전액 환불을 받는 것의 선택권이 주어졌다. (receive, either, their flight, reschedule, a full refund)

→ People who had booked a ticket on the canceled flight were given the option of _____

_____.

**2** 그 수리점은 Jasmine의 고장 난 노트북을 수리했을 뿐만 아니라 그것의 운영 체제도 개선하고, 일부 사용되지 않는 앱을 제거했다. (Jasmine's, upgrade, fix, operating system, broken laptop)

→ The repair shop not only _____

and removed some unused apps.

**3** 우리는 이번 주말에 소설을 읽는 것과, 그것들에 관한 우리의 의견을 논하기 위해 모이는 것을 둘 다 할 것이다. (get together, opinions, to discuss)

→ We will both read novels _____ this weekend.

# 명사절 접속사

출제 POINT | 접속사 that은 '~하는 것', whether와 if는 '~인지 (아닌지)'의 의미로 명사절을 이끌 수 있다. 그중 that은 앞에 나온 명사를 부연하는 동격절을 이끌기도 한다. 이들은 주로 단어 배열이나 어법 고치기 유형으로 출제된다.

## >>> 기출 문제로 내신 만점 공략

괄호 안의 단어를 어법에 맞게 배열하시오.

The Diderot Effect states (obtaining / that / often leads / to make / us / a new possession) additional purchases.

| Step 1 | 괄호 밖에 주어와 동사가 있는가? | ➡ | 있음 (The Diderot Effect, states) |
| Step 2 | 괄호 안에 주어와 동사가 있는가? | ➡ | 있음 (obtaining ~ possession, often leads) |
| Step 3 | 두 개의 절을 연결할 장치는 무엇인가? | ➡ | 명사절 접속사 that |

⇒ The Diderot Effect states that obtaining a new possession often leads us to make additional purchases.

만점 TIP

> 불확실한 사실을 말할 때 쓰는 whether와 if를 접속사 that과 구별하자!
> 완전한 절을 이끄는 접속사를 불완전한 절을 이끄는 관계대명사와 혼동하지 말자!

▶ 대표 예문

1 There have been reports **that** some residents have been disturbed by the sound of dogs barking.
2 We need to find out **if** the teacher will extend the deadline for our research project due to Sean's illness.

## 문장 완성 *Practice*

정답 및 해설 p.31

**A** 다음 문장에서 틀린 곳을 찾아 밑줄을 긋고 바르게 고치시오.

1 Clara asked me that I will accept the job offer from the tech company or decide to go to graduate school.

**2** The rumor whether the school would be closing early on the day before the national holiday turned out to be false.

**3** The television station announced what the star of its longest-running sitcom would be leaving the show at the end of the season.

**B** 우리말과 일치하도록 괄호 안의 단어를 바르게 배열하시오.

**1** 나의 아버지는 스테이크를 좋아하시는데, 식사에서 고기를 줄이는 것이 그의 건강을 개선할 것이라는 생각을 받아들이는 데 어려움을 겪고 계신다. (cutting / that / would improve / from his diet / his health / meat)

→ My father, who loves steak, has a hard time accepting the idea _____

_____ .

**2** 그 콘서트장 앞에 서 있던 한 직원이 십 대들에게 그들이 공연의 표를 갖고 있는지 물었다. (had / the teenagers / if / asked / they / tickets)

→ A staff member standing in front of the concert hall _____

for the show.

**3** 올해 우리 영화 동아리가 축제를 주최할 것인지가 우리가 다음 회의에서 결정해야 할 일이다. (host / our film club / whether / a festival / will / this year)

→ _____ is something we need to decide at

our next meeting.

**C** 우리말과 일치하도록 괄호 안의 단어를 활용하여 영작하시오. (단, 접속사 that을 활용하되 필요시 단어를 추가하고 어형을 바꿔 쓸 것)

**1** 미래에 과학자들이 훨씬 더 오래된 공룡 화석을 발견할 것이라는 가능성이 항상 있다. (scientist, a possibility, even, will find, dinosaur fossils)

→ There is always _____

in the future.

**2** 우리 사회가 직면한 가장 큰 문제들 중의 하나는 인구의 평균 나이가 빠르게 증가하고 있다는 것이다. (the population, the average age, increase)

→ One of the biggest problems our society faces is _____

_____ rapidly.

**3** 지역 주민들은 근처의 공장들이 지난해에 유독성 폐기물을 수차례 강에 버렸을 것으로 의심한다. (dump, nearby factory, toxic waste)

→ Local residents suspect _____ into the river several

times last year.

# 의문사가 이끄는 명사절

빈출도 상 ⑨ 하

출제 POINT | 의문문이 문장의 일부로 쓰이면 기본적으로 「의문사+주어+동사」의 어순을 취하는데, 이를 간접의문문이라고도 한다. 주로 단어 배열이나 영작 유형으로 출제되므로 어순에 특히 유의한다.

**》》기출 문제로 내신 만점 공략**

우리말과 일치하도록 괄호 안의 단어를 바르게 배열하시오.

여기 사람들이 오래된 중고 물건들을 어떻게 업사이클했는지에 관한 몇몇 고무적인 사례들이 있다. (how / old and used things / of / people / some inspiring examples / have upcycled)

→ Here are _____.

| Step 1 | 우리말 해석에 구문의 단서가 있는가? | ➡ | 있음 (어떻게 업사이클했는지) |
| Step 2 | 어떤 구문이 쓰였는가? | ➡ | 간접의문문 (전치사의 목적어) |
| Step 3 | 어떤 어순으로 배열해야 하는가? | ➡ | 「의문사(how)+주어+동사 ~」 |

⇒ Here are some inspiring examples of how people have upcycled old and used things.

만점 TIP

의문사가 간접의문문의 주어인 경우 「의문사+동사」의 어순으로 써야 함을 알아 두자!
주절이 do you think[guess/believe/suppose/imagine 등]인 경우 의문사는 반드시 맨 앞에 쓰자!

▶ 대표 예문

1 The mystery movie we watched on TV last night didn't reveal **who** *committed* the crime until the very end.
2 **When** do you believe *human beings will have* the ability to visit the other planets in our solar system?

# 문장 완성 *Practice*

정답 및 해설 p.32

**A** 다음 문장에서 어법상 틀린 곳을 찾아 밑줄을 긋고 바르게 고치시오.

1 Bella asked her mother what should she wear to the New Year's Eve party she had been invited to.

**2** Do you guess where the band will hold the surprise concert they've been posting online about for the past week?

**3** The members of the basketball team got together and talked about why did they keep losing their concentration in the last quarter.

**B** 우리말과 일치하도록 괄호 안의 단어를 바르게 배열하시오.

**1** Elliot이 인터넷에서 내려받았던 그 요리법은 그 닭이 언제 오븐에서 꺼내져야 하는지 말해주지 않아서, 그는 짐작해야 했다. (from the oven / the chicken / when / be removed / should)

→ The recipe Elliot had downloaded from the internet didn't say _____
_____ , so he had to guess.

**2** 일단 당신이 당신의 인생에서 무엇을 하고 싶은지를 결정했다면, 당신은 당신의 꿈이 실현되게 할 상세한 계획이 필요하다. (you / what / want / have decided / to do)

→ Once you _____ with your life, you need a detailed plan that will make your dream come true.

**3** 너는 왜 그렇게나 많은 사람들이 음식이 그저 보통 수준인 식당에서 먹기 위해 기꺼이 줄을 선다고 생각하니? (do / why / suppose / stand in line / so many people / you / are willing to)

→ _____ to eat at a restaurant whose food is just average?

**C** 우리말과 일치하도록 괄호 안의 단어를 활용하여 영작하시오. (단, 필요시 단어를 추가하고 어형을 바꿔 쓸 것)

**1** 전국 배구 연맹의 회장은 내년에 개막전이 언제 개최될지 발표했다. (would, the opening game, announce, be held)

→ The head of the national volleyball league _____
next year.

**2** 너는 누가 학교 신문에 구내식당 내의 청결 부족에 관해 불평하는 익명의 편지를 썼다고 생각하니? (write, think, the anonymous letter)

→ _____ to the school newspaper complaining about the lack of cleanliness in the cafeteria?

**3** 먼저 우리 과학 선생님은 그 실험이 어떻게 행해져야 하는지 설명했고, 그다음에 그녀는 우리가 그것을 직접 해보기 위해 짝을 짓게 하셨다. (the experiment, conduct, explain, should)

→ First our science teacher _____ ,
and then she had us form pairs to try it ourselves.

# 부사절 접속사

빈출도 상 중 하

**출제 POINT** | 부사절을 이끄는 접속사는 목적, 결과, 시간, 조건, 양보, 대조, 이유 등을 나타낸다. 주로 단어 배열이나 영작 유형으로 출제되므로 각각의 의미와 어순에 유의한다.

**》》》 기출 문제로 내신 만점 공략**

우리말과 일치하도록 괄호 안의 단어를 바르게 배열하시오.

일부 박테리아는 주위에 살면서 우리가 지구에서 숨 쉬고 살 수 있도록 산소를 만들어 낸다. (so / breathe / on Earth / live / can / that / and / we)

→ Some bacteria live in the environment and produce oxygen _____.

| Step 1 | 우리말 해석에 구문의 단서가 있는가? | ➡ | 있음 (숨 쉬고 살 수 있도록) |
| Step 2 | 주어진 단어 중 구문의 단서가 있는가? | ➡ | 있음 (so, can, that) |
| Step 3 | 어떤 형태로 써야 하는가? | ➡ | 「so that+주어+can+동사원형」 |

⇒ Some bacteria live in the environment and produce oxygen <u>so that we can breathe and live on Earth</u>.

> **만점 TIP**
>
> 「so+형용사/부사+that ...」, 「such+a/an(+형용사)+명사+that ...」, 「so (that)+주어+동사」, 「no matter+의문사」 등 혼동하기 쉬운 접속사의 형태와 의미를 익혀 두자!

▶ **대표 예문**

**1** **Although** Cole wanted to join his friends at the amusement park, he had promised his parents that he'd babysit his little brother.

**2** You trust your best friend **so** much **that** you don't worry about him knowing you too well.

# 문장 완성 *Practice*

정답 및 해설 p.32

**A** 다음 문장에서 틀린 곳을 찾아 밑줄을 긋고 바르게 고치시오. (단, 틀린 곳이 없을 경우 O로 표시할 것)

**1** The child's kite was flying such high in the sky that it looked like a tiny red dot on the white background of the clouds.

**2** The town's annual Thanksgiving Day parade will proceed as planned unless the weather forecast changes dramatically.

**3** Lauren had no sooner finished pouring milk into her bowl of cereal that her cat jumped up on the table and tried to drink it.

**B** 우리말과 일치하도록 괄호 안의 단어를 바르게 배열하시오.

**1** Julia가 많은 음식 알레르기를 겪는 것으로 보아, 우리는 저녁 만찬에서 무엇을 대접할지 결정하기 전에 그녀와 상의해야 한다. (suffers from / that / Julia / many / seeing / food allergies)

→ _____, we should consult with her before we decide what to serve at the dinner party.

**2** Alex는 그것이 찬바람으로부터 그의 입과 턱을 보호하도록 모직 목도리를 목 주변에 바로 해야 한다. (that / protect / so / it / his mouth and chin / will)

→ Alex should adjust the wool scarf around his neck _____
_____ from the cold wind.

**3** 그들이 무엇을 시도하더라도, 그들 중 아무도 식기세척기가 작동되는 동안 큰 소음을 내는 것을 막을 수 없었다. (what / matter / they / no / tried)

→ _____, none of them could stop the dishwasher from making a loud noise when operating.

**C** 우리말과 일치하도록 괄호 안의 단어를 활용하여 영작하시오. (단, 필요시 단어를 추가하고 어형을 바꿔 쓸 것)

**1** 당신이 밝은 적색 부표로 된 줄로 표시된 구역 안에 머무르는 한, 이 해변에서 수영하는 것은 안전하다. (within, stay, the area, long)

→ It is safe to swim at this beach _____ marked by a line of bright red buoys.   *buoy: 부표

**2** Paisley는 너무나 논리적인 사색가여서 그녀는 그녀 주변의 모든 사람이 공황 상태에 빠져 있는 동안 침착하게 문제에 대한 해결책을 찾을 수 있다. (a logical thinker, that)

→ Paisley _____ she is able to calmly find solutions to problems while everyone around her panics.

**3** 두 친구는 누가 그들에게 물어보더라도 아무에게도 그 비밀을 결코 말하지 않겠다고 약속했다. (no matter, asked)

→ The two friends pledged that they would never tell the secret to anyone, _____
_____.   *pledge: 약속하다

# 서술형 핵심 구문 REVIEW TEST

**A** 우리말과 일치하도록 괄호 안의 단어를 바르게 배열하시오.

**1** 손님들은 실내에서 먹거나 야외에 수영장이 있는 테라스에서 그들의 식사를 즐기는 것 중에 선택할 수 있다. (their meal / or / choose from / are able to / eating indoors / enjoying / either)

→ Customers _____ outside on the pool terrace.

**2** 그 둘 사이에 너무나 미묘한 차이가 있어서 그것은 육안으로는 거의 눈에 띄지 않는다. (between / such / there is / a subtle difference / that / the two)

→ _____ it's barely noticeable to the naked eye.

**3** 저희는 상황을 면밀히 살피고 있으며 여러분께 그 전시회가 언제 다시 열릴지 알려드리겠습니다. (again / the exhibition / will / when / open)

→ We have been closely monitoring the situation and will inform you of _____

_____.

**4** 한 보도는 그 지진이 수백 채의 가옥을 휩쓴 거대한 쓰나미를 일으켰다고 말했다. (that / the earthquake / one report / triggered / stated)

→ _____ a massive tsunami that swept away hundreds of houses.

**B** 우리말과 일치하도록 괄호 안의 단어를 활용하여 영작하시오. (단, 필요시 단어를 추가하고 어형을 바꿔 쓸 것)

**1** 일부 전문가들은 재생 가능 에너지가 더 좋다는 생각이 항상 사실인 것은 아니라고 지적한다. (renewable energy, the idea, preferable)

→ Some experts point out that _____ is not always true.

**2** 당신이 이 문제에 관해 무엇을 생각하더라도, 당신의 감정 대신에 사실과 논리가 당신을 인도하게 하라. (think, matter, issue)

→ _____, let facts and logic guide you instead of your emotions.

**3** 당신은 왜 많은 사람들이 수백 년간 서 있는 유럽의 건물들에 감명받는다고 생각하는가? (many, suppose, buildings, be impressed with)

→ _____ in Europe that have stood for hundreds of years?

**4** 아기들은 말을 하고 다른 사람들을 모방하는 능력을 가지고 태어나는 것 같은데, 이는 적절한 자극이 주어질 때 발전한다. (seem, the ability, be born with, babies, speak)

→ It _____ and to imitate others, which develops when appropriate stimuli are given.

## STEP 2 실전 문제 응용

**[지문형 1]** 다음 글의 밑줄 친 우리말과 일치하도록 보기 의 단어를 바르게 배열하여 문장을 완성하시오. (단, 필요시 어형을 바꿔 쓸 것) 2019년 고2 학력평가 응용

<u>특허권의 원래 목적은 발명가들에게 독점 이익을 보상하는 것이 아니라 그들이 그들의 발명품들을 공유하도록 장려하는 것이었다.</u> A certain amount of intellectual property law is plainly necessary to achieve this. But it has gone too far. Most patents are now as much about defending monopolies and discouraging rivals as they are about sharing ideas, and this disrupts innovation. Many firms use patents as barriers to entry, suing innovators who trespass on their intellectual property. The same is true even when such innovators are on the way to some other goal. In the years before World War I, aircraft makers tied each other up in patent lawsuits and slowed down innovation until the US government stepped in. The same kind of thing is happening with smartphones and biotechnology today. New entrants have to fight their way through a jungle of patents if they are to build on existing technologies to make new ones.

*trespass: 침해하다

보기 encourage / reward / but / them / share / inventors / their inventions / with monopoly profits

→ The original purpose of patents was not to ＿＿＿＿＿＿＿＿＿＿＿＿＿＿＿＿＿＿＿＿＿＿

＿＿＿＿＿＿＿＿＿＿＿＿＿＿＿＿＿＿＿＿＿＿＿.

오답 피하기 상관접속사로 연결되는 어구의 형태에 유의한다.

**[지문형 2]** 다음 글의 밑줄 친 우리말과 일치하도록 보기 의 단어를 활용하여 영작하시오. (단, 필요시 단어를 추가할 것)
2018년 고2 학력평가 응용

According to a consulting firm, knowledge workers spend up to 60 percent of their time looking for information, responding to emails, and collaborating with others. By using social technologies, however, these workers can expect to become up to 25 percent more productive. Attempting to increase productivity by working harder and longer has a limit and takes a human toll. The solution is to enable people to work smarter by putting smart tools and improved processes in place <u>그들이 향상된 수준에서 수행할 수 있도록.</u> Think of them as robot-assisted humans, given superpowers through the aid of technology. Our work lives are enriched when we rely on robots to do tedious tasks while we work on increasingly more sophisticated ones.

*tedious: 지루한, 싫증 나는

보기 perform, so, at enhanced levels, that

→ ＿＿＿＿＿＿＿＿＿＿＿＿＿＿＿＿＿＿＿＿＿＿＿＿＿＿＿＿＿＿＿＿＿＿

오답 피하기 목적을 나타내는 부사절 접속사의 형태에 유의한다.

## 원급 비교와 비교급 비교

빈출도 (상) (중) (하)

출제 POINT 「as+형용사/부사의 원급+as」 또는 「형용사/부사의 비교급+than ~」 구문을 활용하여 두 대상을 비교할 수 있다. 이는 주로 단어 배열이나 영작 유형으로 출제되므로 형태와 어순에 유의한다.

>>> 기출 문제로 내신 만점 공략

우리말과 일치하도록 괄호 안의 단어를 바르게 배열하시오.

아이들은 사람들을 돕는 것보다 무언가를 사람들에게 주는 것을 훨씬 더 주저한다. (to help people / hesitant / are / than / more / to give something to people / much)

→ Children _____.

Step 1 어떤 구문인가? ➡ 비교급 비교 구문

Step 2 해당 구문은 어떤 형태로 쓰는가? ➡ 「비교급+than」 (more hesitant than)

Step 3 비교급 강조 부사가 있는가? ➡ 있음 (much)

⇒ Children are much more hesitant to give something to people than to help people.

만점 TIP

원급 비교와 비교급 비교 구문에서 형용사나 부사의 형태에 유의하자!
「as+원급+as possible」, 「as+원급+as+주어+can」, 「not so much A as B」와 같은 주요 비교 표현을 알아 두자!

▶ 대표 예문

1 Colin is **as smart as** his older sister, but he doesn't put enough effort into his schoolwork to get good grades.

2 Ms. Green finishes her work **more slowly than** some of her colleagues do, but she pays great attention to detail.

## 문장 완성 *Practice*

정답 및 해설 p.34

**A** 다음 문장에서 어법상 틀린 곳을 찾아 밑줄을 긋고 바르게 고치시오.

1 There is no question that investing your money in the stock market is far risky than simply depositing it into a savings account.

**2** Although the sequel to my favorite movie was as not good as the original, it was still quite enjoyable.

**3** Some meteors can be as brightly as the sun, but they light up the night sky for only a few seconds before disappearing.


**B** 우리말과 일치하도록 괄호 안의 단어를 바르게 배열하시오.

**1** 지난 2주는 Smith 씨에게 휴가라기보다는 출장이었는데, 그가 일하는 데 그의 대부분의 시간을 보냈기 때문이다.
(a vacation / the last two weeks / not / a business trip / as / were / much / so)

→ _____
for Mr. Smith, since he spent most of his time working.

**2** 그 대학생들은 예산이 적어서, 그들은 조식 뷔페에서 가능한 한 많이 먹으려고 애썼다. (as / tried / much / eat / to / as / possible / they)

→ The college students were on a low budget, so _____
at the breakfast buffet.

**3** 내 생각에는, 빗자루를 든 사람이 값비싼 로봇 진공청소기보다 더 효율적으로 바닥을 청소할 수 있다. (a floor / can / more / than / clean / efficiently)

→ In my opinion, a human with a broom _____
an expensive robot vacuum cleaner.


**C** 우리말과 일치하도록 괄호 안의 단어를 활용하여 영작하시오. (단, 필요시 단어를 추가하고 어형을 바꿔 쓸 것)

**1** 우리의 새 아파트는 예전 것보다 훨씬 더 커서, 우리의 세 딸들 각각은 이제 자신만의 침실이 있다. (new apartment, large, much)

→ _____ our old one, so each of our three daughters
now has her own bedroom.

**2** 만약 네가 할 수 있는 한 빠르게 달리면, 너는 부산으로 가는 그 12시 30분 기차가 역을 떠나기 전에 그것을 탈 수 있을지도 모른다. (quick, run, can)

→ _____, you may be able to catch the 12:30 train to Busan
before it leaves the station.

**3** 과학자들 한 팀이 암에 대한 새로운 의학적 치료법을 발표했는데, 그것은 기존의 치료법들보다 덜 고통스러울 것이다.
(painful, the existing treatments, will)

→ A team of scientists have presented a new medical treatment for cancer, which _____
_____.

# 여러 가지 비교 표현

빈출도 (상) (중) (하)

출제 POINT | 「the+비교급, the+비교급」, 「배수사+as+원급+as ~」, 「배수사+비교급+than ~」 등 비교 구문과 관련된 관용 표현들이 있다. 이들은 주로 영작이나 단어 배열 유형으로 출제되므로 형태와 어순에 특히 유의한다.

**》》 기출 문제로 내신 만점 공략**

우리말과 일치하도록 괄호 안의 단어를 바르게 배열하시오.

2016년에 실내 냉방을 위한 전 세계 최종 에너지 소비량은 1990년에 그러했던 것보다 세 배 더 많았다. (for indoor cooling / the global final energy consumption / times / was / larger / three / than)

→ In 2016, _____ it was in 1990.

| Step 1 | 어떤 구문인가? | ➡ | 비교급 비교 구문 |
| Step 2 | 배수사가 있는가? | ➡ | 있음 (three times) |
| Step 3 | 해당 구문은 어떤 형태로 쓰는가? | ➡ | 「배수사+비교급+than ~」 |

⇒ In 2016, <u>the global final energy consumption for indoor cooling was three times larger than</u> it was in 1990.

만점 TIP

명사를 비교급 바로 뒤에 쓰는 「the+비교급+명사 ~, the+비교급+명사 ~」 형태도 알아 두자!

▶ 대표 예문

1 **The longer** you sleep at night, **the more efficiently** your brain will work the next day.
2 The crowd at the protest was **three times as large as** it was at the last one, so the police had trouble keeping traffic flowing.

# 문장 완성 *Practice*

정답 및 해설 p.35

**A** 다음 문장에서 어법상 틀린 곳을 찾아 밑줄을 긋고 바르게 고치시오.

1 The more effective a team works together, the closer the team's members are likely to feel to one another.

**2** Even though the movie was four times as longer as the average TV show, it seemed to end too quickly.

**3** The less water you drink each day, the dry and itchy your skin will likely become.

**B** 우리말과 일치하도록 괄호 안의 단어를 바르게 배열하시오.

**1** 당신이 해결해야 하는 그 문제가 클수록, 당신이 당신의 전략을 계획하는 데 필요할 시간의 양이 더 크다. (the / you / bigger / the / the amount of time / greater / the problem / need)

→ _____ to solve, _____
you'll need to plan your strategy.

**2** 1등석을 타는 것이 이코노미석을 타는 것보다 세 배 더 비쌀 수 있지만, 어떤 사람들은 그것이 그만한 가치가 있다고 생각한다. (flying / times / expensive / more / than / three / economy)

→ Although flying first class can be _____,
some people think it is worth it.

**3** 그들이 마침내 도착했을 때, 그 부부는 심한 교통 체증 때문에 평상시의 요금보다 네 배만큼 많이 청구받았다. (much / was charged / as / the usual fare / as / four times)

→ When they finally arrived, the couple _____
due to heavy traffic.

**C** 우리말과 일치하도록 괄호 안의 단어를 활용하여 영작하시오. (단, 필요시 단어를 추가하고 어형을 바꿔 쓸 것)

**1** 금성 표면의 평균 온도는 물이 끓는 온도보다 네 배 넘게 더 뜨겁다. (more than, hot, be)

→ The average temperature on the surface of Venus _____
the temperature at which water boils.

**2** 나는 그 식당에서 내가 정말 좋아하는 카레를 주문했지만, 어떤 이유에서인지 그것은 평소 그런 것보다 두 배만큼 매웠다. (spicy, twice)

→ I ordered my favorite curry at the restaurant, but for some reason _____
it normally is.

**3** 겨울에 눈이 많이 올수록, 연로하신 분들이 외출해서 식품과 다른 비품을 사는 것은 더 어려워진다. (snow, hard, become)

→ _____ in winter, _____ for elderly people to go out
and shop for food and other supplies.

# 여러 가지 최상급 표현

빈출도 상 중 하

**출제 POINT** | 셋 이상을 비교하여 정도가 가장 높은 것을 나타낼 때 최상급을 사용할 수 있으며, 원급이나 비교급을 이용하여 최상급의 의미를 나타낼 수도 있다. 이들은 주로 영작이나 단어 배열 유형으로 출제되므로 형태와 어순에 유의한다.

## >>> 기출 문제로 내신 만점 공략

우리말과 일치하도록 괄호 안의 단어를 바르게 배열하시오. (단, 필요시 어형을 바꿔 쓸 것)

토머스 에디슨은 성공하기 전에 실패한 사람의 가장 유명한 예들 중 하나이다. (someone / of / famous / example / failed / the most / one / who / of)

→ Thomas Edison is _____ before succeeding.

| Step 1 | 우리말 해석에 구문의 단서가 있는가? | ➡ | 있음 (가장 유명한 예들 중 하나) |
| Step 2 | 어떤 구문을 써야 하는가? | ➡ | 「one of the+최상급+복수 명사」 |
| Step 3 | 어형을 바꿔야 할 단어가 무엇인가? | ➡ | example (→ examples) |

⇒ Thomas Edison is one of the most famous examples of someone who failed before succeeding.

**만점 TIP**

아래 최상급 표현에서 명사의 수에 유의한다.
「one of the+최상급+복수 명사」, 「비교급+than any other+단수 명사」, 「비교급+than all the other+복수 명사」, 「No (other)+단수 명사+as[so]+원급+as ~」, 「No (other)+단수 명사+비교급+than ~」

▶ 대표 예문

1 Vivian tells all of her friends that the chef's pasta is **the best Italian food that she has ever tasted**.
2 The lobster is **more expensive than any other item** on the menu, but I think I'm going to order it anyway.

## 문장 완성 *Practice*

정답 및 해설 p.36

**A** 다음 문장에서 어법상 틀린 곳을 찾아 밑줄을 긋고 바르게 고치시오.

1 Brazil is larger than any other countries in South America, with an area of more than 8.5 million square kilometers.

**2** No other dancers in the show is more graceful than Kayden, although all of them are quite talented for their age.

**3** Physics is more difficult class that Juan has ever taken, but he feels like he is learning many important things in it.

**B** 우리말과 일치하도록 괄호 안의 단어를 바르게 배열하시오.

**1** 이 그림이 그 박물관에서 다른 어떤 예술품보다도 더 오래되긴 했지만, 그것은 믿을 수 없을 정도로 상세하고 사실적이다. (other / than / older / work of art / any / in the museum)

→ Although this painting is _____, it is incredibly detailed and realistic.

**2** 어떤 다른 담수호도 러시아의 바이칼 호수만큼 깊지 않은데, 그것은 1,500미터가 넘는 깊이를 가지고 있다. (as / no / is / deep / other / as / freshwater lake)

→ _____ Russia's Lake Baikal, which has a depth of more than 1,500 meters.

**3** 어린 동물이 어미로부터 배울 가장 중요한 가르침 중의 하나는 포식자로부터 숨는 방법이다. (important lessons / the most / one / a young animal / of / will learn)

→ _____ from its mother is how to hide from predators.

**C** 우리말과 일치하도록 괄호 안의 단어를 활용하여 영작하시오. (단, 필요시 단어를 추가하고 어형을 바꿔 쓸 것)

**1** 그 멕시코 음식점은 이 지역에서 다른 모든 식당들보다도 더 인기가 많아서, 그곳은 점심시간쯤에 붐비는 경향이 있다. (popular, restaurant, all)

→ The Mexican restaurant _____ in this area, so it tends to be crowded around lunchtime.

**2** 잠자리는 세계에서 가장 빠른 곤충들 중 하나라고 하는데, 그것이 시속 55km의 속도에 이를 수 있기 때문이다. (fast, the world, insect)

→ The dragonfly is said to be _____, as it is capable of reaching speeds of up to 55 km/h.

**3** 그 두 친구는 그들이 지금까지 방문한 곳 중 가장 아름다운 장소는 뉴질랜드에 있는 산맥이라는 것에 동의한다. (beautiful, ever, that, place, visit)

→ The two friends agree that _____ is a mountain range in New Zealand.

# 강조 표현

빈출도 상 중 **하**

출제 POINT | 강조하고자 하는 말을 it is[was]와 that 사이에 써서 주어, 목적어, 부사(구/절) 등을 강조하거나, 「do[does/did]+동사원형」의 형태를 사용하여 동사를 강조할 수 있다. 이는 주로 단어 배열이나 영작 유형으로 출제된다.

## 》》 기출 문제로 내신 만점 공략

우리말과 일치하도록 괄호 안의 단어를 바르게 배열하시오. (단, 필요시 어형을 바꿔 쓸 것)

그 예술가가 그녀의 영감을 받은 것은 바로 삽화 책과 식물원으로부터였다. (from / be / and / illustrated books / it / that / botanical gardens)

→ _____ the artist received her inspiration.

| Step 1 | 우리말 해석에 구문의 단서가 있는가? | ➡ | 있음 (…한 것은 바로 ~였다) |
| Step 2 | 강조되는 문장 성분은 무엇인가? | ➡ | 부사구 (삽화 책과 식물원으로부터) |
| Step 3 | 어형을 바꿔야 할 단어가 무엇인가? | ➡ | be (→ was) |

⇒ It was from illustrated books and botanical gardens that the artist received her inspiration.

만점 TIP

사람을 강조할 때는 that 대신 관계대명사 who(m)를 쓸 수도 있다는 점을 알아 두자!
시제나 주어의 수에 따라 달라지는 do의 형태에 유의하자!

▶ 대표 예문

1 **It is** *Dan* **that[who]** usually cooks dinner, but I prepare our meals when he is busy.
2 While sharks **do** *attack* humans from time to time, the threat posed by them has been exaggerated in popular culture.

## 문장 완성 *Practice*

정답 및 해설 p.37

**A** 다음 문장에서 어법상 **틀린** 곳을 찾아 밑줄을 긋고 바르게 고치시오.

1 Although Ashley does appreciate her brother's help when she was struggling with her homework, she was annoyed by his attitude.

**2** It was his powerful serve what helped Xavier defeat more experienced opponents in the tennis game.

**3** It does rains during the dry season, but only occasionally and never enough to prevent the vegetation from turning brown.

**B** 우리말과 일치하도록 괄호 안의 단어를 바르게 배열하시오.

**1** 나의 부모님이 생각하시는 것과는 반대로, 나의 친구들과 나는 방과 후에 모일 때 정말 학업을 논의한다. (and I / do / my friends / our schoolwork / discuss)

→ Contrary to what my parents believe, _____ when we get together after school.

**2** 국가 경제로 하여금 농업에서 벗어나서 상품의 대량 생산으로 향하게 한 것은 바로 산업혁명이었다. (was / that / the Industrial Revolution / it / caused)

→ _____ national economies to move away from agriculture and toward the mass production of goods.

**3** 프랑스 화가인 Henri Rousseau가 유명해진 것은 바로 1910년의 그의 사망 이후에서야였다. (was / his death in 1910 / it / that / only after)

→ _____ Henri Rousseau, a French painter, became famous.

**C** 우리말과 일치하도록 괄호 안의 단어를 활용하여 영작하시오. (단, 필요시 단어를 추가하고 어형을 바꿔 쓸 것)

**1** 일본이 공식적으로 항복한 것은 바로 1945년 9월이었으며, 이는 태평양 지역에서 공식적으로 제2차 세계대전을 종식시켰다. (formally surrender, in September 1945)

→ It _____, and this officially ended World War II in the Pacific region.

**2** Cooper는 한국어를 하는 법을 정말 알지만, 그는 보통 너무 부끄러워서 그가 잘 알지 못하는 사람들 앞에서 무엇이든 말하지 못한다. (speak, know, how to)

→ _____, but he is usually too shy to say anything in front of people he doesn't know well.

**3** 우리의 구두 보고와 함께 제시될 그 자료를 준비하는 것을 책임지는 사람은 바로 Ruby이다. (prepare, be responsible for, the material)

→ It _____ that will be presented with our oral report.

# 부정 구문

출제 POINT | 부분부정(not all[every/always/necessarily]), 전체부정(no, none, never), 이중부정(not uncommon, not ~ without, never fails to-v)의 의미 차이에 유의한다. 부정 구문은 주로 단어 배열 유형으로 출제된다.

**》》 기출 문제로 내신 만점 공략**

우리말과 일치하도록 괄호 안의 단어를 바르게 배열하시오.

한 연구는 카페인이 부족한 수면을 전적으로 보상하는 것은 아님을 시사한다. (caffeine / make up for / does / entirely / inadequate sleep / not)

→ One study suggests that _____.

| Step 1 | 필요한 문장 성분은 무엇인가? | ➡ | that절의 「주어+동사 ~」 |
| Step 2 | 우리말 해석에 구문의 단서가 있는가? | ➡ | 있음 (전적으로 보상하는 것은 아님) |
| Step 3 | 어떤 구문을 사용해야 하는가? | ➡ | 부분부정 구문 (does not entirely) |

⇒ One study suggests that caffeine does not entirely make up for inadequate sleep.

만점 TIP

> 두 개의 부정어가 쓰인 이중부정은 강한 긍정의 의미를 나타낸다는 것을 기억하자!

▶ 대표 예문

1 Even if **nobody** comes into the shop this evening, we will stay open until our scheduled closing time.
2 Blake **never fails to cheer** me up when I'm feeling down, so I always call him when I need someone to talk to.

## 문장 완성 *Practice*

정답 및 해설 p.37

**A** 우리말과 일치하도록 괄호 안의 단어를 바르게 배열하시오.

1 점심시간 무렵에 통행이 느려지는 것이 흔하긴 하지만, 그것이 보통 완전히 멈추지는 않는다. (it is / although / for traffic / not / to slow down / uncommon)

→ _____ around lunchtime, it usually doesn't come to a full stop.

**2** 각 층에 있는 비상 유도등들은 설령 그 건물의 나머지 부분이 전력을 상실하더라도 절대 나가지 않는다. (on / never / each floor / go off / the emergency exit signs)

→ _____ even if the rest of the building loses power.

**3** 그 쌍둥이들 중 누구도 그 화병을 깬 것을 실토하려 하지 않아서, 그들의 부모는 그들을 둘 다 벌주기로 결정했다. (breaking / the twins / of / would / neither / confess to / the vase)

→ _____, so their parents decided to punish both of them.

**4** Brianna가 우리의 언쟁에 관해 네게 말한 것이 전적으로 사실인 것은 아닌데, 그녀가 먼저 나를 모욕한 것을 언급하지 않았기 때문이다. (Brianna / what / entirely / about our argument / told you / true / is not)

→ _____, as she failed to mention that she insulted me first.

**B** 우리말과 일치하도록 괄호 안의 단어를 활용하여 영작하시오. (단, 필요시 단어를 추가하고 어형을 바꿔 쓸 것)

**1** 그곳이 폭우 후에 미끄러워질 수 있다는 사실 때문에, 이 오솔길을 걸어 올라가는 것이 언제나 안전한 것은 아니다. (always, hiking up, safe, trail)

→ _____, due to the fact that it can become slippery after heavy rain.

**2** 씨앗을 심는 것이 반드시 굉장한 지능을 필요로 하는 것은 아니지만, 그것은 적절한 환경을 만들어 주는 것을 정말 필요로 한다. (require, planting, necessarily, a seed, overwhelming intelligence)

→ _____, but it does require the creation of a suitable environment.

**3** 어떤 사람들은 다른 사람들에게 해를 끼치지 않고는 그들이 사업에서 성공할 수 없다고 믿지만, 나는 그것이 사실이라고 생각하지 않는다. (without, succeed in business, able, cause)

→ Some people believe that _____ harm to others, but I don't think that to be true.

**4** 우리 태양계에서 다른 행성들 중 어떤 것도 인간의 생존에 적합한 환경을 갖고 있지 않다. (the other, solar system, planets, in, none)

→ _____ has conditions that are suitable for the survival of human beings.

# 도치 구문

빈출도 (상) (중) (하)

**출제 POINT** | 부정어(구), 장소나 방향을 나타내는 부사(구), 주격보어 등이 강조를 위해 문두에 오면 (조)동사와 주어의 도치가 일어난다. 이는 주로 단어 배열이나 영작 유형으로 출제되므로 어순 및 동사의 형태에 유의한다.

---

**≫≫ 기출 문제로 내신 만점 공략**

우리말과 일치하도록 괄호 안의 단어를 바르게 배열하시오.

이 보안 장치는 경찰에게 침입에 대해 알릴 수 있을 뿐만 아니라 당신이 당신의 전화로 집을 감시할 수 있게도 해줄 수 있다.
(the police / can / of a break-in / this security system / alert)

→ Not only _____, but it can also allow you to monitor your home with your phone.

| Step 1 | 주어진 문장에 구문의 단서가 있는가? | ➡ | 있음 (Not only의 위치) |
| Step 2 | 어떤 구문을 사용해야 하는가? | ➡ | 부정어구 도치 구문 |
| Step 3 | 어떤 어순으로 배열해야 하는가? | ➡ | 「Not only+조동사(can)+주어+동사원형」 |

⇒ Not only can this security system alert the police of a break-in, but it can also allow you to monitor your home with your phone.

**만점 TIP**

부정어(구) 도치 구문의 경우, 동사가 일반동사이면 「do[does/did]+주어+동사원형」의 어순으로 쓴다는 점을 알아 두자!

▶ 대표 예문

1 *Never* **had I heard** so many people chanting together in a single voice.
2 *Into the hole* **disappeared the squirrel**, barely escaping from the foxes pursuing it.
3 *So nervous* **was the singer** standing on the stage that the microphone shook in her hand.

## 문장 완성 *Practice*

정답 및 해설 p.38

**A** 다음 문장에서 어법상 틀린 곳을 찾아 밑줄을 긋고 바르게 고치시오.

**1** Such a tall building are the new skyscraper that the top of it is often covered by the clouds.

**2** All around the room banners and balloons hung, which were reminders of the party held the night before.

**3** Only once a year does my favorite department store has its special half-price sale on selected items throughout the store.

**B** 우리말과 일치하도록 괄호 안의 단어를 바르게 배열하시오.

**1** 경기 막판이 되어서야 비로소 아이스하키 선수권 대회의 우승자가 정해졌다. (of the ice hockey championship / of the game / was / the end / the winner)

→ Not until _____

_____ decided.

**2** Nolan의 오른쪽 발목이 완전히 낫자마자, 그는 계단을 뛰어내려가다 왼쪽 발목을 접질렸다. (fully healed / he / Nolan's right ankle / had / than / twisted)

→ No sooner _____

the left one running down the stairs.

**3** 오후 7시 전에 끝난 저녁식사는 드물었는데, 모든 사람이 서로 이야기하는 것과 농담하는 것을 즐겼기 때문이다. (the dinner / that / was / before 7 p.m. / ended)

→ Rare _____, as everyone enjoyed talking and joking around with each other.

**C** 우리말과 일치하도록 괄호 안의 단어를 활용하여 영작하시오. (단, 필요시 단어를 추가하고 어형을 바꿔 쓸 것)

**1** 그 해적의 어깨를 향해 구부러진 부리와 놀랄 만큼 화려한 깃털을 가진 큰 앵무새가 날아왔다. (a curved beak, fly, feathers, a large parrot, with)

→ Toward the pirate's shoulder _____

that were amazingly colorful.

**2** Lydia는 그 어려운 수학 문제를 그녀 스스로 풀었을 뿐만 아니라, 그녀는 그녀의 반에 있는 다른 누구보다도 더 빨리 그렇게 했다. (solve, on one's own, the difficult math problem)

→ Not only _____, but she also did so faster than anyone else in her class.

**3** 저녁 혼잡 시간대 동안 지하철에서 비어 있는 자리를 용케 발견한 그 남자는 운이 좋았다. (manage to, an empty seat, find, who)

→ Fortunate _____ on the subway during the evening rush hour.

# 서술형 핵심 구문 REVIEW TEST

**A** 우리말과 일치하도록 괄호 안의 단어를 바르게 배열하시오.

**1** Erin이 그녀가 보통 그런 것만큼 정신이 초롱초롱하지 않다고 느꼈을 때, 그녀는 일을 하루 쉬고 싶어졌다. (as / alert / usually was / not / was / as / feeling / she)

→ When Erin _____, she was tempted to take the day off.

**2** 최종 기한이 지나고 나서야 나는 내가 지원서를 제출할 것을 완전히 잊었다는 것을 깨달았다. (I / realize / had passed / the deadline / not until / did)

→ _____ I had totally forgotten to submit my application.

**3** 당신이 직장에 자주 늦을수록, 사람들이 당신을 신뢰할 가능성이 더 적을 것이다. (often / the / for work / you / more / late / are)

→ _____, the less likely people will trust you.

**4** 그녀가 겨우 최근에 연기를 시작하긴 했지만 그 배우는 등장인물의 복잡한 감정을 표현하는 방법을 정말 안다. (how to express / the actress / the character's / know / complex emotions / does)

→ Although she has only recently started acting, _____
_____.

**B** 우리말과 일치하도록 괄호 안의 단어를 활용하여 영작하시오. (단, 필요시 단어를 추가하고 어형을 바꿔 쓸 것)

**1** 중동 지역의 청년 실업률은 세계 평균보다 거의 두 배만큼 높다. (almost, the world average, twice, high)

→ Youth unemployment in the Middle East _____.

**2** 그녀로 하여금 그 남자가 범죄에 연루되었다고 의심하게 만든 것은 바로 그녀의 직감이었다. (make, intuition, suspect, it)

→ _____ that the man was involved in the crime.

**3** 올해 Alabama는 미국의 다른 어떤 주보다도 더 많은 토네이도 경보들이 있었다. (tornado warning, state)

→ This year, Alabama has had _____ in America.

**4** 우리 모두 겉보기에는 훌륭한 아이디어들이 언제나 성공적인 것은 아니라는 것을 경험으로 알고 있다. (successful, seemingly brilliant)

→ We all know from experience that _____.

## STEP 2 실전 문제 응용

**[지문형 1]** 다음 글의 밑줄 친 우리말과 일치하도록 보기 의 단어를 바르게 배열하여 문장을 완성하시오.

경기유신고등학교 2학년 기말고사 응용

The presence or absence of a deadline is a critical attribute of any goal-setting exercise. Deadlines stimulate action, so <u>최종 기한이 가까울수록 행동하려는 우리의 동기는 더 커진다</u>. The absence of a deadline makes the urgency of the goal indefinite, and hence we become less motivated. For example, there are a disproportionately large number of plays during the last few minutes of a football game because the team that is behind faces a deadline for scoring more points or losing the game. Similar increases in activity occur toward the end of the trading period each day on the New York Stock Exchange or during the last few hours of a big sale online. You can even see this change in your own behavior when a test date rapidly approaches and you begin to increase your study time.

보기 the / is / our motivation / closer / to act / greater / becomes / the deadline / the

→ _____ , _____

오답 피하기 비교급과 관련된 관용 표현의 어순에 유의한다.

**[지문형 2]** 다음 글의 밑줄 친 우리말과 일치하도록 보기 의 단어를 조건 에 맞게 배열하시오. 영어 II 교과서 응용

Smart homes are houses equipped with devices that operate automatically or can be controlled remotely. These devices make life more convenient. For those who want to wake up without an alarm, installing smart blinds might be the answer. These blinds slowly open in the morning to let the sun naturally wake you up. In addition, they can regulate your home's temperature by controlling the amount of sunlight allowed in. Another helpful smart device is the smart refrigerator. <u>당신이 우유나 달걀을 다 써버리던 시절은 지났다.</u> This refrigerator will keep track of all the items it contains and text you a list of what you need to buy the next time you go shopping. It will also remember the expiration dates of all the items inside it, so you won't have to worry about having spoiled food.

보기 when / gone / ran out of / the days / are / milk or eggs / you

조건 보어를 강조하기 위한 도치 구문을 활용할 것

→ _____

오답 피하기 도치 구문의 어순에 유의한다.

# PART

# 02

## 서술형 유형 완성

# 단어 배열

빈출도 [ ][ ][ 상 ]

**유형 GUIDE**

주어진 단어를 바르게 배열하여 문장의 일부 또는 전체를 완성하는 유형이다. 어순에 맞게 단어를 배열해야 하고 일부 단어를 어법에 맞게 변형하여 쓸 수 있어야 하기 때문에 평소 기본 문법 학습에 충실할 필요가 있다.

**대표 유형**

**유형 01** 단어의 형태를 바꾸지 않고 우리말 해석에 맞게 주어진 단어를 배열하는 유형이 가장 기본적인 유형으로 출제된다.

**유형 02** 우리말 해석에 맞게 주어진 단어를 배열하되 일부를 어법에 맞게 변형하여 쓰는 유형으로 출제되기도 한다.

**유형 03** 우리말 해석 없이 주어진 단어와 조건을 활용하여 문장을 완성해야 하는 고난도 유형으로 출제되기도 한다.

---

**유형 01** 다음 글의 밑줄 친 우리말과 일치하도록 **보기**의 단어를 바르게 배열하여 문장을 완성하시오. **EBS 수능특강 응용**

In 1906, when Anna Margolin was 18, she went to America for the first time. Her aunt Lena welcomed her as if she were her own child. She got her own room in her aunt's spacious house on Rodney Street in Williamsburg and was treated as a daughter. Her aunt hired a tutor, who came to the house every evening to teach Anna English. 또한 그 집에는 그녀의 숙모의 두 자녀가 있었다, one of whom later became a prominent doctor. They were both younger than Anna and very respectful of her. Each day, she had the house to herself. Her aunt and uncle would leave soon after breakfast to go to work, and the children were away at school. At first, this seemed like paradise. However, the maid was too busy with her work to talk, and Anna soon read the few books that were in the house. She began to grow bored.

> **보기** were / her aunt's / the house / two children

Also in _____

**유형 전략** 우리말 해석 외에도 빈칸 앞에 제시된 단어에서 어순에 대한 단서를 얻을 수 있다.

**유형 02**

다음 글의 밑줄 친 우리말과 일치하도록 보기 의 단어를 바르게 배열하여 문장을 완성하시오. (단, 필요시 어형을 바꿔 쓸 것) 세마고등학교 2학년 기말고사 응용

According to the individualist form of rhetoric about science, discoveries are made in laboratories. <u>그리고 그것들은 너무나 강력하게 그리고 끈질기게 말해서 편견을 가진 사람들이 그것들을 침묵하게 할 수 없다.</u> It would be wrong to suppose that such beliefs aren't sincere, yet almost nobody thinks they can provide a basis for action in public contexts. If a scientist announces a so-called discovery at a press conference without having his or her claims examined by experts, he or she is automatically castigated as a publicity seeker. The norms of scientific communication presuppose that knowledge isn't knowledge unless it has been authorized by disciplinary specialists. A scientific truth has little standing until it becomes a collective product. What happens in somebody's laboratory is only one stage in its construction.

\*rhetoric: 수사(학)  \*\*castigate: 혹평하다

보기  for / speak / too / and / insistently / silence / powerfully / prejudiced humans / they / them

And _____.

유형 전략  우리말 해석과 주어진 단어를 참고하여 어떤 구문인지 파악한 후, 그에 맞게 일부 단어의 형태를 바꿔 쓴다.

**유형 03**

보기 의 단어를 조건 에 맞게 배열하여 다음 글의 빈칸을 완성하시오. 영신여자고등학교 2학년 중간고사 응용  고난도

Without appropriate emotions — including some caring by each side for the welfare of the other — _____. If your friend is feeling ignored, an affable, "Do whatever you want," may only make things worse. An exclusive reliance on cold rationality as a means of understanding the world denies us access to important realms of human experience, without which we may be unable to deal with a difference effectively. Emotions give us clues about how we are being treated and what we need. An ignored friend may be less in need of an explanation for why he or she feels a certain way than of some quality one-on-one time to reconnect with you.

\*affable: 상냥한

보기  important / impossible / to / it / people / for / be / resolve / may / conflicts

조건  1. 가주어 it을 활용할 것
2. to부정사의 의미상 주어를 활용할 것

유형 전략  글 전체의 문맥과, 조건으로 제시된 주요 구문에 관한 단서를 바탕으로 문장을 완성한다.

# 영작

## 유형 GUIDE

주어진 몇몇 단어를 활용하여 어법에 맞게 문장의 일부 또는 전체를 완성하는 유형이다. 배열 유형과 달리 모든 단어가 주어지지 않으므로 추가로 필요한 단어가 무엇인지 파악하여 문장을 완성하는 것이 중요하다.

### 대표 유형

유형 **01** 우리말 해석에 맞게, 주어진 단어 외에 필요한 단어들을 추가하여 영작하는 유형이 가장 기본적인 유형으로 출제된다.

유형 **02** 우리말 해석에 맞게, 주어진 단어 외에 필요한 단어들을 추가하되 특정 조건에 맞게 영작하는 유형으로 출제되기도 한다.

유형 **03** 우리말 해석 없이, 주어진 단어 외에 필요한 단어들을 추가하여 조건에 맞게 영작하는 고난도 유형으로 출제되기도 한다.

---

유형
**01**

다음 글의 밑줄 친 우리말과 일치하도록 보기 의 단어를 활용하여 영작하시오. (단, 필요시 단어를 추가하고 어형을 바꿔 쓸 것) 영어 II 교과서 응용

On the internet, Julie sees an advertisement that reads, "100% of users report brighter and softer skin with Blossom Company's liquid facial soap." It claims that these results are from an independent laboratory and are guaranteed by a public agency. Julie does not question the statistics and buys some bottles, despite the high price. However, although Julie uses the soap for a few months, she does not experience any noticeable changes. Did Julie just happen to buy a defective product? Or was the advertisement completely fake? When Julie read "100% of users," she should have asked herself, "Where did the company get this figure?" 만약 Julie 가 광고 하단의 작은 글자들을 읽었더라면, 그녀는 그 표본이 다섯 명만을 포함했음을 알게 되었을 것이다. As in this case, when a sample is not large enough to show a wide range of results, it can be misleading. By using small samples, companies can come up with any results they want and use them for their own purposes.

보기 read, find, the tiny letters, that

_____ at the bottom of the ad, _____

_____ the sample included only five people.

유형 전략  우리말 해석을 참고하여 어떤 구문인지 파악한 후, 추가하거나 어형을 바꿔 쓸 단어들을 확인한다.

**유형 02** 다음 글의 밑줄 친 우리말과 일치하도록 보기의 단어를 활용하여 조건에 맞게 영작하시오. 2019년 고2 학력평가 응용

Sigmund Freud is called the "father of psychoanalysis," and his work began to be widely known and appreciated in the 1930s. Less well known at the time was the fact that Freud had found out how helpful his pet dog, Jofi, was to his patients. He had only become a dog-lover in later life when Jofi was given to him by his daughter. When Jofi was present during therapy sessions, Freud discovered that his patients felt much more comfortable talking about their problems. Some of them even preferred to talk to Jofi rather than the doctor! Freud noted that 그 개가 환자 가까이에 앉아 있으면 그 환자는 긴장을 푸는 것을 더 쉽게 여겼다, but if Jofi sat on the other side of the room, the patient seemed more tense and distressed. He was surprised to realize that Jofi seemed to sense this too. The dog's presence had a calming effect on patients, especially children and teenagers.

보기 find, relax, easier

조건 1. 시제와 어법에 맞게 동사의 형태를 바꿔 쓸 것
2. 가목적어 it을 활용할 것

if the dog sat near the patient, _____

유형 전략 우리말 해석만으로 구문을 짐작하기 어려운 경우, 〈조건〉에서 구문에 대한 단서를 얻는다.

**유형 03** 보기의 단어를 활용하여 조건에 맞게 다음 글의 빈칸을 완성하시오. 장훈고등학교 2학년 기말고사 응용 고난도

In our family unit, we may frequently notice that a sister, brother, parent, or child is particularly good at showing empathy, is exceedingly honest, is extremely fair, or shows a great deal of integrity. Too often, however, we don't mention what we are observing out loud. You may have noticed that children seem far more comfortable with being sarcastic or insulting one another. _____ But, when we share the good that we see, we let our family members know that we have recognized their strengths. Also, by acknowledging that each person brings different strengths to the family unit, we can learn from one another and work as a team.

보기 feel, give compliments, awkward, offer, constructive criticism, tends to

조건 1. 두 개의 동명사구를 포함할 것
2. 「비교급+than」 구문을 활용할 것
3. 총 11단어로 쓸 것

유형 전략 우리말 해석이 주어지지 않았으므로 〈조건〉과 문맥을 고려하여 단어를 추가하거나 변형한다.

# 빈칸 채우기

### 유형 GUIDE

빈칸에 들어갈 어구를 찾아 쓰거나 문맥을 바탕으로 추론하여 쓰는 유형이다. 글의 핵심 어구나 주제를 생각하며 본문을 읽어 내려가는 것이 좋다. 빈칸에 들어갈 단어의 형태를 어법에 맞게 바꿔 써야 하는 경우도 있으므로 수, 인칭, 시제에 유의하도록 한다.

### 대표 유형

유형 **01** 빈칸에 들어갈 단어를 본문이나 〈보기〉에서 찾아 쓰는 유형이 자주 출제된다.

유형 **02** 글의 흐름에 맞게 빈칸에 들어갈 단어를 추론하거나 두 개의 빈칸에 공통으로 들어갈 단어를 쓰는 유형으로도 흔히 출제된다.

유형 **03** 빈칸에 들어갈 어구를 주어진 조건에 맞게 본문에서 찾아 써야 하는 고난도 유형으로 출제되기도 한다.

---

유형

## 01

**다음 글의 빈칸에 들어갈 한 단어를 본문에서 찾아 쓰시오.** 양지고등학교 2학년 기말고사 응용

Attitude has been conceptualized into four main components: affective (feelings of liking or disliking), cognitive (beliefs and evaluation of those beliefs), behavioral intention (a statement of how one would behave in a certain situation), and behavior. Public attitudes toward a wildlife species and its management are generated based on the interaction of those components. In forming our attitudes toward wild boars, we strive to keep our affective components of attitude consistent with our cognitive components. For example, I could dislike wild boars; I believe they have injured many people (cognitive belief), and hurting people is, of course, bad (evaluation of belief). The behavioral intention that could result from this is to support a wild boar control program, and the actual behavior may be a history of shooting wild boars. In this example, all aspects of attitude are _____ with each other, which produces a negative overall attitude toward wild boars.

---

유형 전략 글의 주제와 관련된 핵심어에 표시하며 글을 읽은 후, 그것을 빈칸에 대입하여 문맥상 자연스러운지 확인해 본다.

**유형 02**

다음 글의 빈칸 (A)와 (B)에 문맥상 알맞은 말을 각각 한 단어로 쓰시오. (단, 주어진 철자로 시작할 것)

진성고등학교 2학년 중간고사 응용

You know that pencils don't fly off to the moon and that neither oranges nor anything else on the earth causes the sun to crash down on us. The reason these things don't happen is that the strength of gravity's pull depends on two things. The first is the mass of the object. Oranges are small and don't have much mass, so their pull on the sun is tiny, certainly much smaller than the pull of the planets. The earth has more mass than desks, rocks, or oranges, so almost everything in the world is pulled towards the earth. That's why oranges ____(A)____ from trees. Now, you might know that the sun is much bigger than the earth and has much more mass. So why don't oranges fly toward the sun? The reason is that the pull of gravity also depends on the ____(B)____ to the object doing the pulling. Although the sun has more mass than the earth, we are closer to the earth, so we feel its gravity more.

(A) f_____     (B) d_____

**유형 전략** 앞뒤 내용과 일맥상통하면서 주어진 철자로 시작하는 단어를 쓴다.

**유형 03**

다음 글의 빈칸에 들어갈 말을 조건에 맞게 본문에서 찾아 쓰시오. 일산대진고등학교 2학년 중간고사 응용 고난도

A phenomenon in social psychology, the Pratfall Effect states that an individual's perceived attractiveness increases or decreases after he or she makes a mistake, depending on the individual's perceived competence. As celebrities are generally considered to be competent individuals, and often even presented as flawless or perfect in certain aspects, committing blunders will make their humanness endearing to others. Perfection, or the attribution of that quality to individuals, creates a perceived distance that the general public cannot relate to. It means that those who never make mistakes are perceived as being less attractive and likable than those who make occasional mistakes. However, if a person who is perceived to be of average or less than average competence makes a mistake, he or she will also _____ to others.

*blunder: (어리석은) 실수

조건   1. 연속된 5단어를 찾아 쓸 것
       2. 필요시 어형을 바꿔 쓸 것

_____

**유형 전략** 앞뒤 문맥을 바탕으로 빈칸에 들어갈 적절한 표현을 찾은 뒤, 그것이 주어진 〈조건〉에 부합하는지 확인한다.

# 어법

빈출도 　　　 상

유형 GUIDE

밑줄 친 부분 중 어법상 틀린 것을 찾아 고쳐 쓰거나, 네모 안에서 어법상 알맞은 말을 골라 쓰는 유형이다. 어법상 틀린 것을 고쳐 쓰는 유형에서는 개수 제한 없이 틀린 것을 모두 찾아 고쳐야 하는 경우도 있고, 밑줄을 문장 단위로 제시하는 경우도 있으며, 글 전체에서 어법상 틀린 부분을 찾아야 하는 경우도 있으므로 정확한 문법 지식이 요구된다.

**대표 유형**

유형 **01** 밑줄 친 부분 중 어법상 틀린 것을 찾아 고쳐 쓰는 유형이 가장 기본적인 유형으로 출제된다.

유형 **02** 네모 안에서 어법상 적절한 단어를 골라 쓰는 유형으로 출제되기도 한다.

유형 **03** 밑줄 친 부분 중 어법상 틀린 것을 찾아 고쳐 쓰고, 틀린 이유를 설명하는 고난도 유형으로 출제되기도 한다.

---

유형 **01**

다음 글의 밑줄 친 ①~⑤ 중 어법상 틀린 것을 2개 찾아 그 번호를 쓰고 고쳐 쓰시오. 인천부흥고등학교 2학년 중간고사 응용

The ability to laugh ① is believed to be specific to human beings. In fact, one ancient writer said that laughter is a way to tell people apart from animals. Throughout history, humor has played a significant role in society. It is important not only for communication but also for ② reinforcement societal norms and behaviors. And each period in history tends to have its own sense of humor, which is based on the values, interests, and activities of the people ③ lived at that time. For this reason, the humor of different cultures ④ has become an important topic of study for scholars. If the goal is to understand the people of a culture, then their sense of humor can often teach us a lot. It might even tell us more than the artwork and historical events of that time. After all, a great way ⑤ to learn about someone's character is to find out what makes them laugh.

(1) _____ → _____

(2) _____ → _____

유형 전략 각 문장의 주어와 동사를 파악하고, 문장 구조에 유의하여 어법상 적절하지 않은 부분을 찾는다.

**유형 02** 다음 글의 네모 안에서 어법상 알맞은 말을 골라 쓰시오. 인천청라고등학교 2학년 기말고사 응용

Veblen goods, named after US economist Thorstein Veblen, are luxury goods for which demand increases as the price increases. They are strange (A) because / because of they contradict the law of demand, which states that demand changes inversely to price. According to Veblen, a desire to advertise wealth is what makes people willing to pay higher prices. The quality of the goods is secondary. In fact, a true Veblen good should not be of a noticeably higher quality than goods (B) pricing / priced more affordably. If the price of the good falls too low to exclude the less well off, there is a high possibility (C) that / which the rich will stop buying it. Much evidence of this behavior exists in the markets for luxury cars, champagne, watches, and certain clothing labels. Price reductions might cause a temporary increase in sales for the seller, but they will soon begin to fall.

(A) _____     (B) _____     (C) _____

유형 전략 단어 간의 수식 관계, 문장의 의미 및 구조 등을 파악하여 알맞은 말을 고른다.

**유형 03** 다음 글의 밑줄 친 ①~⑤ 중 어법상 틀린 것을 1개 찾아 번호를 쓰고 바르게 고친 후, 그 이유를 쓰시오.

2020년 고2 학력평가 응용 고난도

How do predators know when the right time ① to consume a fruit is? Plants use the color of their fruit to signal to predators that the fruit is ripe, ② which means that the outer part of the seed has hardened, and therefore its sugar content is at its height. Incredibly, plants manufacture fructose instead of glucose as the sugar in the fruit. Glucose raises insulin levels in animals and humans, which initially raises levels of leptin, a hunger-blocking hormone — but fructose ③ is not. As a result, the predator never receives the normal message ④ that it is full. That makes for a win-win situation for both the predator and the prey. While the animal obtains more calories by eating more and more fruit, the plant has a better chance of distributing more of ⑤ its seeds.

*fructose: 과당   **glucose: 포도당

정답: _____ → _____

이유: _____

_____

유형 전략 밑줄 친 부분들이 각 문장 내에서 하는 역할에 유의하여 어법상 틀린 것을 찾는다.

# 세부 내용 서술

빈출도 [     ] 중 [   ]

유형 GUIDE

본문에서 특정 내용을 찾아 우리말이나 영어로 서술하는 유형이다. 글자 수 제한이 있는 경우가 많으므로, 문제에서 요구하는 것이 무엇인지 정확히 파악한 뒤에 정해진 분량에 맞춰 작성해야 한다. 본문에 언급되지 않은 내용을 덧붙이거나 핵심 내용을 빠뜨리지 않도록 주의한다.

**대표 유형**

유형 **01** 본문에서 세부 정보를 찾아 우리말이나 영어로 서술하는 유형이 가장 기본적인 유형으로 출제된다.

유형 **02** 주어진 영어 질문에 대한 답을 본문에서 찾아 영어로 쓰는 유형으로 출제되기도 한다.

유형 **03** 주어진 영어 질문에 대한 답을 본문에서 찾아 우리말로 쓰는 유형으로 출제되기도 한다.

---

유형 **01**

다음 글의 밑줄 친 문장의 원인에 대해 과학자들이 제시한 내용을 찾아 우리말로 서술하시오. (25자 내외)

2020년 고2 학력평가 응용

The field of genetics has proven that foods can immediately influence the genetic blueprint. The notion that food has a specific influence on gene expression is relatively new, but it is undoubtedly changing the way we think. This information helps us better understand that genes are under our control and not something we must obey. Consider identical twins; both individuals are given the same genes. <u>In mid-life, one twin develops cancer, and the other lives a long healthy life without cancer.</u> A specific gene caused one twin to develop cancer, but the same gene did not initiate the disease in the other twin. Scientists suggest that the healthy twin had a diet that turned off the cancer gene.

---

유형 전략 먼저 지시문을 통해 묻는 내용이 무엇인지 확인한 후에 본문을 읽으며 해당 내용을 찾는다.

**유형 02**

다음 글을 읽고 주어진 질문에 영어로 답하시오. (15단어 내외) 양산남부고등학교 2학년 중간고사 응용

Some resources, decisions, or activities are important (highly valuable on average) while others are pivotal. Consider how two components of a car relate to a consumer's purchase decision: tires and interior design. Tires are essential to the car's ability to move, and they impact both safety and performance. Yet tires generally do not influence purchase decisions because safety standards guarantee that all tires will be very safe and reliable. Differences in interior features—leather seats or a heated steering wheel—likely have far more effect on the consumer's buying decision. In terms of the overall value of an automobile, you can't drive without tires, but you can drive without a heated steering wheel. Interior features, however, clearly have a greater impact on the purchase decision. In our language, the tires are important, but the interior design is pivotal.

*pivotal: 중추적인

Q: Why don't tires generally influence purchase decisions?

A: _____

유형 전략 주어진 질문에서 중요 어구를 파악한 뒤 그것이 포함되어 있는 문장을 본문에서 찾는다.

**유형 03**

다음 글을 읽고 주어진 질문에 대한 답을 찾아 우리말로 쓰시오. (20자 내외) 영어 II 교과서 응용

People can get the wrong idea from statistics when a sample is not random. For example, a restaurant may put survey cards on the tables, hoping to know what most customers think about its food, service, or atmosphere. However, few cards will be filled out by normal customers, because they don't have any reason to do so. Only those with strongly positive or negative opinions are likely to respond to the survey. This method of choosing a sample is called "voluntary response sampling." Such samples are biased in favor of strong views and underrepresent the moderate ones. Therefore, when you see a statistic, remember that the sample is just as important as the statistic itself. How many people were in the sample? Who were they? If you don't know, be careful not to leap to conclusions.

Q: Who would be likely to answer the survey cards on the tables of a restaurant?

A: _____

유형 전략 질문과 연관된 내용이 언급된 부분을 본문에서 찾은 후, 우리말로 알맞게 옮겨 쓴다.

# 요약문

### 유형 GUIDE

본문이나 〈보기〉에서 알맞은 단어를 찾아 쓰거나, 주어진 단어를 활용하여 요약문을 완성하는 유형이다. 본문의 내용을 관통하는 주제를 파악할 수 있어야 함은 물론, 경우에 따라 단어의 형태를 바꿔 쓰거나 주어진 단어를 어순에 맞게 배열해야 하므로 글에 대한 종합적인 이해와 어법 지식이 필요하다.

### 대표 유형

**유형 01** 본문이나 〈보기〉에서 알맞은 단어를 찾아 요약문의 빈칸을 채우는 유형이 가장 기본적인 유형으로 출제된다.

**유형 02** 〈보기〉에 주어진 어구를 배열하여 요약문을 완성하는 유형으로 출제되기도 한다.

**유형 03** 〈보기〉에 주어진 단어를 활용하여 〈조건〉에 맞게 요약문을 완성해야 하는 고난도 유형으로 출제되기도 한다.

---

**유형 01** 다음 글의 내용을 한 문장으로 요약하고자 한다. 빈칸 (A)와 (B)에 들어갈 알맞은 말을 본문에서 찾아 쓰시오. (단, 필요시 어형을 바꿔 쓸 것) 세화여자고등학교 2학년 중간고사 응용

Many of today's companies are directing their marketing and advertising at younger and younger consumers. This is mainly because the younger people are when they start using a brand or product, the more likely they are to keep using it for years to come. But that's not the only reason this is being done. Research shows that 75 percent of impulsive food purchases originate from a nagging child. And one out of two mothers will buy a certain food product simply because her child asks for it. To trigger desire in a child is to trigger desire in the whole family. In other words, kids have power over spending in their households, they have power over their grandparents, and they have power over their babysitters. That's why companies are so eager to find ways to influence them.

> Companies can influence the purchasing decisions of adults by _____(A)_____ the desire for products in children, which is one reason so much advertising is being _____(B)_____ at kids.

(A) _____          (B) _____

**유형 전략** 본문에서 핵심 단어들을 찾은 후, 그 단어들이 요약문에서 어떤 형태로 쓰여야 하는지 확인한다.

**유형 02** 보기 의 단어를 바르게 배열하여 다음 글의 요약문을 완성하시오. 2016년 고2 학력평가 응용

Do you remember what things were like when you were a kid? Think back to the way you played and how using your imagination made you feel. Being imaginative generates feelings of happiness and adds excitement to our lives. It's time to get back to those emotions. If you can return to the joyful feelings that you experienced through your imagination, you'll likely find that you feel happier about yourself. Take some time to think of new ideas or to write a story. It is through your imagination that you can find ways to be more creative than ever. Furthermore, your imagination can make everyday tasks more interesting and keep you focused on completing tasks at hand.

> 보기 your imaginations / to the way / you used / returning / as a child

_____ can bring joy and creativity into your life.

> 유형 전략 빈칸 부분이 문장 내에서 어떤 역할을 하는지 파악한 후, 본문을 참고하여 주어진 어구들을 배열한다.

**유형 03** 보기 의 단어를 활용하여 조건 에 맞게 다음 글의 요약문을 완성하시오. 오산고등학교 2학년 기말고사 응용 고난도

Two psychologists named Leon Festinger and Stanley Schachter and a sociologist named Kurt Back began to wonder how friendships form. Why do some strangers build lasting friendships, while others struggle to move beyond polite friendliness? Some experts explained that friendship formation can be traced to infancy, when children acquire the values, beliefs, and attitudes that bind or separate them later in life. But Festinger, Schachter, and Back pursued a different theory. They believed that physical space is the key to friendship formation, as friendships are most likely to develop during brief and passive contact, such as passing one another on the street. In their view, it isn't so much that people with similar attitudes become friends, but rather that people who are around each other during the day tend to become friends, later adopting similar attitudes.

> 보기 values, shared, proximity, lead to

> 조건 (A)는 4단어, (B)는 1단어로 쓸 것

Although it is traditionally believed that ____(A)____ friendships, a group of experts suggested that ____(B)____ is the true cause.

(A) _____ (B) _____

> 유형 전략 조건 중 단어 수에 관한 정보를 바탕으로 빈칸에 들어갈 단어를 추론해 본다.

# 지칭 내용 및 의미

### 유형 GUIDE

밑줄 친 부분이 지칭하는 대상 또는 내용을 찾아 쓰거나, 밑줄 친 어구의 문맥적 의미를 서술하는 유형이다. 밑줄 친 대명사나 어구가 가리키는 것이 무엇인지 찾아내야 하므로 평소 대명사나 비유적 표현 등에 유의하며 글을 읽는 연습을 해야 한다.

### 대표 유형

**유형 01** 밑줄 친 어구가 가리키는 내용을 본문에서 찾아 우리말 또는 영어로 쓰는 유형이 가장 기본적인 유형으로 출제된다.

**유형 02** 밑줄 친 부분이 가리키는 대상을 찾아 쓰거나, 밑줄 친 부분들 중 가리키는 대상이 다른 것을 골라 그것이 무엇을 지칭하는지 쓰는 유형으로 출제되기도 한다.

**유형 03** 밑줄 친 부분의 문맥적 혹은 함축적 의미를 추론하여 서술하는 고난도 유형으로 출제되기도 한다.

---

**유형 01**

다음 글의 밑줄 친 to do so가 가리키는 것을 본문에서 찾아 우리말로 쓰시오. (30자 내외)

성신여자고등학교 2학년 중간고사 응용

When using an inclined plane to reach a destination, you must move a greater distance than you would have if you had started from directly below and moved straight up. This is probably already clear to you from a lifetime of climbing stairs. Consider all the stairs you must climb compared to the actual height you reach. This height will always be less than the distance you climb in stairs. In other words, in order to reach your intended height, you must travel a greater distance, although you do not need to exert as much effort. Now, if you were to pass on the stairs altogether and climb straight up to your destination from directly below it, it would be a shorter climb for sure, but the effort needed to do so would be far greater. This is why we have stairs in our homes rather than ladders.

*inclined plane: (경)사면

---

**유형 전략**　문맥을 바탕으로, 밑줄 친 어구가 가리키는 표현의 구체적인 의미를 파악한다.

**유형 02**

다음 글의 밑줄 친 ①~⑤ 중 가리키는 것이 나머지 넷과 <u>다른</u> 것을 고르고, 그것이 가리키는 것을 찾아 쓰시오.

영어 II 교과서 응용

Using pesticides is a major factor in the decline of bee populations. There are several ways bees can be killed by pesticides, including through direct contact. ① <u>Ones</u> that are on flowers being treated with pesticides will die immediately. And even if they manage to avoid direct contact, they can still be contaminated through pollen, water, soil, or the air. This can have an even worse effect, as the contaminated bees are likely to transport the pesticide back to their colony. The results are often disastrous, with the affected colony eventually collapsing. Some pesticides that don't affect adult bees instead cause damage to young, immature ② <u>ones</u>. Other types of pesticides affect bees' brains, making them slow learners, which can cause ③ <u>them</u> to lose their ability to find nectar. Several ways of protecting bees from pesticides have been proposed. One of ④ <u>them</u> is to restrict the application of pesticides to the evening. This would minimize the impact of pesticides on bees, as ⑤ <u>they</u> forage for food only in the daytime.

*pollen: 꽃가루  **nectar: 꿀  ***forage: (먹이를) 찾아다니다

번호: _____

지칭하는 대상: _____

> **유형 전략** 밑줄 친 대명사가 가리키는 것이 무엇인지 메모하거나, 그것이 가리키는 대상에 표시하며 글을 읽는다.

**유형 03**

다음 글의 밑줄 친 the contrary is also true가 문맥적으로 의미하는 바를 25자 내외의 우리말로 쓰시오. (밑줄 친 부분을 직역하지 말 것) 흥덕고등학교 2학년 중간고사 응용 고난도

One theory about emotional tears focuses on their usefulness in relationships. We learn to bring about a connection with others by crying from a very early age, when we were physically and mentally incapable of dealing with anything on our own. Crying signals to other people that we are overwhelmed by problems that are beyond our ability to handle. One study shows that people are more willing to help someone visibly crying. This is because tears are important for human bonding and social connections, and bring out compassion in others. However, <u>the contrary is also true</u>. Psychologists have found that while people who often cry tend to form good social relationships, this is not the case for those who don't.

_____

> **유형 전략** 밑줄 친 부분 자체의 의미를 먼저 파악한 후, 앞뒤 문맥을 고려하여 풀어서 서술한다.

# 대의파악

### 유형 GUIDE

글의 주제 · 제목 · 주장 · 요지 · 목적을 완성하거나 배열하는 유형이다. 주제나 주장 등을 우리말 또는 영어로 서술하는 유형 역시 출제된다. 따라서, 특정 문장에 집중하기보다는 글 전체를 아우르는 주제에 유념하며 답안을 작성해야 한다.

### 대표 유형

유형 **01** 본문의 주제 · 제목 · 주장 · 요지 등의 빈칸에 들어갈 알맞은 단어를 본문이나 〈보기〉에서 찾아 쓰는 유형이 가장 기본적인 유형으로 출제된다.

유형 **02** 〈보기〉에 주어진 단어들을 순서에 맞게 배열하여 주제 · 제목 · 주장 · 요지 등을 완성하는 유형으로 출제되기도 한다.

유형 **03** 주어진 단어들을 활용하여 〈조건〉에 맞게 주제 · 제목 · 주장 · 요지 등을 영작하는 고난도 유형으로 출제되기도 한다.

---

유형
**01**

다음 글의 요지를 쓰고자 한다. 빈칸 (A)와 (B)에 들어갈 알맞은 말을 보기 에서 찾아 쓰시오. (단, 필요시 어형을 바꿔 쓸 것) 목포고등학교 2학년 중간고사 응용

In a recent study, scientists placed dogs in front of a computer monitor blocked by an opaque screen. The scientists then made the dogs listen to a recording of either their human guardian or a stranger saying their names five times through speakers in the monitor. Finally, the screen was removed to reveal the face of either the guardian or a stranger. The dogs' reactions were videotaped. Naturally, the dogs were attentive to the sound of their name, and they typically stared at the face for about six seconds after the screen was removed. But they spent significantly more time gazing at a strange face after they had heard the familiar voice of their guardian. That they paused for an extra second or two suggests that they realized something was wrong because they had made a prediction based on the picture in their mind. When reality didn't match this prediction, they experienced a feeling of puzzlement.

*opaque: 불투명한

| 보기 | lack | form | gaze | possess | pause |
|------|------|------|------|---------|-------|

Research suggests that dogs ____(A)____ the ability ____(B)____ pictures of human faces in their minds.

(A) _____     (B) _____

유형 전략 주어진 단어들의 의미를 파악하고, 각 빈칸이 요지문에서 하는 역할에 유의하여 어형을 바꿔 쓴다.

---

**유형 02** 보기 에 주어진 단어를 바르게 배열하여 다음 글의 제목을 완성하시오. EBS 수능특강 응용

Humility means understanding that humans are not the center of the world. When being humble, individuals no longer see themselves as the most important beings on the planet. This is an important part of changing the way we behave — if individuals are mindful of their actions but do not care about the consequences, there will be no behavioral change. In the case of animal rights, for example, even if individuals are mindful of their actions, without humility they may not care about the living conditions of animals bred for meat. This is because, in their minds, humans are most important, and human pleasure is therefore more important than the suffering of other beings. Humility is also integral when it comes to cultivating proper consumption habits. Without it, even individuals who are aware of the negative consequences that their actions have on the environment simply won't care.

*humility: 겸손, 겸허  **integral: 필수적인

보기 to / the Planet's / The Key / before / Well-Being / Putting / Our Own Self-Interest

Humility: _____

유형 전략 글을 읽고, 제목이나 주제를 먼저 생각해 본 뒤에 문장 구조에 유의하여 단어들을 배열한다.

**유형 03** 다음 글의 요지를 조건 에 맞게 영어로 쓰시오. 동래여자고등학교 2학년 중간고사 응용 고난도

After Steve Jobs suggested to Steve Wozniak that they start a business, the two men formed one of the most famous partnerships of the digital era. Wozniak would come up with a clever engineering idea, and Jobs would find a way to polish, package, and sell it. The two men had opposite personalities. Wozniak hated small talk and often worked alone. It was these features of his introverted personality that enabled him to focus on inventing things. Jobs, on the other hand, had outstanding social skills. So which personality type is better? Obviously, the answer is neither. The world needs both introverts and extroverts, and they often make a terrific team. We simply need to respect different personalities, as well as our own. Then, when we have a chance to work together, we might be able to do great things.

조건
1. 총 9단어로 쓸 것
2. 다음 모든 단어를 변형 없이 주어진 순서대로 사용할 것
   people, with, contrasting, often, well, together
3. 나머지 단어는 본문에서 찾아 쓰되 필요시 어형을 바꿔 쓸 것

유형 전략 본문에서 요지문의 의미를 완성하는 데 필요한 주요 어구를 찾고, 주어진 단어와 조합하여 알맞은 문장을 구성한다.

유형 01

다음 글의 빈칸 (A)와 (B)에 공통으로 들어갈 단어를 영영 뜻풀이를 참고하여 쓰시오. (단, 주어진 철자로 시작할 것)

양정고등학교 2학년 중간고사 응용

In the traditional teacher-centered model, the teacher is the primary source of information. By contrast, the Flipped Learning model shifts instruction to a learner-centered approach, where in-class time is spent exploring topics in greater depth. This allows for a variety of learning modes. Educators using this model often physically rearrange their learning spaces to support either group work or independent study. They create _____(A)_____ spaces in which students choose when and where they learn. Furthermore, educators who flip their classes are _____(B)_____ in their expectations of student timelines for learning and in their assessments of student learning. Flipped learning allows students to become actively involved in knowledge construction as they participate in and evaluate their learning in a personally meaningful manner.

*Flipped Learning: 역진행 수업 방식, 거꾸로 교실

| able to change or be changed in order to adjust to different situations |

f_____

유형 전략 글을 읽으며 주요 개념에 표시한 후 그 특징을 나타내는 어휘를 떠올려 본다.

**유형 02**

다음 글의 밑줄 친 ①~⑤ 중 문맥상 <u>어색한</u> 단어를 1개 찾아 그 번호를 쓰고 고쳐 쓰시오.

이대부속고등학교 2학년 기말고사 응용

In the modern world, we look for certainty in uncertain places. We search for order in chaos, the right answer in ① <u>ambiguity</u>, and conviction in complexity. As a result, we end up spending far ② <u>more</u> time and effort on trying to control the world than on trying to understand it. Because we are always looking for an easy-to-follow formula, we eventually ③ <u>lose</u> our ability to interact with the unknown. It is similar to the classic story in which a drunk man is searching for his keys under a street lamp at night. He knows he lost his keys on the dark side of the street, but he looks for them underneath the lamp because that's where the light is. Our yearning for certainty leads us to ④ <u>avoid</u> seemingly safe solutions—by looking for our keys under street lamps. Instead of taking a ⑤ <u>risky</u> walk into the dark, we stay within our current state, however inferior it may be.

_____ → _____

**유형 전략** 글의 전체적인 흐름과 상반되는 단어를 찾고, 해당 단어를 반의어로 고쳤을 때 문맥에 어울리는지 확인한다.

**유형 03**

다음 글의 네모 안에서 문맥상 알맞은 어휘를 골라 쓰시오. 이화여자고등학교 2학년 중간고사 응용

In a classic study, anthropologist Richard Sipes tested the belief that playing sports reduces violence. He focused on "combative sports" that include body contact or simulated warfare, hypothesizing that if sports were an alternative to violence, then there would be a (A) positive / negative correlation between the popularity of combative sports and the frequency and intensity of warfare. In other words, the more combative sports were, the less likely warfare would be. Using a sample of 20 societies, Sipes tested the hypothesis and discovered a significant relationship between combative sports and violence, but it was not the one he expected. According to Sipes' analysis, the more pervasive and popular combative sports are in a society, the (B) more / less likely that society is to engage in war. This led Sipes to draw the obvious conclusion that combative sports are not alternatives to war but rather are reflections of the same (C) submissive / aggressive impulses in human society.

(A) _____  (B) _____  (C) _____

**유형 전략** 네모 안의 단어들을 번갈아 대입해 보며 문맥상 흐름이 자연스러운 것이 무엇인지 판단한다.

# 문장 전환

유형 GUIDE

특정 구문을 활용하여 어구 또는 문장을 바꿔 쓰거나, 두 문장을 하나로 결합하는 유형이다. 능동태와 수동태, 분사구문과 부사절, 직설법과 가정법, 관계대명사절, 강조구문 등의 빈출 문법 항목들을 알아두고 평소에 문장 전환 연습을 충분히 하는 것이 좋다.

대표 유형

유형 **01** 어구 또는 문장을 특정한 구문으로 바꿔 쓰거나 동일한 의미가 되도록 바꿔 쓰는 유형이 가장 기본적인 유형으로 출제된다.

유형 **02** 주어진 두 문장을 결합하여 한 문장으로 만드는 유형으로 출제되기도 한다.

유형 **03** 어구 또는 문장을 바꿔 쓰거나 두 문장을 결합하되, 조건이 제시되는 고난도 유형으로 출제되기도 한다.

유형
**01**

**다음 글의 밑줄 친 문장을 The other train을 강조하는 문장으로 바꿔 쓰시오.** 창문여자고등학교 2학년 중간고사 응용

You are in a train stopped at a station next to another train. As you look out the window, you think the other train has started to move, only to discover that your train is the one moving. The illusion of relative movement works the other way, too. You are standing in your train and suddenly it seems to start moving. But then you realize that it isn't actually moving at all. The other train is moving in the opposite direction. It can be hard to tell the difference between apparent movement and real movement. It's easy if your train starts with a strong push, of course, but not if your train moves very smoothly. When your train overtakes a slightly slower train, you can sometimes fool yourself into thinking your train is still and the other train is moving slowly backwards.

*apparent: 외견상의

It _____ .

유형 전략 특정 구문을 적용할 때 어순을 바꾸거나 유지해야 하는 부분에 유의하여 문장을 재구성한다.

**다음 글의 밑줄 친 두 문장을 관계대명사를 활용하여 한 문장으로 바꿔 쓰시오.** 2021년 고2 학력평가 응용

Companies that sell physical products to make profit often try to collect as much data as possible from consumers. This is because even supermarkets no longer make all their money from selling produce and manufactured goods. <u>Instead, they also give you loyalty cards. These can track your purchasing behaviors precisely.</u> Then the supermarkets sell this purchasing behavior to marketing analytics companies. The marketing analytics companies perform machine learning procedures, slice the data in new ways, and resell the behavioral data back to product manufacturers as marketing insights. When data and machine learning become currencies of value in a capitalist system, then every company's natural tendency is to maximize its ability to track its own customers. This is because the customers are themselves the new value-creation devices.

> 유형 전략 바꿔 쓴 문장에 누락되거나 불필요한 부분이 없는지 확인한다.

**다음 글의 밑줄 친 부분을 주어진 조건에 맞게 바꿔 쓰시오.** 2020년 고2 학력평가 응용 고난도

There are many superstitions surrounding the world of the theater. Superstitions can be anything from not wanting to say the last line of a play before the first audience member comes, to not wanting to rehearse the curtain call before the final rehearsal. <u>Shakespeare's famous tragedy *Macbeth* is said to be cursed</u>, and to avoid problems, actors never say the title of the play out loud when inside a theater or a theatrical space (like a rehearsal room or costume shop). Since the play is set in Scotland, the secret code actors say when they need to say the title of the play is "the Scottish play." If they do say the title by accident, legend has it that they have to go outside, turn around three times, and come back into the theater.

> 조건 1. 「가주어-진주어(that절)」 구문을 활용할 것
> 2. 총 10단어로 쓸 것

> 유형 전략 구와 절의 구조상 차이를 고려하여 문장을 바꿔 쓴 뒤, 새 문장이 주어진 조건들을 모두 충족하는지 다시 확인한다.

# 흐름 및 내용 이해

빈출도 하

## 유형 GUIDE

밑줄 친 부분을 우리말로 해석하거나, 주어진 글 뒤에 이어질 문장들을 순서에 맞게 나열하거나, 주어진 문장의 위치 또는 글의 흐름상 무관한 문장을 찾는 유형이다. 우리말 해석 유형의 경우, 수식어구, 비교 구문, 관계사절, 특수구문 등이 포함된 문장의 의미를 정확히 이해하는 연습을 해야 한다. 그 외 유형의 경우, 지시어나 접속사, 관사 등의 쓰임에 유의하며 글의 흐름을 파악하는 것이 중요하다.

## 대표 유형

유형 **01** 밑줄 친 어구나 문장을 우리말로 해석하는 유형이 흔히 출제된다.

유형 **02** 주어진 글 다음에 이어질 문장들을 순서에 맞게 나열하는 유형이 출제되기도 한다.

유형 **03** 문맥상 주어진 문장이 들어갈 위치를 찾는 유형이나 흐름과 무관한 문장을 찾아 쓰는 유형이 출제되기도 한다.

---

유형 **01** 다음 글의 밑줄 친 문장을 어법에 유의하여 우리말로 해석하시오. 세일고등학교 2학년 중간고사 응용

A little boy watches and listens to birds with delight. Then the "good father" comes along and feels he should share in the experience and help his son "develop." He says: "That's a jay, and this is a sparrow." The moment the little boy is concerned with which is a jay and which is a sparrow, he can no longer enjoy watching the birds or hearing them sing. But this is probably for the best, since few people can go through life just "listening to the birds sing," and the sooner the boy starts his "education" the better. A few people can still see and hear in the old way. But most of the members of the human race have lost the capacity to be painters, poets, or musicians, and are not left the option of perceiving the world in the way they used to see it.

*jay: 어치(까마귓과의 새)

---

유형 전략 문장의 큰 줄기인 주어와 동사를 파악한 뒤, 문장에 쓰인 주요 구문의 의미에 유의하여 해석한다.

**유형 02** 주어진 글 다음에 이어질 (A)~(D)를 흐름에 맞게 나열하시오. EBS 리딩파워 응용

> The community of Älvdalen, which is located in a remote part of Sweden surrounded by mountains, valleys, and thick forests, is desperately attempting to preserve its unique heritage.

(A) Up until the mid-20th century, the town of some 1,800 inhabitants spoke a language called Elfdalian.

(B) Consequently, the ancient language of Elfdalian began to give way to modern Swedish.

(C) Like other isolated regions of the world, however, the arrival of greater mobility and mass media began to overcome the natural barriers that had guarded Älvdalen from change.

(D) The beautiful and complex tongue remained preserved throughout the centuries because of the area's natural isolation.

It is estimated that fewer than 2,500 people speak Elfdalian now, and less than 60 children under the age of 15 are fluent in it.

_____ → _____ → _____ → _____

유형 전략 (A)~(D)에 쓰인 관사나 접속사를 단서로 하여 전체적인 구조 및 글의 순서를 짐작할 수 있다.

**유형 03** 다음 문장이 들어가기에 가장 적절한 곳을 찾고, 그곳의 앞 문장 마지막 4단어와 뒤 문장 첫 단어를 쓰시오.
영어 II 교과서 응용

> When I got there, I met an elderly couple who had come there to look for their lost bag.

For me, the best souvenirs are the new friends I make while traveling. Obviously, I can't put the people in my suitcase to take them home, but while we're together, I can have conversations and laugh with them. Sometimes I add them on social media or ask for their contact information so that I can stay in touch with them. Two years ago, I made friends with an elderly couple from Japan that I met at the Jeonju Hanok Village. While in the restroom, I happened upon a woman's bag. Right away, I took it to a nearby police station. Happily, the woman was the owner of the bag that I had found, so I handed it to them. They were so thankful that they treated me to dinner, and we had a great time together.

앞 문장의 마지막 4단어: _____

뒤 문장의 첫 단어: _____

유형 전략 부사나 관사, 대명사의 쓰임을 주의 깊게 살피며 글의 흐름이 어색한 부분을 찾는다.

# PART

# 03

## 서술형 실전 TEST

# TEST 1-6회

○ 총 60점 만점 (부분 점수 없음)

○ 대소문자와 문장부호에 주의하여 올바른 답안을 작성하시오.

**[01~02] 다음 글을 읽고 물음에 답하시오.** EBS 수능특강 응용

Luxury ownership signals wealth, but—ironically—it is often the very wealthy who prefer to look cheap. Countersignalling is when you go out of your way to show that you do not need to go out of your way to show off. It has become almost a point of honor in Silicon Valley _____(A)_____, but to wear jeans and sneakers instead, which signals that you are more interested in tech than status. Francesca Gino, a professor at Harvard Business School, has shown that countersignalling by wearing atypical clothing leads to higher regard in the right context. In one study, she asked shop assistants in high-end designer stores to rate two shoppers, one in gym clothes and the other in a dress and fur coat. The assistants were far more likely than the general public to think the gym-clothes-wearing shopper would be in a position to buy the most expensive items in the boutique. They had learned from experience how the rich often _____ⓐ_____.

**01** 보기의 단어를 바르게 배열하여 윗글의 빈칸 (A)를 완성하시오. [4점]

보기  wear / not / clothes / to / expensive / or suits

_____

**02** 윗글의 빈칸 ⓐ에 들어갈 한 단어를 본문에서 찾아 쓰시오. (단, 주어진 철자로 시작하되 필요시 어형을 바꿔 쓸 것)
[4점]

c_____

**[03~04] 다음 글을 읽고 물음에 답하시오.** 명덕여자고등학교 2학년 중간고사 응용

Of all the medical achievements of the 1960s, the most widely known (A) was / were the first heart transplant, which was performed by the South African surgeon Christiaan Barnard in 1967. Though the patient died 18 days later, it did not weaken the spirits of those who welcomed ⓐ a new era of medicine. The ability to perform heart transplants was linked to the development of respirators, which (B) had introduced / had been introduced to hospitals in the 1950s. Respirators could save many lives, but not all those whose hearts kept beating ever recovered any other significant functions. In some cases, their brains had ceased to function altogether. The realization (C) which / that such patients could be a source of organs for transplantation led to the setting up of the Harvard Brain Death Committee. This committee recommended that the absence of all "discernible central nervous system activity" be a new criterion for death, and their recommendation has since been adopted, with some modifications, almost everywhere.

*respirator: 인공호흡기   **discernible: 식별 가능한   ***criterion: 기준

**03** 윗글의 네모 안에서 어법상 알맞은 말을 골라 쓰시오. [4점]

(A) _____   (B) _____   (C) _____

**04** 윗글의 밑줄 친 ⓐ a new era of medicine이 문맥적으로 의미하는 바를 10자 내외의 우리말로 쓰시오. (밑줄 친 부분을 직역하지 말 것) [4점]

_____

Maria Sibylla Merian was born in 1647 in the city of Frankfurt, Germany. When she was still little, she became very interested in painting flowers. It is said that she once climbed over a wealthy neighbor's wall to find flowers that she could paint. She took some tulips without the owner's permission. <u>그녀는 당시에 그것들이 얼마나 비싼지 몰랐음이 틀림없다.</u> When little Merian confessed her act, the neighbor asked to see the painting. Seeing her painting, he was so impressed that he only asked for the painting as compensation. When she was 13, Merian began to develop a keen interest in bugs. It was unusual for a young girl to be passionate about caterpillars, spiders, and other insects, but Merian was obsessed with them and sometimes she would watch them for weeks on end. She carefully painted each step of their life cycles, depicting even subtle changes.

고난도

**05** 윗글의 밑줄 친 우리말과 일치하도록 보기 의 단어를 활용하여 조건 에 맞게 영작하시오. [9점]

보기   expensive, how, be unaware of, were

조건   1. 「must have p.p.」 구문을 활용할 것
      2. 필요시 단어를 추가하고 어형을 바꿔 쓸 것

_____ at the time.

**06** 윗글의 내용을 바탕으로 주어진 질문에 우리말로 답하시오. (20자 내외) [3점]

Q: What did Merian's neighbor do when he saw her painting?
A: _____

Our earliest experiences with narrative often begin with the stories our parents tell us when we do something of which they particularly approve or disapprove. And without needing complex interpretive theories, we know from these experiences that stories have a lesson that we are supposed to learn and integrate into our lives. Indeed, many of the stories we are told are carefully selected to present particular pictures of the world for precisely this reason. When we are young, 그 선택을 결정하는 사람은 바로 우리 부모님이다. But as we get older, other institutions, including commercial interests, also vie to present particular lessons rather than others by means of narratives about the world. Our educational systems are narrative forces of precisely this sort, as they use language that is carefully selected and anything but neutral to propose a particular view of the world in order to socialize us.

*vie: 다투다, 경쟁하다

**07** 윗글의 밑줄 친 우리말과 일치하도록 보기 의 단어를 활용하여 영작하시오. (단, 필요시 단어를 추가하되 총 8단어로 쓸 것) [5점]

보기 determine, parents, the selection, who

_____

_____

**08** 보기 의 단어를 바르게 배열하여 윗글의 요약문을 완성하시오. [5점]

보기 teach us / that / play a role in / will / particular lessons / telling stories

Both our parents and other institutions _____

_____ about the world.

Unlike coins and dice, humans have memories and do care about wins and losses. Still, the probability of a hit in baseball doesn't increase just because a player hasn't had one lately. If it is not bad luck, then a physical problem may be causing such a player to do poorly. (A) Either way, a baseball player who had four outs in a row is not due for a hit, nor a player is who made four hits in a row due for an out. Likewise, being rejected for jobs doesn't make a job offer more likely. If anything, each rejection adds to the mounting evidence that this person is not qualified or interviews poorly. (B) Similarly, failing a test does not increase the chances of passing the next one—it may just be a sign that the student doesn't understand the subject well or preparing enough for their tests.

**고난도**

**09** 윗글의 밑줄 친 (A)와 (B)에서 어법상 틀린 부분을 1개씩 찾아 바르게 고친 후, 그 이유를 쓰시오. (단, 틀린 부분과 바르게 고친 내용만 쓸 것) [10점]

(A) 정답: _____ → _____

이유: _____

(B) 정답: _____ → _____

이유: _____

**10** 보기 에 주어진 단어를 바르게 배열하여 윗글의 주제를 완성하시오. [5점]

보기 previous / how / the likelihood / don't increase / successes or failures

_____ of the

opposite result occurring

For over a million years, humans lived in small, mobile groups that gathered food from the wild and hunted animals. When resources permitted, they came together in larger groups, and they occasionally became semi-sedentary when they could rely on particularly rich sources of food. Then, in a relatively short period of time after the end of the last ice age, which was about 10,000 BCE, this stable and well-balanced way of life began to change. Across the world, humans slowly began to _____ in one location and replace gathered plants with ones grown on special plots of land. In less than ten thousand years, this new, agricultural way of life spread around the globe. Hunting and gathering groups survived, but they were increasingly pushed into more marginal areas. The adoption of farming was the most fundamental change in human history, and it led to all that we call civilization and recorded human history.

*semi-sedentary: 반정착민의

**11** 윗글의 내용을 바탕으로 주어진 질문에 영어로 답하시오. [4점]

Q: When did the lifestyle of humans begin to change?

A: It began to change _____

_____ .

**12** 윗글의 빈칸에 들어갈 단어를 영영 뜻풀이를 참고하여 쓰시오. (단, 주어진 철자로 시작할 것) [3점]

| to move to a particular place for the purpose of living there, often permanently |
| --- |

s_____

[01~02] 다음 글을 읽고 물음에 답하시오. 영어 II 교과서 응용

The IoT (Internet of Things) is a network of objects that exchange and act upon data (A) <u>collection</u> by sensors and software they have. In this system, everyday objects—not only electronic devices but also things like food packaging and clothing—can interact with one another. Right now many things are connected to the internet, but ⓐ <u>정보가 교환되기 위해 그것들은 인간에 의해 조작되어야 한다</u>. With the IoT, however, things connected to the internet can communicate with one another without human intervention. So this system is able to boost efficiency by saving us time, money, and effort. According to some reports, the number of connected devices is expected (B) <u>reach</u> 1 trillion in 2025. However, we don't have to wait until then to see the effect of the IoT on our lives.

**01** 윗글의 밑줄 친 (A)와 (B)를 어법상 알맞은 형태로 고쳐 쓰시오. [3점]

(A) _____        (B) _____

고난도

**02** 윗글의 밑줄 친 우리말 ⓐ와 일치하도록 보기 의 단어를 활용하여 조건 에 맞게 영작하시오. [9점]

보기  have to, by humans, manipulate, exchange, information

조건   1. 수동태 표현을 활용할 것
2. 「in order to-v」 구문을 활용할 것
3. to부정사의 의미상 주어를 활용할 것

they _____

**[03~04] 다음 글을 읽고 물음에 답하시오.** 경기고등학교 2학년 중간고사 응용

Playing any game that involves more than one person teaches kids teamwork, the consequences of cheating, and _____. It's not hard to see how these skills make it into the daily lives of kids. But like all things we hope to teach our children, learning to cooperate or to compete fairly takes practice. Humans aren't naturally good at losing, so there will be tears, yelling, and cheating. But that's okay. The point is that playing games together allows kids a safe place to practice getting along, following rules, and being graceful even in defeat. In other words, it helps kids adapt to their society by learning behaviors that are acceptable in their society. In short, participation in multiplayer games can be an effective way to promote socialization.

**03** 보기의 단어를 바르게 배열하여 윗글의 빈칸을 완성하시오. [4점]

> 보기 a good team player / to / be / they / how / whether / win

_____ or lose

**04** 윗글의 내용을 한 문장으로 요약하고자 한다. 빈칸 (A)와 (B)에 들어갈 알맞은 말을 본문에서 찾아 쓰시오. (단, 주어진 철자로 시작할 것) [3점]

> By taking part in multiplayer games, children are able to practice ____(A)____ that help them fit into their ____(B)____ .

(A) b_____        (B) s_____

Think of a buffet table that has platter after platter of different foods at a party or a hotel you've visited. You don't eat many of these foods at home, so you want to try them all. But trying them all causes you to eat much more than you usually do. And because of the _____ of these different types of food, you end up gaining weight. Scientists have seen this behavior in studies with rats. Rats normally maintain a steady body weight when eating one type of food. But they eat huge amounts and become obese when they are presented with a variety of high-calorie foods. We eat much more when a variety of good-tasting foods are available than when only one or two types of food are available.

**05** 윗글의 빈칸에 들어갈 단어를 영영 뜻풀이를 참고하여 쓰시오. (단, 주어진 철자로 시작할 것) [3점]

the quality of being able to be bought, used, or acquired

a_____

**06** 다음 문장이 들어가기에 가장 적절한 곳을 찾고 그곳의 뒤 문장의 첫 4단어를 쓰시오. [2점]

The same is true of humans.

_____

It is not unusual to see people in positions that are beyond their skill level. In fact, the more they lack the proper skills, the greater their resolve to stay is. Canadian educator Laurence Peter claimed that, in hierarchies, the promotion of workers to a level of incompetency is a lot more common than it seems. The law he came up with, now called the Peter principle, says that every person in a hierarchy gets promoted until they reach a position where they are incompetent. At this point, people are not really judged by their performance, but instead by factors like attitude and punctuality. <u>Normally, only a seriously poor performance can lead to dismissal.</u> Some believe employers could avoid this problem with performance by giving adequate training to employees after they are promoted.

*punctuality: 시간 엄수

**07** 윗글의 밑줄 친 문장을 only a seriously poor performance를 강조하는 문장으로 바꿔 쓰시오. [3점]

Normally, it _____.

**08** 윗글의 내용을 한 문장으로 요약하고자 한다. 빈칸 (A)와 (B)에 들어갈 알맞은 말을 보기 에서 골라 쓰시오. [3점]

| 보기 | reached | promoted | factors | performances | training | resolved |

According to the Peter principle, employees often get ___(A)___ until they are in a position that is beyond their skill level, but this principle might be overcome if they are given the proper ___(B)___.

(A) _____ (B) _____

One of the keys to how insects survive in the open air (A) lie in their outer covering—a hard, waxy layer that helps prevent their tiny bodies from dehydrating. Another factor is the way they breathe. To take oxygen from the air, they use narrow breathing holes in their body segments, which take in air passively and can be opened and closed as needed. And instead of blood contained in vessels, they have free-flowing hemolymph, which helps keep their bodies rigid, aids movement, and (B) assist in the transportation of nutrients and waste materials to the appropriate body parts. Furthermore, the nervous system of an insect is modular. In a sense, the different body segments each have their own individual and autonomous brain. These are just a few of the ways (C) which insect bodies are structured and function completely differently from our own.

*hemolymph: 혈림프   **modular: 모듈식의(여러 개의 개별 단위로 되어 있는)

고난도

**09** 윗글의 밑줄 친 (A)~(C)를 어법상 알맞은 형태로 고치고 그 이유를 쓰시오. [12점]

(A) 정답: _____

이유: _____

(B) 정답: _____

이유: _____

(C) 정답: _____

이유: _____

_____

**10** 윗글의 내용을 바탕으로 주어진 질문에 영어로 답하시오. [4점]

Q: Based on the passage, what do the breathing holes in an insect's body do?
A: They _____.

At around 1200 CE, Genghis Khan united the numerous small tribes of Northeast Asia under the Mongol Empire. At its peak, it stretched from west to east—from Central Europe to the East Sea—as well as north into Siberia and south into India. Genghis Khan needed a massive, mobile army in order to maintain his empire, and this army needed to be fed enormous amounts of food. Therefore, Khan and his advisers needed a calorie-dense, healthy food that could be preserved and easily transported over long distances. Their solution was to develop a system for curing and drying meat. Khan's army cut long, thin strips of donkey and cow meat, and salted them in small bowls, after which the strips were air-dried and possibly roasted over a fire. This resulted in meat jerky <u>여러분이 여러분 근처의 편의점에서 발견할 수도 있는 것과 비슷했던</u> today! Not only it was delicious, but it also contained enough nutrition to sustain an entire army.

**11** 윗글의 밑줄 친 우리말과 일치하도록 보기 의 단어를 바르게 배열하여 문장을 완성하시오. (단, 필요시 어형을 바꿔 쓸 것) [5점]

> 보기 similar to / that / you / might / be / find / what

_____ in a convenient store near you

고난도

**12** 윗글에서 어법상 틀린 것을 1개 찾아 고쳐 쓰시오. [9점]

_____ → _____

[01~02] 다음 글을 읽고 물음에 답하시오. EBS 리딩파워 응용

As one of many examples of the complexity of motivationally anchored instruction, motivation is largely affected by ＿＿＿＿＿＿. A person working at a task feels frustrated and stops, while another person working at a task feels joy and continues. But what brings out a response of frustration or joy differs across cultures, because cultures differ in their definitions of novelty, hazard, opportunity, gratification, and so forth. Also, <u>다른 문화권에서 온 다른 사람이 어떤 과제에 대해 좌절감을 느끼는 것이 가능하다</u> and yet continue with further determination. Depending on the cultural groups with which a person identifies, sports participation, for example, may be understood from the perspective of everyday recreation, competition, stress relief, or exercise, and a person's emotional response to sports participation will reflect these beliefs. Cultural groups vary in their beliefs about the meaning of emotional experiences, expressions, and behaviors.

*anchored: 입각한, 뿌리박은

**01** 윗글의 빈칸에 들어갈 한 단어를 본문에서 찾아 쓰시오. (단, 필요시 어형을 바꿔 쓸 것) [4점]

＿＿＿＿＿＿＿＿＿＿

고난도

**02** 윗글의 밑줄 친 우리말과 일치하도록 보기 의 단어를 활용하여 조건 에 맞게 영작하시오. [10점]

보기　a different culture, another person, at a task, possible, from, feel frustrated

조건　1. 「가주어-진주어」 구문을 활용할 것
　　　2. to부정사의 의미상 주어를 활용할 것
　　　3. 총 16단어로 쓸 것

**[03~04] 다음 글을 읽고 물음에 답하시오.** 배화여자고등학교 2학년 중간고사 응용

In the 1960s, high jumper Dick Fosbury changed the event forever by jumping in an unexpected way. Instead of facing the bar in the traditional manner, he jumped over it backwards. The concept of center of mass is the key to understanding why this unusual technique, now known as the Fosbury Flop, was so successful. We have a center of mass, and it shifts as we change positions. When you stand straight up, (A) it is located within your belly, but it moves upwards when you raise your arms. Bend forward, and your center of mass moves to the area directly below your bent belly, where there is no mass at all. When jumpers perform the Fosbury Flop, their center of mass is actually located below their bodies. Using the traditional style, jumpers had to lift their center of mass above the bar to avoid hitting (B) it. But ⓐ Dick Fosbury는 그들에게 그들의 등이 아래를 향한 채로 막대를 뛰어넘는 방법을 보여주었다, which caused their center of mass to be below it.

\*center of mass: 질량 중심

**03** 윗글의 밑줄 친 (A)와 (B)가 각각 가리키는 것을 찾아 영어로 쓰시오. [4점]

(A) _____    (B) _____

**04** 윗글의 밑줄 친 우리말 ⓐ와 일치하도록 보기의 단어를 바르게 배열하여 문장을 완성하시오. [4점]

보기 with / clear / showed / facing down / how / Dick Fosbury / the bar / them / their backs / to

_____

(A) Do you advise your kids to keep away from strangers? That becomes a tall order as an adult, as you expand your network of friends and create potential business partners by ① meeting strangers. Throughout this process, however, analyzing people to understand their personalities ② are not all about potential economic or social benefit. There's, additionally, not only your safety but also the safety of your loved ones to think about. For those reasons, one profiler, ③ who is retired from the FBI, emphasizes the need to go beyond a person's superficial qualities in order to understand them. It is not safe, for instance, ④ to assume that a stranger is a good neighbor just because they're polite. Moreover, seeing them ⑤ to follow a routine of going out every morning well dressed doesn't mean that's the whole story. In fact, even a criminal can act kindly to manipulate your feelings and deceive you.

*tall order: 무리한 요구

**05** 윗글의 밑줄 친 (A)를 어법에 유의하여 우리말로 해석하시오. [4점]

_____

**06** 윗글의 밑줄 친 ①~⑤ 중 어법상 틀린 것을 2개 찾아 그 번호를 쓰고 고쳐 쓰시오. [4점]

(1) _____ → _____

(2) _____ → _____

Nutritionists say that maintaining our gut health matters. Food is one of the easiest ways to do this. Good microbes can be found in many of the foods we eat and whatever else gets to our mouths. By eating foods that contain beneficial bacteria, such as yogurt, kimchi, and natto, or choosing a diet packed with good, fresh nutrients, such as garlic, onions, and unprocessed grains rich in fiber, we can cultivate good microbes. On top of that, avoiding processed foods is important to protecting the germs that already exist in our bodies. Heavily processed foods such as frozen food, packaged snacks, and canned food not only lack beneficial bacteria but also contain chemicals that damage the good microbes in our guts.

**07** 윗글의 밑줄 친 문장을 not only를 강조하는 문장으로 바꿔 쓰시오. [4점]

Not only _____

_____, but they also contain chemicals that damage the good microbes in our guts.

**08** 보기에 주어진 단어를 바르게 배열하여 윗글의 제목을 완성하시오. [4점]

보기 Can / Guts / Keep / How / We / Our / Healthy

_____?

You need to understand that stress is not a disease. It is a normal reaction that almost everyone experiences. In fact, stress is a natural alarm system in your brain and body, going back to our primitive days. This involuntary response developed in our ancestors as a way to protect them from predators and other threats. Imagine you meet a tiger in the jungle. You have to fight it or run fast to save your life, so your body turns on its emergency system. This releases hormones into your blood, which speeds up your heart rate, increases your blood pressure, boosts your energy, and prepares you to deal with the problem. <u>Without this reaction, called the fight-or-flight response, the human race could not have survived in its early, tough natural environment.</u>

**고난도**

**09** 윗글의 밑줄 친 문장을 주어진 조건 에 맞게 바꿔 쓰시오. [9점]

> 조건   1. If로 시작할 것
>        2. 총 8단어로 쓸 것

_____, called the fight-or-flight response, the human race could not have survived in its early, tough natural environment.

**10** 보기 의 단어를 바르게 배열하여 윗글의 요약문을 완성하시오. [5점]

> 보기 developed from / a natural response / our ancestors' / that / to react / need / is

Stress _____ quickly to emergencies.

Computers are extremely poor at making inferences and deducing relationships. Computer programmers, Jeff Hawkins argues, take the wrong approach when trying to make machines do these things. They write programs that carry out top-down analysis, trying to match objects against predefined taxonomies. _____ _____, on the other hand, makes inferences and deduces relationships very quickly. By using the information stored in its neural circuitry, it can compare an unknown object to its nearest match. For example, an unfamiliar breed of dog is quickly recognized as a dog because the brain's neural representation of what a dog is matches closely to the dog's shape. The brain can quickly find matches and near-matches because its neurons are massively interconnected.

*top-down: 하향식의(구조적 계층을 위에서 아래로 구성해 가는 방식)
**taxonomy: 분류 체계   ***neural circuitry: 신경 회로

**11** 윗글의 밑줄 친 the wrong approach를 설명하는 부분을 찾아 우리말로 서술하시오. (40자 내외) [4점]

_____

**12** 윗글의 빈칸에 들어갈 두 단어를 본문에서 찾아 쓰시오. [4점]

_____ _____

[01~02] 다음 글을 읽고 물음에 답하시오. 2019년 고2 학력평가 응용

When choosing ① <u>which</u> kind of soup to buy at the supermarket, there's a lot of data to struggle with, such as calories, price, salt content, taste, and packaging. If you ② <u>were</u> a robot, you'd spend all day trying to make a decision without an obvious way to balance all the details. In order to land on a choice, you need some kind of a summary, which is ③ <u>that</u> the feedback from your body can give you. Considering your budget might make you feel nervous, thinking about eating the soup might cause feelings of hunger, or ④ <u>note</u> the rich, heavy ingredients might give you a stomachache. In this way, you can simulate your potential experience with each brand of soup. This helps your brain quickly place a value on each option, making you ⑤ <u>prefer</u> one direction or the other. You don't just extract the data from the soup cans—you feel it.

**01** 윗글의 밑줄 친 ①~⑤ 중 어법상 틀린 것을 2개 찾아 그 번호를 쓰고 고쳐 쓰시오. [4점]

(1) _____ → _____

(2) _____ → _____

**02** 윗글의 내용을 한 문장으로 요약하고자 한다. 빈칸 (A)와 (B)에 들어갈 알맞은 말을 본문에서 찾아 쓰시오. (단, (A)는 1단어, (B)는 2단어로 쓸 것) [5점]

_____(A)_____ from our bodies allows us to reach _____(B)_____ quickly and efficiently.

(A) _____          (B) _____

**[03~04] 다음 글을 읽고 물음에 답하시오.** 가야고등학교 2학년 중간고사 응용

Life is a balancing act, and so is our sense of morality. Research suggests that when we view ourselves as morally deficient in one part of our lives, we search for moral actions that will balance out the scale. Maybe you know you should be recycling but just never get around to gathering up your glass, paper, and plastics in time for the recycling truck. One day, you happen to notice how many disposable plastic coffee cups you go through each week, and you instantly decide to buy a reusable cup that you can carry with you. Your moral deficiency (not recycling) has been, in your view, _____ by a moral action (switching to a reusable cup). The problem is that the seesaw can also tip the other way: 우리가 이미 충분히 하고 있는 것처럼 느낄 때 우리는 그 이상을 할 동기가 거의 없다. The scale is level, so we stop trying to improve our behavior.

**03** 윗글의 빈칸에 들어갈 한 단어를 본문에서 찾아 쓰시오. (단, 필요시 어형을 바꿔 쓸 것) [4점]

_____

**04** 윗글의 밑줄 친 우리말과 일치하도록 보기 의 단어를 바르게 배열하여 문장을 완성하시오. [4점]

보기 little motivation / we / to / when / do more / we / have / feel like

_____ we're already doing enough.

One of the steps you can take to produce error-free writing is to distinguish the activity of proofreading from (A) <u>those</u> of editing. One way to increase mechanical correctness is to avoid editing and proofreading at the same time, as doing so can cause you (B) <u>focus</u> on what you intended to say rather than on what you actually wrote, resulting in missed errors. So, either proofread or edit first, rather than trying to do both together. If proofreading is what you choose to do first, focusing on surface errors like spelling or grammatical issues will allow you to address objective errors. This approach will help you resist the temptation to become distracted by what you've attempted to express along the way.

**고난도**

## 05

윗글의 밑줄 친 (A)와 (B)를 어법상 알맞은 형태로 고치고 그 이유를 쓰시오. [10점]

(A) 정답: _____

　　이유: _____

(B) 정답: _____

　　이유: _____

## 06

다음 문장이 들어가기에 가장 적절한 곳을 찾고 그곳의 뒤 문장의 첫 4단어를 쓰시오. [4점]

> Many writers regard them as one and the same, but they are clearly as different as coffee and tea.

_____

(A) <u>요즘 우리 중 그렇게나 많은 사람이 녹음된 음악에 끌리는 이유가 있다</u>, other than the fact that it has become so convenient to listen to. Recording engineers and musicians have learned to tickle our brains with certain sound effects. These effects exploit neural circuits that evolved to discern important sounds in our auditory environment. They are similar in principle to 3-D art, movies, and visual illusions. ⓐ <u>None of these, however, have been around long enough for our brains to have evolved special mechanisms to perceive them.</u> Rather, 3-D art, movies, and visual illusions leverage perceptual systems that are already in place to accomplish other things. Because they use these neural circuits in novel ways, we find them especially interesting. The same is true of the way that modern recordings are made.

*neural circuit: 신경 회로   **auditory: 청각의   ***leverage: 이용하다

**고난도**

**07** 윗글의 밑줄 친 우리말 (A)와 일치하도록 보기 의 단어를 조건 에 맞게 배열하시오. [9점]

보기 a reason / there / attract / so many of us / be / to / recorded music / why

조건   1. 수동태 표현을 활용할 것
　　　 2. 필요시 단어를 중복하거나 어형을 바꿔 쓸 것

these days

**08** 윗글의 밑줄 친 문장 ⓐ를 어법에 유의하여 우리말로 해석하시오. [4점]

The Eastgate Centre was constructed without a conventional cooling system. Instead, it was made with building materials that can store large amounts of heat, which was an idea inspired by the mounds built by termites. The building's floors and walls absorb heat during the day and then release it at night. The rising warm air and falling cold air also create a natural ventilation system. 결과적으로, Eastgate Centre의 방문자들은 서늘한 온도뿐만 아니라 신선한 공기도 즐긴다. More importantly, the Eastgate Centre uses less energy and creates less pollution than other buildings. Without the inspiration received from tiny termites, none of this would have been possible. This kind of biomimicry is being used to solve problems in other fields as well, including robotics and agriculture. It may also help human beings feel closer to nature, making us more likely to stop destroying the environment and start becoming part of it instead.

*termite: 흰개미   **ventilation: 환기   ***biomimicry: 자연 모방

**09** 윗글의 밑줄 친 우리말과 일치하도록 보기의 단어를 활용하여 영작하시오. (단, 필요시 단어를 추가할 것) [5점]

보기  cool temperatures, not, fresh air, enjoy, also

As a result, visitors to the Eastgate Centre _____.

**10** 윗글의 내용을 한 문장으로 요약하고자 한다. 빈칸 (A)와 (B)에 들어갈 알맞은 말을 보기에서 골라 쓰시오. (단, 필요시 어형을 바꿔 쓸 것) [4점]

보기  competition    copy    solve    harmony    remove

The Eastgate Centre's natural cooling and ventilation systems were ___(A)___ from structures built by termites, which is a type of biomimicry that may encourage humans to live in ___(B)___ with nature.

(A) _____        (B) _____

How can you tell when spring is on its way? There are many signs—buds appear on the trees, birds sing, and the days get longer. Some of you might notice the coming of spring simply because your allergies get worse. Whatever the case, if you've noticed any of these things, you've already been practicing phenology. Phenology is the study of nature's calendar based on the seasonal and cyclical changes in plants and animals, such as the flowering of plants and the migration of birds. The timing of these events is directly impacted by the local weather and aspects of the climate, including sunlight, temperature, and rainfall. Phenology provides valuable information to professionals in many different fields. For instance, firefighters and first responders use phenology to determine where and when the fire season will begin. Farmers also use phenology in order to decide the best time to use pesticides on their crops.

*phenology: 생물 계절학

**11** 윗글의 밑줄 친 these events가 가리키는 것을 본문에서 찾아 우리말로 쓰시오. (15자 내외) [3점]

_____

**12** 윗글의 내용을 바탕으로 주어진 질문에 영어로 답하시오. [4점]

Q: What do farmers use phenology for?
A: _____

**[01~02] 다음 글을 읽고 물음에 답하시오.** 영어 II 교과서 응용

Regina Martin, a young dance teacher, was afraid of getting old and losing her youthful looks. She even found it uncomfortable to be around elderly people. To overcome this fear, she took part in an experiment in which she had to look and act like an elderly person. As part of the experiment, Regina worked at a grocery store that many elderly people visit. Thinking that they would be boring and stuffy, she was reluctant to have conversations with them at first. She met older people who still enjoyed bike riding and others who liked playing video games. At her retirement complex, Regina joined a companionship group, and she was surprised to find that older people could still fall in love and suffer from broken hearts. Her new friendships continued to grow stronger over the next couple of weeks, 그리고 그녀는 마치 자신이 그들의 또래인 것처럼 느끼기 시작했다.

**01** 다음 문장이 들어가기에 가장 적절한 곳을 찾고, 그곳의 앞 문장 마지막 2단어와 뒤 문장 첫 4단어를 쓰시오. [4점]

> However, she soon found it very enjoyable to talk with them.

앞 문장의 마지막 2단어: _____

뒤 문장의 첫 4단어: _____

**02** 윗글의 밑줄 친 우리말과 일치하도록 보기 의 단어를 바르게 배열하여 문장을 완성하시오. [4점]

보기 she / and / feel / were / began / as / she / to / if / their peer

_____

**[03~04] 다음 글을 읽고 물음에 답하시오.** 2020년 고2 학력평가 응용

Some developing countries tend to excessively _____ _____ their most abundant natural resources, which generates a lower productive diversification and a lower rate of growth. Resource abundance is not necessarily harmful, as many countries with abundant natural resources have managed to outgrow their dependence on them by diversifying their economic activity. That was the case in Canada, Australia, and the U.S., to name but a few. But some developing countries are trapped in their dependence on their own natural resources. They suffer from a series of problems, since a heavy dependence on natural capital tends to exclude other types of capital and thereby interferes with economic growth.

**03** 윗글의 빈칸에 들어갈 두 단어를 본문에서 찾아 쓰시오. (단, 필요시 어형을 바꿔 쓸 것) [4점]

_____ _____

**04** 보기 에 주어진 단어를 바르게 배열하여 윗글의 제목을 완성하시오. (단, 필요시 어형을 바꿔 쓸 것) [5점]

보기 Economic / Face / Nations / The Negative / by / Consequences / Resource-Rich

_____

Where does one start when writing the history of water management? It was probably taking place as far back as six million years ago, a time at which a common ancestor of both humans and chimpanzees walked the earth. _____ from hollow tree trunks to their mouths. Therefore, we can assume that our ancestors were not only doing the same thing but also carrying water short distances, whether cupped in their hands, in skin containers, or within folded leaves. While we lack any direct archaeological evidence for such water carrying, it is implied by the remains of camping or activity sites finding in locations distant from water sources. Such evidence is itself problematic, however. This is because sufficiently detailed environmental reconstructions to pinpoint the specific location of the nearest body of water are difficult for early periods of prehistory.

고난도

**05** 보기 의 단어를 활용하여 조건 에 맞게 윗글의 빈칸을 완성하시오. [8점]

보기 chimpanzees, use, leaves, for, transport, water

조건 1. 〈보기〉의 단어를 순서대로 활용할 것
2. 현재시제로 쓸 것
3. 「be known to-v」 구문을 활용할 것
4. 특정 동사를 동명사로 바꿔 쓸 것

고난도

**06** 윗글에서 어법상 틀린 것을 1개 찾아 고쳐 쓰시오. [8점]

_____ → _____

One way people make decisions more manageable is by reducing the number of consequences they consider. They're especially likely to ignore consequences that they think will affect few people. But consequences that affect a small percentage of people can still be serious. For example, a highly beneficial drug may have positive consequences for many patients and adverse consequences for a few. But what if those adversely affected people could die? Obviously, even though a small number of patients are affected, you wouldn't want to ignore such serious consequences. When you face this kind of situation, 여러분이 내리려는 결정에 의해 영향을 받게 될 폭넓은 범위의 사람들을 고려하는 것이 도움이 된다. They should include individuals who disagree with you and those with the most to lose. Once you have ascertained what consequences they're concerned about and why, you can incorporate this information into your decision.

**07** 윗글의 밑줄 친 우리말과 일치하도록 보기 의 단어를 활용하여 조건 에 맞게 영작하시오. [6점]

> 보기  a broad range of, will, helpful, people, consider, affect

> 조건  1. 「가주어-진주어(to-v)」 구문을 활용할 것
> 2. 주격 관계대명사 who를 활용할 것
> 3. 총 14단어로 쓸 것

_____

by the decision you're making

**08** 보기 의 단어를 바르게 배열하여 윗글의 요약문을 완성하시오. [5점]

> 보기  people / that / affect / be / a small number of / should / taken into consideration / consequences

> When making decisions, even _____,
> along with those who will potentially face them.

Intergroup contact is more likely to reduce stereotyping and create ____(A)____ attitudes if it is backed by social norms that promote equality among the groups. If the norms support openness, friendliness, and mutual respect, the contact has a greater chance of changing attitudes and reducing prejudice than if ⓐ they do not. Intergroup contact that is institutionally supported, meaning that it has been sanctioned by an outside authority or established customs, is more likely to produce positive changes than contact that is unsupported. Without institutional support, members of an in-group may be reluctant to interact with outsiders because ⓑ they feel doing so is deviant or simply inappropriate. With the presence of institutional support, however, contact between groups is more likely to be seen as appropriate, expected, and worthwhile. For instance, with respect to desegregation in elementary schools, there is evidence that students were ____(B)____ highly motivated and learned more in classes conducted by teachers (that is, authority figures) who supported rather than opposed desegregation.

*sanction: 승인하다 **desegregation: 인종 차별 폐지

**09** 윗글의 빈칸 (A)와 (B)에 들어갈 말을 보기 에서 골라 쓰시오. [3점]

> 보기 aggressive    favorable    more    variable    less

(A) _____    (B) _____

**10** 윗글의 밑줄 친 ⓐ와 ⓑ가 각각 가리키는 것을 찾아 영어로 쓰시오. [4점]

ⓐ _____    ⓑ _____

The introduction of the potato to Europe in the 16th century changed the continent. ① Not only were potatoes grow well in much of Europe but they also contained lots of nutrients. Once Europeans began to grow potatoes, their food supplies _____(A)_____ dramatically in both quantity and quality. ② Throughout Europe, potatoes quickly became the main source of nutrition for the majority of common people. ③ Potatoes were being grown on most European farms by the end of the 18th century, allowing Europe to feed it at long last. Many Europeans escaped famines, and the populations of European nations _____(B)_____ rapidly during the 19th century. Furthermore, the potato indirectly led to the Industrial Revolution in 19th-century England. ④ Potatoes were easier to grow than many other crops, so fewer people were needed for farming. ⑤ People who no longer worked on farms went to cities and became factory workers, which enabled new manufacturing industries to grow quickly.

**11** 윗글의 밑줄 친 ①~⑤ 중 어법상 틀린 것 2개를 찾아 바르게 고쳐 쓰시오. (단, 틀린 기호를 쓰고, 틀린 부분과 바르게 고친 내용만 쓸 것) [4점]

(1) _____  _____  →  _____

(2) _____  _____  →  _____

**12** 윗글의 빈칸 (A)와 (B)에 공통으로 들어갈 알맞은 말을 한 단어로 쓰시오. (단, 주어진 철자로 시작하고 어법에 맞게 쓸 것) [5점]

i_____

**[01~02] 다음 글을 읽고 물음에 답하시오.** 목포혜인여자고등학교 2학년 기말고사 응용

Many convenience stores are open 24 hours a day, 365 days a year. So why do they bother to install doors with locks when they never lock their doors? It is always possible, of course, that an emergency could force such a store (A) <u>close</u> at least briefly. In the wake of Hurricane Katrina, for example, residents of New Orleans had to evacuate their properties with little notice. But even if the possibility of closing could be ruled out with certainty, ⓐ <u>가게가 자물쇠 없는 문을 구입하는 것이 유리하다고 생각할지는 의심스럽다</u>. Most businesses are not open 24 hours a day, so the majority of industrial doors (B) <u>is</u> made with locks on them. These establishments have obvious reasons for wanting locks on their doors. So, given that most industrial doors are sold with locks on them, it is probably cheaper to make all doors the same way.

*evacuate: 떠나다, 피난하다

**01** 윗글의 밑줄 친 (A)와 (B)를 어법상 알맞은 형태로 고쳐 쓰시오. [3점]

(A) _____ (B) _____

**02** 윗글의 밑줄 친 우리말 ⓐ와 일치하도록 보기 의 단어를 바르게 배열하여 문장을 완성하시오. (단, 필요시 어형을 바꿔 쓸 것) [5점]

> 보기 doubtful / it / that / a store / find / would / it / is / without locks / advantageous / doors / purchase

_____

**[03~04] 다음 글을 읽고 물음에 답하시오.** 영어 II 교과서 응용

In some universities, big data analysis is already being used to predict the probable success or failure of certain students. Data analysts can predict if intervention is needed or not by scanning through thousands of personal and academic student records. Certain behaviors seem to be informative, such as how often students see advisers and tutors or whether they take a course out of sequence. Some universities have found that students' performance in "predictor" courses is often a good indicator of whether they will graduate or not. Based upon this big data analysis, many universities maintain a list of courses that might signal a need for intervention. 만약 한 학생이 이전에 성공한 학생의 길을 벗어난다면, 조언자들은 그들이 접촉하여 안내를 제공할 수 있도록 알림 받을 수 있다.

고난도

**03** 윗글의 밑줄 친 우리말과 일치하도록 보기 의 단어를 활용하여 조건 에 맞게 영작하시오. [10점]

보기 advisers, offer, can, reach out, alert, guidance, and

조건
1. 수동태 표현을 활용할 것
2. 「so that ~ can ...」 구문을 활용할 것
3. 필요시 단어를 추가할 것
4. 총 13단어로 쓸 것

If a student leaves the path of previous successful students, _____

_____.

**04** 보기 에 주어진 단어를 바르게 배열하여 윗글의 제목을 완성하시오. [4점]

보기 Is / How / Helping / Students / Educators / Big Data / Guide

_____

Many employers tend to focus on first impressions when interviewing job candidates. This often results in them (A) to ignore the talent and intelligence that we possess and, as a result, we don't get the job we want. Just being smart or competent is simply not enough. The way we present ourselves can speak more powerfully of the skills we bring to the table if we actively cultivate that presentation. Nobody likes to be crossed off the list ⓐ 그들이 누구인지를 다른 사람들에게 보여줄 기회를 제공받기 전에. Being able to tell your story from the moment you meet other people is a skill that must be actively cultivated in order to send the message (B) which you're someone to be considered and the right person for the position. For that reason, it's important that we all learn how to say the appropriate things in the right way and to present ourselves in a way that appeals to other people—tailoring a great first impression.

**고난도**

**05** 윗글의 밑줄 친 (A)와 (B)를 어법상 알맞은 형태로 고치고 그 이유를 쓰시오. [10점]

(A) 정답: _____

　이유: _____

(B) 정답: _____

　이유: _____

**06** 윗글의 밑줄 친 우리말 ⓐ와 일치하도록 보기의 단어를 바르게 배열하여 문장을 완성하시오. [4점]

> 보기　who / before / given / to / they / show / being / others / are / the opportunity

_____

Marketing management is concerned not only with finding and increasing demand but also with changing or even reducing it. For example, Mount Everest faces a growing number of inexperienced tourists coming to climb it, and locals of the Hawaiian Islands struggle to deal with overcrowding during the summer holidays. Even power companies sometimes have trouble meeting demand during peak usage periods. It has been argued that more countries should invest in renewable energy to reduce our electric bills. To deal with excess demand, some marketers use what is called demarketing to decrease demand temporarily or permanently. The aim of demarketing is not to completely destroy demand, but only to reduce or shift it to another time, or even another product. Thus, marketing management seeks to affect the level, timing, and nature of demand in a way that helps the organization achieve its objectives.

**07** 윗글에서 전체 흐름과 관계 <u>없는</u> 문장을 찾고 그 문장의 첫 5단어를 쓰시오. [3점]

_____

**08** 윗글의 내용을 한 문장으로 요약하고자 한다. 빈칸 (A)와 (B)에 들어갈 알맞은 말을 본문에서 찾아 쓰시오. (단, 주어진 철자로 시작할 것) [4점]

Faced with ____(A)____ demand, a marketer can use demarketing in order to ____(B)____ demand and to control it so that it doesn't overwhelm the business.

(A) e_____ (B) r_____

Rules can ① be thought of as formal types of game cues. They tell us the structure of the test, that is, what should be accomplished and how we should accomplish it. Thinking about rules in this way ② brings about a problem that is artificial yet intelligible. Only within the rules of the game of, say, basketball or baseball ③ does the acts of shooting a jump shot or tagging a runner make sense and take on value. It is precisely the artificiality created by the rules, the distinctive problem to be solved, ④ what gives sport its special meaning. In this way, shooting a basketball into a hoop without a ladder and pitching around 60 feet from home plate become important human goals. (A) Respecting the rules appears to preserve sport as well as to make room for the creation of excellence and the emergence of meaning. Engaging in acts that would be considered inconsequential in ordinary life can also be liberating, allowing us ⑤ to explore our capabilities in a protected environment.

*inconsequential: 중요하지 않은

**09** 윗글의 밑줄 친 ①~⑤ 중 어법상 틀린 것을 2개 찾아 그 번호를 쓰고 고쳐 쓰시오. [4점]

(1) _____ → _____

(2) _____ → _____

**10** 윗글의 밑줄 친 문장 (A)를 「가주어 it-진주어(that절)」 구문을 활용하여 바꿔 쓰시오. [4점]

It appears _____

_____ and the emergence of meaning.

Above all, people consider safety and functionality nonnegotiable when implementing projects in the built environment. But the aesthetics of a new project—how it is designed—is too often considered    (A)   . The question of how its design affects human beings is rarely asked. It is common to simply believe that design makes something decorative, and that this differentiates architecture from building, just as the Washington National Cathedral differs from the local community church. This    (B)    between architecture and building—or more generally, between design and utility—couldn't be more wrong, however. More and more, we are learning that the design of all our built environments _____ⓐ_____. All kinds of design elements    (C)    people's experiences, not only of the environment but also of themselves. They shape our cognition, emotions, and actions, and even our well-being. As a result, they actually help constitute our very sense of identity.

**11** 윗글의 빈칸 (A)~(C)에 들어갈 말을 보기 에서 골라 쓰시오. [4점]

> 보기 influence    irrelevant    critical    observation    distinction    restrain

(A) _____    (B) _____    (C) _____

**12** 보기 의 단어를 바르게 배열하여 윗글의 빈칸 ⓐ를 완성하시오. [5점]

> 보기 so much / be / matters / safety and functionality / must not / that / our only priorities

## 지은이

**NE능률 영어교육연구소**

NE능률 영어교육연구소는 혁신적이며 효율적인 영어 교재를 개발하고
영어 학습의 질을 한 단계 높이고자 노력하는 NE능률의 연구 조직입니다.

# 필히 통하는 고등 서술형 〈실전편〉

| | |
|---|---|
| 펴 낸 이 | 주민홍 |
| 펴 낸 곳 | 서울특별시 마포구 월드컵북로 396(상암동) 누리꿈스퀘어 비즈니스타워 10층 |
| | ㈜ NE능률 (우편번호 03925) |
| 펴 낸 날 | 2023년 1월 5일 초판 제1쇄 발행 |
| | 2023년 4월 15일 제3쇄 |
| 전 화 | 02 2014 7114 |
| 팩 스 | 02 3142 0356 |
| 홈 페 이 지 | www.neungyule.com |
| 등 록 번 호 | 제1-68호 |
| I S B N | 979-11-253-4071-3 53740 |
| 정 가 | 17,000원 |

NE 능률

## 고객센터

교재 내용 문의 : contact.nebooks.co.kr (별도의 가입 절차 없이 작성 가능)
제품 구매, 교환, 불량, 반품 문의 : 02-2014-7114
☎ 전화문의는 본사 업무시간 중에만 가능합니다.

# NE능률 교재 MAP

아래 교재 MAP을 참고하여 본인의 현재 혹은 목표 수준에 따라 교재를 선택하세요.
NE능률 교재들과 함께 영어실력을 쑥쑥~ 올려보세요!
MP3 등 교재 부가 학습 서비스 및 자세한 교재 정보는 www.nebooks.co.kr 에서 확인하세요.

문법
구문

| 초1-2 | 초3 | 초3-4 | 초4-5 | 초5-6 |
|---|---|---|---|---|
| | 그래머버디 1 | 그래머버디 2 | 그래머버디 3 | Grammar Bean 3 |
| | 초등영어 문법이 된다 Starter 1 | 초등영어 문법이 된다 Starter 2 | Grammar Bean 1 | Grammar Bean 4 |
| | | 초등 Grammar Inside 1 | Grammar Bean 2 | 초등영어 문법이 된다 2 |
| | | 초등 Grammar Inside 2 | 초등영어 문법이 된다 1 | 초등 Grammar Inside 5 |
| | | | 초등 Grammar Inside 3 | 초등 Grammar Inside 6 |
| | | | 초등 Grammar Inside 4 | |

| 초6-예비중 | 중1 | 중1-2 | 중2-3 | 중3 |
|---|---|---|---|---|
| 능률중학영어 예비중 | 능률중학영어 중1 | 능률중학영어 중2 | Grammar Zone 기초편 | 능률중학영어 중3 |
| Grammar Inside Starter | Grammar Zone 입문편 | 1316팬클럽 문법 2 | Grammar Zone 워크북 기초편 | 1316팬클럽 문법 3 |
| 원리를 더한 영문법 STARTER | Grammar Zone 워크북 입문편 | 문제로 마스터하는 중학영문법 2 | 고득점 독해를 위한 중학 구문 마스터 2 | 문제로 마스터하는 중학영문법 3 |
| | 1316팬클럽 문법 1 | Grammar Inside 2 | 원리를 더한 영문법 2 | Grammar Inside 3 |
| | 문제로 마스터하는 중학영문법 1 | 열중 16강 문법 2 | 중학영문법 총정리 모의고사 2 | 열중 16강 문법 3 |
| | Grammar Inside 1 | 고득점 독해를 위한 중학 구문 마스터 1 | 쓰기로 마스터하는 중학서술형 2학년 | 고득점 독해를 위한 중학 구문 마스터 3 |
| | 열중 16강 문법 1 | 원리를 더한 영문법 1 | 천문장 입문 | 중학영문법 총정리 모의고사 3 |
| | 쓰기로 마스터하는 중학서술형 1학년 | 중학영문법 총정리 모의고사 1 | | 쓰기로 마스터하는 중학서술형 3학년 |

| 예비고–고1 | 고1 | 고1-2 | 고2-3 | 고3 |
|---|---|---|---|---|
| 문제로 마스터하는 고등영문법 | Grammar Zone 기본편 1 | 필히 통하는 고등영문법 실력편 | Grammar Zone 종합편 | |
| 올클 수능 어법 start | Grammar Zone 워크북 기본편 1 | TEPS BY STEP G+R Basic | Grammar Zone 워크북 종합편 | |
| 천문장 기본 | Grammar Zone 기본편 2 | 필히 통하는 고등 서술형 실전편 | 올클 수능 어법 완성 | |
| | Grammar Zone 워크북 기본편 2 | | 천문장 완성 | |
| | 필히 통하는 고등영문법 기본 | | | |
| | 필히 통하는 고등 서술형 기본편 | | | |

| 수능 이상/ 토플 80-89· 텝스 600-699점 | 수능 이상/ 토플 90-99· 텝스 700-799점 | 수능 이상/ 토플 100· 텝스 800점 이상 | | |
|---|---|---|---|---|
| TEPS BY STEP G+R 1 | TEPS BY STEP G+R 2 | TEPS BY STEP G+R 3 | | |

시험에 꼭 나오는 **서술형 유형**만을 담았다!

# 필히 통하는 고등

# 서술형

## 정답 및 해설

## 실전편

## UNIT 01 주어-동사의 수 일치 (1)

[기출 문제로 내신 만점 공략]
당신을 신경 쓰이게 하고 있는 무엇이든지 적는 것은 당신이 기분이 어떤지를 더 잘 이해하는 데 도움이 된다.

[대표 예문]
1 누군가의 상황을 깊이 이해하는 것은 당신이 그들의 입장에서 생각해보는 것을 필요로 한다.
2 이 학교 학생들의 수는 과거에 훨씬 더 컸다.
3 인간의 행동이 환경 혹은 유전적 특질의 결과인지는 여전히 전 세계의 많은 교수들에 의해 치열하게 논의된다.

### 문장 완성 *Practice*                                    p.18

### A

1 lends → lend   2 O   3 were → was

문장 해석 |
1 많은 도서관들이 책뿐만 아니라 CD, DVD, 그리고 다른 멀티미디어 자료도 빌려준다.
2 다음 날에 당신이 필요할 모든 것을 준비하는 것은 그날을 더 순조롭게 흘러가도록 만든다.
3 그 여행에 관해 나를 가장 실망시켰던 것은 내가 카메라를 가져갈 것을 완전히 잊어버렸다는 것이었다.

문제 해설 |
1 「a number of+복수 명사」는 복수 취급하므로 lends를 lend로 고쳐야 한다.
2 동명사구 주어는 단수 취급하므로 단수 동사가 쓰인 해당 문장은 적절하다.
3 관계대명사 what이 이끄는 절은 단수 취급하므로 were를 was로 고쳐야 한다.

### B

1 depends on how the selection process is carried out
2 What genre of music you prefer the most is
3 A number of companies that ran exaggerated advertisements were

문제 해설 |
1 의문사절 주어이므로 단수 동사 depends on을 쓰고 목적어 자리에 의문사절을 「의문사+주어+동사」의 어순으로 쓴다.

2 의문사절(What ~ the most) 다음에 단수 동사 is를 쓴다.
3 주어 자리에 「A number of+복수 명사」와 이를 수식하는 주격 관계대명사절(that ~ advertisements)을 쓰고 이어서 복수 동사 were를 쓴다.

### C

1 What many people do not realize is
2 proves that genes have nothing to do with success
3 is a good way to understand a novel

문제 해설 |
1 관계대명사 what이 이끄는 절(What many people do not realize)을 주어로 쓴 후 단수 동사 is를 쓴다.
2 「the number of+복수 명사」는 단수 취급하므로 단수 동사 proves를 쓰고 목적어로 that절을 이어서 쓴다.
3 주어로 쓰인 동명사구는 단수 취급하므로 단수 동사 is를 쓰고 보어로 a good way와 이를 수식하는 to부정사구 to understand a novel을 쓴다.

어휘 |
genetics 유전학; *유전적 특질 (gene 유전자)   academic 교수   determine 알아내다, 밝히다; *결정하다   exaggerated 과장된   have nothing to do with ~와는 전혀 관계가 없다

## UNIT 02 주어-동사의 수 일치 (2)

[기출 문제로 내신 만점 공략]
케이블 TV의 성장으로 나타난 '24시간'의 뉴스 순환은 이제 과거의 것이다.

[대표 예문]
1 미래가 어떤 모습일지 알아보는 능력은 많은 기업가들이 가진 것이다.
2 설문조사 참여자들 중 3분의 1이 그들의 도시에서 더 많은 공원과 나무를 보고 싶다고 말한다.

### 문장 완성 *Practice*                                    p.20

### A

1 was → were   2 O   3 show → shows   4 are → is
5 is → are

문장 해석 |
1 이 골동품 탁자 위에 있는 찻잔들은 나의 할머니로부터 내게 전해져 내려왔다.
2 대부분의 문제들을 해결하는 가장 빠른 방법은 흔히 가장 단순한 방

법이므로, 너무 많이 생각하지 않는 것이 최선이다.
3 세계에서 가장 유명한 사진작가들 중 한 명에 의해 촬영된 이 사진은 전쟁의 참상을 보여준다.
4 흥미롭게도, 이 마라톤에서 달리고 있는 그 올림픽 금메달리스트들 각각은 기량이 좋은 주자들로 잘 알려진 국가인 케냐 출신이다.
5 바닷속에 있는 대부분의 플라스틱 조각들은 너무나 작기 때문에 바다를 청소할 실질적인 방법이 없다.

문제 해설 |

1 핵심 주어는 The teacups이고 that are on this antique table은 핵심 주어를 수식하는 관계사절이므로 was를 were로 고쳐야 한다.
2 핵심 주어는 The quickest way이고 to solve most problems는 핵심 주어를 수식하는 to부정사구로, 단수 동사가 쓰였으므로 해당 문장은 적절하다.
3 핵심 주어는 This photo이고 taken by ~ in the world는 핵심 주어를 수식하는 과거분사구이므로 show를 shows로 고쳐야 한다.
4 「each+of+복수 명사」 형태의 주어는 단수 취급하므로 are를 is로 고쳐야 한다.
5 「부분 표현+of+명사」 구문으로, of 뒤의 명사가 the plastic particles로 복수이므로 is를 are로 고쳐야 한다.

### B

1 is what I need to focus on studying
2 are under investigation for neglecting their duties
3 fewer than one-fifth of US adults say

문제 해설 |

1 핵심 주어가 형용사구의 수식을 받는 Some place로 단수이므로 동사 is를 쓴 뒤 보어 자리에 what이 이끄는 관계사절을 쓴다.
2 핵심 주어가 형용사구의 수식을 받는 The safety inspectors로 복수이므로 동사 are를 쓴다. 보어 자리에 under가 이끄는 전치사구를 이어서 쓴다.
3 fewer than 뒤에 「부분 표현+of+명사」 형태의 one-fifth of US adults를 쓴 다음, of 뒤의 명사에 수를 일치시켜 복수 동사 say를 쓴다.

### C

1 were reviewed by the company's accountants
2 is that they have two stomachs
3 is likely to be intense

문제 해설 |

1 핵심 주어가 현재분사구의 수식을 받는 The papers로 복수이므로 수동태 were reviewed를 쓰고 「by+행위자」를 이어서 쓴다.
2 「one+of+복수 명사」 형태의 주어는 단수 취급하므로 단수 동사 is를 쓰고 보어 역할을 하는 that절을 이어서 쓴다.
3 핵심 주어가 to부정사구의 수식을 받는 the pressure로 단수이므로 is likely to를 쓰고 be동사와 보어 intense를 이어서 쓴다.

어휘 |

emerge 나오다, 나타나다  entrepreneur 사업가[기업가]  renowned 유명한  particle (아주 작은) 입자[조각]  practical 현실적인, 실질적인  distraction (주의) 집중을 방해하는 것  neglect 무시하다; *(일 등을) 게을리하다, 소홀히 하다  investigation 수사, 조사  inspector 조사관, 감독관  power plant 발전소  accountant 회계사  digestion 소화  intense 극심한, 강렬한  pressure 압박, 압력  conform 따르다, 순응하다

## UNIT 03 3형식과 4형식 문장

[기출 문제로 내신 만점 공략]
물의 화학식인 $H_2O$는 우리에게 물 분자가 두 개의 수소 원자와 한 개의 산소 원자로 이루어져 있다는 것을 말해준다.

[대표 예문]
이 백화점은 그곳의 모든 고객에게 20%의 할인을 제공하고 있다.

문장 완성 *Practice*                              p.22

### A

1 for → to   2 to → for   3 O

문장 해석 |

1 내가 차를 세우게 되었을 때, 나는 창문을 내리고 경찰관에게 내 운전면허증을 건네주었다.
2 많은 친구들과 동료들이 Rachel에게 유아용 장난감과 책을 사줬는데, 그녀는 최근에 아기를 낳았다.
3 그 주방장은 우리를 보자마자 자동으로 우리가 매우 좋아하는 요리를 만들어 주기 때문에, 우리는 이 식당에 오면 주문을 할 필요가 없다.

문제 해설 |

1 동사 hand는 3형식 문장에서 간접목적어 앞에 전치사 to를 쓰므로 for를 to로 고쳐야 한다.
2 동사 buy는 3형식 문장에서 간접목적어 앞에 전치사 for를 쓰므로 to를 for로 고쳐야 한다.
3 because가 이끄는 절은 「주어+동사+간접목적어+직접목적어」 형태의 4형식 구조로, 동사 makes 뒤에 간접목적어 us와 직접목적어 our favorite dish가 왔으므로 해당 문장은 적절하다.

### B

1 handing one chimpanzee a large amount of food
2 giving the same name to different things
3 offer your kids the opportunity to learn dancing

문제 해설 |

1 handing 뒤에 간접목적어 one chimpanzee와 직접목적어 a

large amount of food를 차례로 써서 4형식 구조로 배열한다.

2 giving 뒤에 직접목적어 the same name과 전치사 to, 간접목적어 different things를 차례로 써서 3형식 구조로 배열한다.

3 offer 뒤에 간접목적어 your kids와 직접목적어 the opportunity to learn dancing을 차례로 써서 4형식 구조로 배열한다.

### C

1 send the necessary documents to you
2 Sally's parents got this car for her
3 show the history of space exploration to our audience

문제 해설 |

1 3형식 문장이 되도록 동사 send와 전치사 to를 써서 「send＋직접목적어＋to＋간접목적어」의 어순으로 쓴다.

2 3형식 문장이 되도록 동사 get과 전치사 for를 써서 「get＋직접목적어＋for＋간접목적어」의 어순으로 쓴다. 과거시제이므로 과거형 got으로 바꿔 쓴다.

3 3형식 문장이 되도록 동사 show와 전치사 to를 써서 「show＋직접목적어＋to＋간접목적어」의 어순으로 쓴다.

어휘 |

molecule 분자  hydrogen 수소  atom 원자  colleague 동료  give birth to (아이)를 낳다  explore 답사하다; *탐구[분석]하다 (exploration 탐사, 탐험)  captivity 감금, 억류  mathematician 수학자  document 서류, 문서  commute 통근[통학]하다

<br>

| UNIT 04 | 5형식 문장 (1) |

[대표 예문]

1 이 출장 연회 회사는 우리에게 우리의 모든 음식물 쓰레기를 저쪽에 있는 통에 버려달라고 요청했다.

2 많은 종교들은 삶을 개선하기 위해 특정한 일련의 규율을 따르도록 사람들을 설득한다.

문장 완성 *Practice*                                      p.24

### A

1 is urging Mr. Klein to step down from his position
2 allow patients to understand their body's strengths and weaknesses
3 do not permit the actor's fans to go backstage
4 encouraged his students to use both the internet and books
5 force citizens and businesses to consider

문제 해설 |

1 동사 is urging을 쓰고, 뒤에 목적어 Mr. Klein과 목적격보어 to step down from his position을 쓴다.

2 동사 allow를 쓰고, 뒤에 목적어 patients와 목적격보어 to understand their body's strengths and weaknesses를 이어서 쓴다.

3 동사 do not permit을 쓰고, 뒤에 목적어 the actor's fans와 목적격보어 to go backstage를 이어서 쓴다.

4 동사 encouraged를 쓰고, 뒤에 목적어 his students와 목적격보어 to use both the internet and books를 이어서 쓴다.

5 동사 force를 쓰고, 뒤에 목적어 citizens and businesses와 목적격보어 to consider를 이어서 쓴다.

### B

1 told the construction workers to cease their work
2 Driving instructors teach their students to drive
3 advised her son to go to the park
4 ordered the soldiers to head back
5 caused the audience to leave the theater
6 lead employees to be more cooperative

문제 해설 |

1 동사 told를 쓰고, 목적어 the construction workers 뒤에 목적격보어로 to부정사구 to cease their work를 쓴다.

2 동사 teach를 쓰고, 목적어 their students 뒤에 목적격보어로 to부정사 to drive를 쓴다.

3 동사 advised를 쓰고, 목적어 her son 뒤에 목적격보어로 to부정사구 to go to the park를 쓴다.

4 동사 ordered를 쓰고, 목적어 the soldiers 뒤에 목적격보어로 to부정사구 to head back을 쓴다.

5 동사 caused를 쓰고, 목적어 the audience 뒤에 목적격보어로 to부정사구 to leave the theater를 쓴다.

6 조동사 can 뒤에 동사원형 lead를 쓰고, 목적어 employees 뒤에 목적격보어로 to부정사구 to be more cooperative를 쓴다.

어휘 |

dispose of ~을 없애다[처리하다]  regulation 규칙, 규정  cease 중단시키다  cooperative 협력[협동]하는  upbeat 낙천적인, 명랑한, 쾌활한  workplace 직장, 업무 현장

<br>

| UNIT 05 | 5형식 문장 (2) |

[대표 예문]

1 그 시의 시장은 여름 축제가 대성공이었다고 공표했다.

2 30분 뒤에, 그들은 마침내 그 작은 새끼 고양이가 소파 아래에 숨어 있는 것을 발견했다.

3 셜록 홈스는 그 여자의 행동이 수상하다고 생각해서 그녀를 주의 깊게 지켜보았다.

## A

1 covering → covered   2 O   3 flied → fly[flying]
4 to disappear → disappear   5 O

문장 해석 |

1 나는 우리집 뒤뜰에서 내 친구의 신발이 진흙에 뒤덮여 있는 것을 발견했다.
2 예기치 않은 방문객들이 있을 경우에 대비해서, 나는 항상 내 방을 깨끗하고 정돈된 상태로 유지한다.
3 비행기가 이륙하기 전에, Chris는 창밖으로 새들이 비행기 날개 주변을 날아다니는 것을 보았다.
4 약을 먹는 것이 간단히 당신의 모든 증상을 사라지게 만들 것 같지는 않다.
5 Amy는 Charles가 그의 외투를 가지러 집안으로 뛰어 들어가는 동안 차의 시동을 켜두었다.

문제 해설 |

1 동사 found의 목적격보어로 분사가 쓰인 구조로, 신발은 진흙에 뒤덮여 있는 대상이므로 covering을 과거분사 covered로 고쳐야 한다.
2 동사 keep의 목적격보어로 형용사구 clean and orderly가 쓰인 구조로, 해당 문장은 적절하다.
3 지각동사는 목적어와 목적격보어의 관계가 능동일 때 목적격보어로 동사원형 또는 현재분사를 취하므로, flied를 fly 또는 flying으로 고쳐야 한다.
4 사역동사 make는 목적어와 목적격보어의 관계가 능동일 때 목적격보어로 동사원형을 취하므로, to disappear를 disappear로 고쳐야 한다.
5 동사 left의 목적격보어로 현재분사 running이 쓰인 구조로, 차가 작동하는 것이므로 해당 문장은 적절하다.

## B

1 You should let people make their own mistakes
2 heard birds singing outside of their tent
3 make your vision conform to the new reality
4 I thought him very unkind and insensitive

문제 해설 |

1 You should 뒤에 let을 쓰고 목적어 people과 목적격보어 make ~ mistakes를 이어서 쓴다.
2 heard 뒤에 목적어 birds를 쓰고 목적격보어로 singing ~ tent를 쓴다.
3 make 뒤에 목적어 your vision을 쓰고 목적격보어로 conform to ~ reality를 쓴다.
4 I thought 뒤에 목적어 him을 쓰고 목적격보어로 형용사구 very unkind and insensitive를 쓴다.

## C

1 had to have our temperatures taken
2 observed the lizards shed[shedding] their skin
3 found his glass of juice spilled[spilt]
4 noticed an unknown red car parked

문제 해설 |

1 조동사 had to 뒤에 동사원형 have를 쓰고 목적어 our temperatures를 쓴 다음, 체온은 측정되는 대상이므로 목적격보어로 과거분사 taken을 쓴다.
2 동사 observed 뒤에 목적어 the lizards를 쓰고, 도마뱀이 허물을 벗는 주체이므로 목적격보어 자리에 동사원형 shed 또는 현재분사 shedding을 쓴다.
3 동사 found 뒤에 목적어 his glass of juice를 쓴 다음, 주스잔이 엎질러진 대상이므로 목적격보어 자리에 과거분사 spilled[spilt]를 쓴다.
4 동사 noticed 뒤에 목적어 an unknown red car를 쓰고, 차가 주차된 대상이므로 목적격보어 자리에 과거분사 parked를 쓴다.

어휘 |

enthusiasm 열광; *열정, 열의   perfect 완벽하게 하다   declare 선언[포고]하다, 공표하다   suspicious 의심하는; *수상쩍은   keep a close eye on ~을 주의 깊게 보다   conduct (특정한 활동을) 하다   unpredictable 예측할 수 없는   auditorium 강당

## UNIT 01~05 서술형 핵심 구문 REVIEW TEST

### STEP 1 문장 완성

A

1 I gave the majority of my clothes to a local charity
2 Drinking enough water allows your body to maximize
3 A number of the world's greatest musicians were inspired
4 most people had already judged him guilty

B

1 The number of accidents in this region suggests
2 have the construction of the new building completed
3 The student council wants some students to volunteer
4 Amber's grandparents bought her the toy

### STEP 2 실전 문제 응용

[지문형 1]

The increase in the number of non-cash

transactions has been triggered

[지문형 2]

that don't allow us to deal with our emotions, that cause us to suppress

## A

1 전치사 to가 주어졌으므로 「gave+직접목적어+to+간접목적어」 형태의 3형식 문장으로 쓴다.

2 '충분한 물을 마시는 것'은 Drinking enough water로 나타내며, 동명사구 주어는 단수 취급하므로 단수 동사인 allows를 쓴다. 동사 allow는 목적격보어로 to부정사를 취하므로, 「allows+목적어 (your body)+목적격보어(to maximize ~)」의 어순으로 쓴다.

3 「a number of+복수 명사」는 복수 취급하므로 복수 동사인 were inspired를 쓴다.

4 동사구 had already judged 뒤에 목적어 him을 쓰고, 목적격보어로 형용사 guilty를 쓴다.

어휘 |

charity 자선 단체   maximize 극대화하다   inspire 영감을 주다 guilty 유죄인   suspect 용의자

## B

문제 해설 |

1 「the number of+복수 명사」는 단수 취급하므로 단수 동사 suggests를 쓴다.

2 건설이 완료되는 대상이므로 사역동사 have의 목적격보어로 과거분사 completed를 쓴다.

3 동사 want는 목적격보어로 to부정사를 취하므로, 「wants+목적어 (some students)+목적격보어(to volunteer ~)」의 어순으로 쓴다.

4 동사 buy가 쓰인 4형식 문장이 되도록 「bought+간접목적어+직접목적어」의 어순으로 쓴다.

어휘 |

construction 건설, 공사   student council 학생회   organize 준비[조직]하다

### 지문형 1

비현금 거래는 현재 현금 거래보다 훨씬 더 빠른 속도로 증가하고 있다. 전 세계적으로, 현금 없는 구매를 향한 변화가 일어나고 있다. 비현금 거래의 수에 있어서의 증가는 ICT로도 알려진 정보 통신 기술의 발전에 의해 촉발되어왔다. 이러한 새로운 기술은 보다 편리한 지불 수단으로 이어졌다. 신용카드의 사용에 있어서 폭발적인 증가가 있어왔는데, 그것은 인터넷으로 정보를 즉각 교환하는 은행, 판매자, 고객의 능력에 의해 촉진되어왔다. 인터넷이 더욱 대중화되고 컴퓨터 프로그래밍 기술이 더욱 정교화되면서, 인터넷 뱅킹과 인터넷 지불 시스템이 등장했다. 더욱 최근에는, 무선통신 기술과 스마트폰 덕분에 모바일 카드와 결제 앱이 도입되었다.

문제 해설 |

핵심 주어는 전치사구(in the number of non-cash transactions) 의 수식을 받는 The increase로 단수이므로, 동사를 has been triggered로 쓴다.

구문 분석 |

[4행] There has been an explosive increase in the use of credit cards, [which has been facilitated by the ability of banks, sellers, and customers {to exchange information instantly over the internet}].

▶ [ ]는 앞 절 전체를 선행사로 하는 계속적 용법의 관계대명사절이다. { }는 the ability of ~ customers를 수식하는 형용사적 용법의 to 부정사구이다.

어휘 |

transaction 거래   shift 변화   advancement 발전, 진보   convenient 편리한   means 수단, 방법   explosive 폭발적인   facilitate 용이하게 하다, 촉진[조장]하다   instantly 즉각, 즉시 sophisticated 세련된; *정교한, 복잡한

### 지문형 2

많은 사람들은 감정적으로 격양되어 있을 때, 슬픔과 공포 같은 더 깊은 원초적 감정을 숨기기 위해 분노에 의존한다. 그러나 이것은 진정한 해결책이 생기는 것을 허용하지 않는다. 감정적으로 화가 나는 상황으로부터 자신을 분리하는 것은 당신이 논리적인 방법으로 감정을 더 분명하게 표현할 수 있도록 당신이 진정으로 느끼고 있는 것을 더 잘 이해하기 위해 필요한 공간을 당신에게 제공한다. 우리가 우리의 감정에 대처하도록 허용해주지 않는, 혹은 우리로 하여금 그것들을 억누르도록 야기하는 상황에 직면할 때, 우리는 그러한 감정을 나중에 다른 사람들이나 상황에 전이할 수도 있다. 예를 들어, 좌절감을 주는 시험을 본 뒤 당신은 학교에서 당신의 감정을 억누를지도 모르지만 집에 돌아왔을 때 결국 당신 자신이 형제자매와의 무의미한 다툼에 감정을 표출하는 것을 발견하고 만다. 분명히, 당신의 분노는 집에서 비롯된 것이 아니었지만, 당신은 거기서 그것을 표출했다. 당신의 감정을 소화하고 분석할 시간을 가질 때, 당신은 그 상황과 전혀 관계가 없었던 사람들을 상처 주는 것을 피할 수 있다.

문제 해설 |

situations를 수식하는 두 관계대명사절이 등위접속사 or로 병렬 연결된 구조이다. 동사 allow와 cause는 to부정사를 목적격보어로 취하므로 「동사+목적어+to-v」의 어순으로 쓴다.

구문 분석 |

[1행] Many people rely on anger [to hide deeper primary emotions], ....

▶ [ ]는 목적을 나타내는 부사적 용법의 to부정사구이다.

[2행] [Separating yourself from emotionally upsetting situations] gives you the space [(which[that]) you need to better understand what you are truly feeling] **so that** you **can** more clearly articulate your emotions in a logical way.

▶ 첫 번째 [ ]는 문장의 주어 역할을 하는 동명사구이다. 두 번째 [ ]는 선행사 the space를 수식하는 목적격 관계대명사절로 which[that]가 생략되었다. 「so that+주어+can ....」은 '~가 …할 수 있도록'이라는 의미이다.

어휘 |

charge (값을) 청구하다; *(어떤 감정에) 가득 차게 하다   resolution 해결, 해답   articulate 분명히 표현하다   suppress (감정을) 참다[억누르다]   release 풀어 주다; *발산하다[표출시키다]   originate 비롯되다   digest (음식을) 소화하다; *(지식 등을) 소화하다, 완전히 이해하다   analyze 분석하다

## UNIT 06 현재완료와 과거완료

[기출 문제로 내신 만점 공략]
그 잡지가 그 탐험가의 이야기를 '후회 없는 한 사람의 인생'이라는 제목으로 소개했을 때, 그는 이미 그의 127개의 꿈 목록 중 104개를 실현한 상태였다!

[대표 예문]
1 국립 박물관에서 장면(신)을 촬영하는 것에 대한 허가가 아직 그 촬영팀에 주어지지 않았다.
2 그 유아는 그 소음에 일찍 잠이 깼는데도 낮잠이 필요한 기색을 전혀 보이지 않았다.

### 문장 완성 Practice                                    p.30

**A**

1 had → has   2 has → had   3 O

문장 해석 |

1 대학에 입학한 이후로, 그는 지금까지 주말마다 시간제 근무 직원으로 일해오고 있다.
2 그 연구원들은 이 현장 연구를 시작할 때까지 적도에서부터 그렇게 엄청난 거리를 이동하는 열대새의 종에 관해 전혀 들어본 적이 없었다.
3 그 공항의 외화 환전 키오스크는 저녁 시간 동안 문을 닫아 내일 아침까지 다시 열지 않을 것이다.

문제 해설 |

1 대학에 입학한 과거부터 현재까지 계속 일해오고 있다는 의미이므로 현재완료가 알맞다. 따라서 had를 has로 고쳐야 한다.
2 기준이 되는 과거 시점(started) 이전까지의 경험을 나타내므로 과거완료가 알맞다. 따라서 has를 had로 고쳐야 한다.
3 과거부터 문을 닫은 상태가 계속 이어지고 있음을 나타내는 현재완료를 사용한 문장으로, 해당 문장은 적절하다.

**B**

1 The talk show host had retired years earlier

2 The school festival had been canceled
3 has created ideal conditions for heavy fog and low visibility

문제 해설 |

1 팬들이 희망을 보이고 있는 과거 시점을 기준으로, 그 토크쇼 진행자가 은퇴한 것은 그 이전에 일어난 일이므로 과거완료 had retired를 쓴다.
2 학생회가 대체 행사를 계획하느라 바쁜 과거 시점을 기준으로, 학교 축제가 취소된 것은 그 이전에 일어난 일이므로 과거완료를 쓰며, 축제는 취소된 대상이므로 과거완료 수동태 had been canceled를 쓴다.
3 과거에 일어난 일이 현재까지 영향을 미치는 경우이므로 현재완료 has created를 쓴다.

**C**

1 A number of workers have been fired
2 Tourists who have been to the Grand Canyon
3 Marco's vacation in Italy had just ended

문제 해설 |

1 과거에 일어난 일이 현재까지 영향을 미치는 경우이며 많은 근로자들은 해고된 대상이므로, 현재완료 수동태 have been fired를 쓴다.
2 Tourists를 수식하는 주격 관계대명사절을 쓰고, 과거부터 현재까지의 경험을 나타내므로 현재완료를 쓴다.
3 과거 시점에 막 완료된 일을 나타내므로 과거완료를 쓰며, 부사 just는 had와 과거분사 사이에 쓴다.

어휘 |

grant 주다, 수여하다   migrate 이동하다   equator 적도   foreign currency 외화   alternative 대체 가능한, 대안이 되는   visibility 눈에 잘 보임, 가시성   abundance 풍부, 다량   expanse 광활한 공간

## UNIT 07 조동사 중요 구문

[대표 예문]
1 당신은 당신이 올해의 학자상 후보로 지명되었다는 것을 알게 되어 놀랐음이 틀림없다.
2 내 부모님은 나의 음악 소리를 줄이거나 내 방문을 닫아 둘 것을 요청하셨다.

### 문장 완성 Practice                                    p.32

**A**

1 reported → (should) report   2 O   3 must → should

**문장 해석 |**

1 그 학교는 캠퍼스에 들어오는 모든 방문객이 방문객 출입증을 받기 위해 행정실에 알릴 것을 요구했다.

2 비록 그 피해자가 자신이 속고 있다는 것을 확실히 알았을 리가 없긴 하지만, 그녀는 그 제안이 사실이기에는 너무 훌륭하다는 것을 깨달았어야 했다.

3 James는 그 질문에 답하지 못했다. 그는 그의 자존심을 지키기 위해 조용히 있는 대신에 그 개념을 완전히 이해한 것은 아니라고 인정했어야 했다.

**문제 해설 |**

1 required의 목적어로 쓰인 that절의 내용이 '~해야 한다'라는 당위성을 나타내므로 that절의 동사는 「(should+)동사원형」의 형태가 되어야 한다. 따라서, reported를 (should) report로 고쳐야 한다.

2 '~했을 리가 없다'의 의미는 「cannot have p.p.」로 나타내고 '~했어야 했는데 (하지 않았다)'의 의미는 「should have p.p.」로 나타내므로 해당 문장은 적절하다.

3 문맥상 '~했어야 했는데 (하지 않았다)'의 의미가 적절하므로 must를 should로 고쳐야 한다.

**B**

1 recommends that all unnecessary travel be delayed
2 its special effects could have been better
3 insisted that everyone remove their footwear

**문제 해설 |**

1 동사 recommends 뒤에 목적어로 that절을 쓰며, that절의 내용이 '~해야 한다'라는 당위성을 나타내므로 that절의 동사를 「(should+)동사원형」 형태의 be delayed로 쓴다.

2 '~했을 수도 있다'라는 의미는 「could have p.p.」로 나타낸다.

3 동사 insisted 뒤에 목적어로 that절을 쓰며, that절의 내용이 '~해야 한다'라는 당위성을 나타내므로 that절의 동사를 「(should+)동사원형」 형태의 remove로 쓴다.

**C**

1 asked that her phone number be removed
2 must have disrupted the national rail service
3 might have detected motion in the courtyard

**문제 해설 |**

1 동사 asked 뒤에 목적어로 that절을 쓰며, that절의 내용이 '~해야 한다'라는 당위성을 나타내므로 that절의 동사를 「(should+)동사원형」의 형태로 쓴다. 전화번호가 삭제되는 대상이므로 수동태 be removed로 쓴다.

2 '~했음이 틀림없다'라는 의미는 「must have p.p.」로 나타낸다.

3 '~했을지도 모른다'라는 의미는 「might have p.p.」로 나타낸다.

**어휘 |**

pack (짐을) 싸다; *(사람 등으로) 가득 채우다   nominate 지명하

다   scholar 학자   administrative office 행정실   victim 피해자[희생자]   grasp 붙잡다; *파악하다, 이해하다   outbreak (전쟁·질병 등의) 발생   subside 가라앉다, 진정되다   superb 최고의, 대단히 훌륭한   universally 일반적으로   disrupt 방해하다, 지장을 주다   indefinitely 무기한으로   detect 발견하다[감지하다]   courtyard 안마당, 안뜰

## UNIT 08 4형식과 5형식 문장의 수동태

**[대표 예문]**

1 Reggie는 그의 단짝에게 비밀 하나를 들었는데, 그는 그것을 다른 사람과 공유하지 말아달라고 부탁했다.

2 익사를 줄이기 위해, 많은 어린이가 어린 나이에 수영을 배운다.

### 문장 완성 *Practice*                                    p.34

**A**

1 spend → to spend   2 O   3 participating → to participate

**문장 해석 |**

1 수업을 빼먹다 걸린 그 학생들은 교장에 의해 방과 후 남는 것에 2주를 보내게 되었다.

2 교통 안전의 중요성에 관한 단편 영화가 운전면허 시험을 치를 준비를 하고 있던 학생들에게 보여졌다.

3 새로운 신입 회원들은 그들의 학업 일정이 허용하는 한 많은 동호회 활동에 참여하도록 권장되어야 한다.

**문제 해설 |**

1 사역동사 make의 목적격보어로 쓰인 동사원형은 수동태 문장에서 to부정사로 바뀌므로 spend를 to spend로 고쳐야 한다.

2 동사 show는 직접목적어를 주어로 하는 수동태를 만들 때 간접목적어 앞에 전치사 to를 쓰므로 해당 문장은 적절하다.

3 encourage는 목적격보어로 to부정사를 취하는 동사로, 목적격보어가 to부정사인 5형식 문장이 수동태가 되면 「be p.p.」 뒤에 to부정사를 그대로 쓴다. 따라서, participating을 to participate로 고쳐야 한다.

**B**

1 The laboratory rats were observed to respond
2 the composer was made to play complex compositions
3 No one will be allowed to cross this border

**문제 해설 |**

1 지각동사 observe의 목적격보어로 쓰인 동사원형은 수동태 문장에

서 to부정사로 바뀌므로 were observed 뒤에 to respond를 쓴다.

2 사역동사 make의 목적격보어로 쓰인 동사원형은 수동태 문장에서 to부정사로 바뀌므로 was made 뒤에 to play를 쓴다.

3 목적격보어가 to부정사인 5형식 문장이 수동태가 되면 「be p.p.」 뒤에 그 to부정사를 그대로 쓰므로 will be allowed 뒤에 to cross를 쓴다.

## C

1 was heard to whisper the exam answers to the student seated in the desk
2 were asked to spell some of the most difficult words in the English language
3 was offered to the person who provided the information leading to the arrest

문장 해석 |

1 그 교사는 Norman이 그의 앞에 있는 책상에 앉은 그 학생에게 시험 답안을 속삭이는 것을 들었다.
   → Norman이 그의 앞에 있는 책상에 앉은 그 학생에게 시험 답안을 속삭이는 것이 들렸다.
2 그 심사위원은 철자법 대회 참가자들에게 영어에서 가장 어려운 단어들 중 일부의 철자를 말하라고 요청했다.
   → 철자법 대회 참가자들은 영어에서 가장 어려운 단어들 중 일부의 철자를 말할 것을 요청받았다.
3 경찰은 공공 기물 파손자의 체포로 이어지는 정보를 제공한 그 사람에게 50,000달러의 현상금을 제안했다.
   → 50,000달러의 현상금이 공공 기물 파손자의 체포로 이어지는 정보를 제공한 그 사람에게 제안되었다.

문제 해설 |

1 지각동사의 목적격보어로 쓰인 동사원형은 수동태 문장에서 to부정사로 바뀌므로 was heard 뒤에 to whisper를 쓴다.
2 목적격보어가 to부정사인 5형식 문장이 수동태가 되면 「be p.p.」 뒤에 그 to부정사를 그대로 쓰므로 were asked 뒤에 to spell을 쓴다.
3 동사 offer는 직접목적어를 주어로 하는 수동태를 만들 때 간접목적어 앞에 전치사 to를 쓰므로 the person 앞에 to를 쓴다.

어휘 |

principal 학장; *교장   recruit 신병; *신입 회원   composition 구성 요소들; *(음악 등의) 작품   composer 작곡가   refugee 난민, 망명자   status 신분[자격]   contestant 참가자   reward 보상; *현상금

## UNIT 09 that절의 수동태

이 건물은 9세기에 지어졌던 것으로 추정된다.

[대표 예문]
사람들은 셰익스피어가 역대 최고의 극작가였다고 여긴다.
→ 셰익스피어는 역대 최고의 극작가였던 것으로 여겨진다.

## 문장 완성 *Practice*                                     p.36

## A

1 is said that fish is one of the healthiest foods / is said to be one of the healthiest foods
2 was claimed that Julie was responsible / was claimed to be responsible
3 is believed that an asteroid caused the dinosaurs / is believed to have caused the dinosaurs

문장 해석 |

1 사람들은 생선이 먹기에 가장 건강에 좋은 음식 중 하나라고 말한다.
   → 생선은 먹기에 가장 건강에 좋은 음식 중 하나라고 일컬어진다.
2 그들은 Julie가 그 계단의 수리에 책임이 있다고 주장했다.
   → Julie가 그 계단의 수리에 책임이 있다고 주장되었다.
3 사람들은 소행성이 공룡들로 하여금 멸종되게 했다고 생각한다.
   → 소행성이 공룡들로 하여금 멸종되게 했다고 생각된다.

문제 해설 |

1 가주어 It을 이용하여 It is said that ~으로 쓰거나 that절의 주어 fish가 수동태의 주어가 되도록 Fish is said to-v ~로 바꿔 쓸 수 있다.
2 가주어 It을 이용하여 It was claimed that ~으로 쓰거나 that절의 주어 Julie가 수동태의 주어가 되도록 Julie was claimed to-v ~로 바꿔 쓸 수 있다.
3 가주어 It을 이용하여 It is believed that ~으로 쓰거나 that절의 주어 an asteroid가 수동태의 주어가 되도록 An asteroid is believed to-v ~로 바꿔 쓸 수 있다. 이때, 생각된 것보다 공룡들을 멸종되게 한 것이 더 이전의 일이므로 완료부정사를 써야 한다.

## B

1 are known to have used marshmallows
2 is suggested that the more options we have
3 was found that a loose electrical wire was

문제 해설 |

1 수동태 are known을 쓰고, 알려져 있는 것보다 마시멜로를 이용한 것이 더 이전의 일이므로 to have used marshmallows를 쓴다.
2 가주어 It 뒤에 수동태 is suggested를 쓰고 진주어인 that절을 쓴다. '~할수록 더 …하다'의 의미는 「the+비교급, the+비교급」 구문으로 나타낸다.
3 가주어 It 뒤에 수동태 was found를 쓰고 진주어인 that절을 쓴다.

## C

1 are guaranteed to receive a bonus
2 are expected to go to Mars
3 are reported to have attended the party
4 is believed that Edmund Hillary and Tenzing Norgay were

문제 해설 |

1 수동태 are guaranteed를 쓰고 to부정사구 to receive a bonus 를 이어서 쓴다.
2 수동태 are expected를 쓰고 to부정사구 to go to Mars를 이어 서 쓴다.
3 수동태 are reported를 쓰고, 전해지는 것보다 파티에 참석한 것이 더 이전의 일이므로 완료부정사 to have attended the party를 이어서 쓴다.
4 '여겨진다'의 의미는 가주어 It 뒤에 수동태 is believed로 나타내고 이어서 진주어 that절을 쓴다. that절은 과거의 일을 나타내므로 동 사로 were를 쓴다.

어휘 |

estimate 추산[추정]하다   playwright 극작가, 각본가   extinct 멸 종된   guarantee 보장[약속]하다

## UNIT 10 여러 가지 수동태 표현

[기출 문제로 내신 만점 공략]
그 과업이 완료될 때까지 미완료된 과업을 쉽게 기억해 내는 우 리의 경향은 흔히 자이가르닉 효과로 불린다.

[대표 예문]
1 Drew는 다가오는 시험에 대해 걱정하여 그의 공부 습관을 개 선할 방법들을 찾아보는 중이다.
2 James는 자유 시간을 그의 가족의 배에서 자주 보내기 때문 에 '선장'으로 알려져 있다.

### 문장 완성 Practice                                    p.38

## A

1 from → of   2 of → with   3 O

문장 해석 |

1 가스상 거대 혹성으로 알려져 있는, 우리 태양계 내에서 보다 거대한 행성들은 암석으로 된 작은 중심부가 있고 주로 수소와 헬륨으로 이 루어져 있다.
2 그 노부부의 마음은 그들을 도와주기 위해 함께 모인 이웃들을 보고 기쁨으로 가득 찼다.
3 나는 내 상사로부터 그가 늦을 것이라는 것을 내게 알려주는 문자 메 시지를 받았는데, 그가 경미한 자동차 사고에 휘말렸기 때문이다.

문제 해설 |

1 '~로 이루어져 있다'의 의미는 「be composed of」로 나타내므로 from을 of로 고쳐야 한다.
2 '~로 가득 차다'의 의미는 「be filled with」로 나타내므로 of를 with 로 고쳐야 한다.
3 '~에 관련되다[휘말리다]'의 의미를 「be involved in」으로 나타내고 있으므로 해당 문장은 적절하다.

## B

1 If Natalie is not satisfied with the service
2 This bridge was regarded as a prime example of modern architecture
3 The comedian is known for the funny songs

문제 해설 |

1 '~에 만족하다'의 의미는 「be satisfied with」로 나타내므로 satisfied 뒤에 전치사 with를 쓴다.
2 '~로 여겨지다'의 의미는 「be regarded as」로 나타내므로 regarded 뒤에 전치사 as를 쓴다.
3 '~로 유명하다'의 의미는 「be known for」로 나타내므로 known 뒤 에 전치사 for를 쓴다.

## C

1 When young students are interested in their lessons
2 would be transformed into[to] a public park
3 I am accustomed to studying in noisy environments

문제 해설 |

1 '~에 관심이 있다'의 의미는 「be interested in」으로 나타낸다.
2 '~로 바뀌다'의 의미는 「be transformed into[to]」로 나타낸다.
3 '~에 익숙하다'의 의미는 「be accustomed to」로 나타내며, to가 전치사이므로 뒤에 동명사 studying을 쓴다.

어휘 |

tendency 경향, 추세   upcoming 다가오는, 곧 있을   at the sight of ~을 보고   prime 주된; *전형적인   architecture 건축(술) accomplished 완성한; *통달한, 뛰어난   landfill 쓰레기 매립지

                                                    p.40

## UNIT 06~10 서술형 핵심 구문 REVIEW TEST

STEP 1 문장 완성

A

1 The children were frightened of the big dog
2 It is guaranteed that our products are never tested

3 Dr. Kim was pleased with the results of her experiment
4 the new business was launched, the company has shown a growth rate

B

1 I should have charged it
2 We are allowed to film anything
3 The journalist argued that we (should) avoid using
4 was made to stay in an isolation room

STEP 2 실전 문제 응용

[지문형 1]
it was commonly believed that they fell from the sky in warm weather and vanished in the fall

[지문형 2]
government regulations require that sugar be listed first on the label

A

문제 해설 |

1 '~을 무서워하다'의 의미는 「be frightened of」로 나타낸다.
2 가주어 It 뒤에 수동태 is guaranteed를 쓰고 진주어인 that절을 쓴다.
3 '~로 기뻐하다'의 의미는 「be pleased with」로 나타낸다.
4 과거에 일어난 일이 현재까지 영향을 미치는 경우이므로 주절에 현재완료시제 has shown을 쓴다.

어휘 |

ingredient 재료, 성분   launch 시작[착수]하다

B

문제 해설 |

1 '~했어야 했는데 (하지 않았다)'의 의미는 「should have p.p.」의 형태로 쓴다.
2 목적격보어가 to부정사인 5형식 문장이 수동태가 되면 「be p.p.」 뒤에 to부정사를 그대로 쓰므로 are allowed 뒤에 to film을 쓴다.
3 동사 argued 뒤에 목적어로 that절을 쓰며, that절의 내용이 '~해야 한다'라는 당위성을 나타내므로 that절의 동사를 「(should+)동사원형」의 형태로 쓴다. 동사 avoid는 목적어로 동명사를 취하므로 using을 목적어로 쓴다.
4 사역동사 make의 목적격보어로 쓰인 원형부정사는 수동태 문장에서 to부정사로 바뀌므로 was made 뒤에 to stay를 쓴다.

어휘 |

abruptly 갑자기, 불쑥   prior to ~에 앞서   invasion 침입; *침해
insult 모욕하다   isolation 고립, 분리, 격리   infect 감염시키다

지문형 1

오늘날, 나비가 알-애벌레-번데기의 주기를 거친다는 것은 상식이

---

다. 그러나, 17세기까지만 해도 많은 사람들은 나비와 애벌레를 완전히 다른 생명체로 여겼다. 그들은 곤충이 진흙에서 생겨나는 사악한 생물이라고 믿었다. 반면, 나비는 '여름 새'로 여겨졌으며, 그것들은 따뜻한 날씨에 하늘에서 떨어지고 가을에 사라진다고 흔히 믿어졌다. 그러한 시대에, 한 여성이 선구자로서 두각을 보였다. 곤충에 관심을 가지는 것이 이상하고 기이하게 여겨지기는 했지만, 그녀는 곤충 변태의 많은 사례들을 관찰했고 이런 귀중한 과학적 관찰들을 자신의 독특한 그림을 통해 기록했다. 그녀의 이름은 Maria Sibylla Merian이었다.

문제 해설 |

가주어 it이 주어졌으므로 그 뒤에 '흔히 믿어졌다'라는 의미의 was commonly believed를 쓰고, 이어서 진주어인 that절을 쓴다. 이때, that절 내에서 두 개의 동사구가 등위접속사 and로 병렬 연결된 형태로 쓴다.

구문 분석 |

[3행] They believed [(that) insects were evil creatures {that came from mud}].
▶ [ ]는 believed의 목적어 역할을 하는 명사절로, 접속사 that이 생략되었다. { }는 선행사 evil creatures를 수식하는 주격 관계대명사절이다.

[5행] Although [having an interest in insects] was considered odd and weird, she **observed** many cases of insect metamorphosis and **recorded** these invaluable scientific observations through her unique paintings.
▶ [ ]는 부사절의 주어 역할을 하는 동명사구이다. observed와 recorded가 등위접속사 and로 병렬 연결되었다.

어휘 |

caterpillar 애벌레   pupa 번데기   stand out 두드러지다   pioneer 개척자, 선구자   invaluable 매우 유용한, 귀중한   vanish 사라지다

지문형 2

한 식품이 다른 어떤 성분보다 설탕을 더 많이 함유하고 있다면, 정부 규정은 설탕이 라벨에 첫 번째로 기재되어야 한다고 요구한다. 그러나 어떤 식품이 몇 가지 다른 종류의 감미료를 함유하고 있다면, 그것들은 각각 기재될 수 있는데, 이는 각각의 감미료를 목록에서 더 아래로 밀어 내린다. 이 요건 때문에, 식품업계는 이제 세 가지 다른 당 원료를 대신 목록에 기재함으로써 설탕을 목록에 첫 번째로 올리는 것을 피한다. 이는 결국 실제 설탕 함유량에 관해 소비자를 속이게 될 수 있다. 진짜 동기가 무엇이든 성분 표기는 여전히 식품에 첨가되는 설탕의 양을 충분하게, 최소한 분명히 이해하기 쉬운 언어로 전달하지 못한다. 예를 들어, 세계적으로 유명한 한 시리얼 브랜드의 라벨은 그 시리얼이 1회분에 설탕 11g을 함유하고 있음을 보여준다. 그러나 이는 첨가당이 그 시리얼 성분의 3분의 1을 넘게 차지한다는 중요한 사실을 생략한다.

문제 해설 |

요구를 나타내는 동사 require의 목적어로 쓰인 that절이 당위성을 나

타내므로, that절의 동사를 「(should +)동사원형」의 형태로 쓴다.

구문 분석 |

[5행] [Whatever the true motive], ingredient labeling still does not fully convey the amount of sugar [being added to food]—certainly not in easy-to-understand language, at least.

▶ 첫 번째 [ ]는 복합관계대명사 Whatever가 이끄는 양보의 부사절로, Whatever는 No matter what으로 바꿔 쓸 수 있다. 두 번째 [ ]는 sugar를 수식하는 현재분사구이다.

[8행] But this leaves out **the important fact** [that added sugar accounts for more than one-third of the cereal's ingredients].

▶ [ ]는 the important fact와 동격인 명사절이다.

어휘 |

sweetener 감미료    requirement 필요(한 것); *필요조건, 요건   deceive 속이다, 기만하다   convey 전달하다, 전하다   indicate 나타내다[보여주다]   leave out ~을 빼다, 생략하다

## UNIT 11 to부정사의 쓰임

[대표 예문]
1 이 회의의 목적은 축제에서 그 연극 동아리가 어떤 연극을 공연할지 결정하는 것이다.
2 우리는 경기가 시작하기 전에 경기장에 도착하고 간식을 사기 위해 빨리 출발해야 한다.

문장 완성 *Practice* p.42

### A

1 to keep the guests of the hotel safe
2 the couple's suitcases were difficult to carry
3 his need to be the best player on the team
4 doesn't cause bulls to become angry and charge
5 only to find later that you misread it

문제 해설 |

1 '~하기 위해서'라는 의미로, 목적을 나타내는 부사적 용법의 to부정사를 쓴다.
2 '~하기에'라는 의미가 되도록 부사적 용법의 to부정사가 형용사 difficult를 뒤에서 수식하는 형태로 쓴다.
3 명사구 his need를 형용사적 용법의 to부정사가 뒤에서 수식하는 형태로 쓴다.
4 doesn't cause의 목적격보어 자리에 명사적 용법의 to부정사를 쓰되, and로 병렬 연결된 두 번째 목적격보어 charge는 앞에 to가 생략된 형태로 쓴다.
5 '결국 ~하고 말다'의 의미는 「only to-v」의 형태로 나타낼 수 있다.

to find의 목적어로 that절을 쓴다.

### B

1 Face masks may be uncomfortable to wear
2 had several friends to go to the party with
3 These tools are not safe to use
4 We would be happy to replace your faulty toaster
5 to manufacture new game consoles

문제 해설 |

1 '~하기에'라는 의미로, 형용사 uncomfortable을 수식하는 부사적 용법의 to부정사를 쓴다.
2 명사구 several friends를 수식하는 형용사적 용법의 to부정사를 쓴다.
3 '~하기에'라는 의미로, 형용사 safe를 수식하는 부사적 용법의 to부정사를 쓴다.
4 '~해서'라는 의미로, 감정의 원인을 나타내는 부사적 용법의 to부정사를 쓴다.
5 주어 자리에 명사적 용법의 to부정사를 써서 '~하는 것'의 의미를 나타낸다.

어휘 |

arena 경기장[공연장]   motivate 이유[원인]가 되다; *동기를 부여하다   charge 청구하다; *돌격[공격]하다   be equipped with ~을 갖추고 있다   faulty 흠[결함]이 있는, 불완전한   warranty (제품의) 품질 보증서   game console 게임기   shortage 부족   component (구성) 요소, 부품

## UNIT 12 의문사+to부정사

[대표 예문]
1 그 회사는 여전히 그들의 신제품을 어디에 판매할지와 그것을 어떻게 광고할지를 숙고할 필요가 있다.
2 Terry는 그 깨진 창문에 대해 누구에게 책임 지울지 몰라서 결국 그것에 대한 비용을 혼자 지불하게 되었다.

문장 완성 *Practice* p.44

### A

1 what to wear and who to go with
2 Who to cast in the lead role of the play
3 couldn't decide what to buy for her friend's graduation present
4 to recognize when to operate and when to try

문제 해설 |

1 '무엇을 ~할지'는 「what to-v」로, '누구를 ~할지'는 「who(m) to-v」

로 나타낸다. 두 개의 「의문사+to부정사」 구문이 등위접속사 and로 병렬 연결된 형태로 쓴다.

2 '누구를 ~할지'는 「who(m) to-v」로 나타낸다.

3 '무엇을 ~할지'는 「what to-v」로 나타낸다.

4 문두에 가주어 It이 있고 to가 주어졌으므로 진주어로 to부정사구를 쓴다. '언제 ~할지'는 「when to-v」로 나타내며 두 개의 「when to-v」 구문이 등위접속사 and로 병렬 연결된 형태로 쓴다.

**B**

1 where to find more information
2 How to invest your money
3 didn't know where to hide
4 needs to learn how to organize his essays

문제 해설 |

1 '어디서 ~할지'는 「where to-v」로 나타낸다.

2 '~하는 방법'은 「how to-v」로 나타낸다.

3 '어디에 ~할지'는 「where to-v」로 나타낸다.

4 '~하는 방법'은 「how to-v」로 나타낸다.

어휘 |

market (상품을) 내놓다[광고하다]   cast 던지다; *(역을) 배정하다
wander 거닐다, 돌아다니다   operate 작동되다; *수술하다   invest
투자하다   efficiently 효율적으로   organize 준비[조직]하다; *체계화
[구조화]하다   literature 문학

---

<table>
<tr><td>**UNIT 13**</td><td>**to부정사의 관용 표현**</td></tr>
</table>

[대표 예문]

1 Cameron의 옷 대부분은 그의 새 직장에 입기에는 너무 격식을 차리지 않은 것이어서, 그는 쇼핑하러 가기로 결심했다.

2 교통량이 너무 많아서 오늘 아침에 버스로 학교에 가는 데 한 시간 넘게 걸렸다.

**문장 완성 Practice**                                        p.46

**A**

1 enough small → small enough   2 O   3 completing → to complete

문장 해석 |

1 Tara의 배낭은 기내로 가지고 갈 만큼 충분히 작지 않아서, 그녀는 그것을 그녀의 나머지 짐과 함께 부쳤다.

2 그 지역의 경제 성장률은 소비자 지출의 증가로 인해 작년에 급등했던 것처럼 보인다.

3 그 시험을 완료하는 데에는 약 세 시간이 걸릴 것이지만, 만약 일찍

---

끝낸다면 학생들은 두 시간이 지난 후에 강당을 떠날 수 있다.

문제 해설 |

1 '~할 만큼 충분히 …한/하게'의 의미는 「형용사/부사+enough to-v」 구문으로 나타내므로 enough small을 small enough로 고쳐야 한다.

2 '~한 것처럼 보이다'의 의미는 「seem to-v」로 나타내며, 경제 성장률이 급등한 것은 보이는 것보다 더 이전에 일어난 일이므로 완료부정사가 쓰였다. 따라서 해당 문장은 적절하다.

3 '~하는 데 …의 시간이 걸리다'의 의미는 「it takes+시간+to-v」 구문으로 나타내므로 completing을 to complete로 고쳐야 한다.

**B**

1 he didn't jump far enough to qualify
2 seem to value new customers over loyal customers
3 too ambiguous to properly explain how to play the game

문제 해설 |

1 '~할 만큼 충분히 …한/하게'의 의미는 「형용사/부사+enough to-v」 구문으로 나타내므로 동사 didn't jump 뒤에 해당 구문을 쓴다.

2 '~한 것처럼 보이다'의 의미는 「seem to-v」로 나타낸다.

3 '…하기에는 너무 ~한, 너무 ~해서 …할 수 없는'의 의미는 「too ~ to-v」 구문으로, '~하는 방법'의 의미는 「how to-v」로 나타낸다.

**C**

1 her truck was too impractical to drive
2 seems to have escaped from the city zoo
3 it takes more time to fly from Vancouver to Seoul

문제 해설 |

1 '…하기에는 너무 ~한, 너무 ~해서 …할 수 없는'의 의미는 「too ~ to-v」 구문으로 나타낸다.

2 '~한 것처럼 보이다'의 의미는 「seem to-v」로 나타내며, 보이는 것보다 탈출한 것이 더 이전에 일어난 일이므로 to have escaped를 쓴다.

3 '~하는 데 …의 시간이 걸리다'의 의미는 「it takes+시간+to-v」 구문으로 나타낸다.

어휘 |

wrinkle 주름   drop dead 급사하다   prime 한창때, 전성기   casual 태평스러운; *격식을 차리지 않는   surge 밀려들다; *급등[급증]하다   qualify 자격을 얻다   event 사건[일]; *경기[종목]   ambiguous 애매한, 모호한   instruction 교육; *(사용) 설명서   tutorial 사용 지침서, 사용 지침 프로그램   impractical 비실용적인   air current 기류

## UNIT 14 가주어-진주어

**[대표 예문]**
1 대부분의 사람들이 비행기 밖으로 뛰어내리는 것은 두려운 일이지만, 모험을 추구하는 많은 사람들은 스카이다이빙의 스릴을 매우 좋아한다.
2 어제의 그 토네이도가 너무나 많은 역사적 건물들을 훼손한 것은 유감스럽다.

### 문장 완성 Practice — p.48

### A

1 for → of   2 O   3 This → It

**문장 해석 |**
1 Ellen이 자신의 돈으로 학급을 위한 간식을 산 것은 너그러웠다.
2 알래스카의 관광객들이 북극광이 하늘에서 춤을 추듯 움직이는 것을 보는 것은 황홀한 일이다.
3 흰긴수염고래가 숨을 쉬기 위해 수면으로 올라올 필요가 있기 전 90분까지 숨을 참을 수 있다는 것은 놀랍다.

**문제 해설 |**
1 generous는 사람에 대한 주관적인 평가를 보여주는 형용사이므로 to부정사의 의미상 주어를 「of+목적격」의 형태로 나타내야 한다. 따라서, for를 of로 고쳐야 한다.
2 It은 가주어이고 to see 이하가 진주어이며, to부정사의 의미상 주어를 for tourists in Alaska로 나타내고 있으므로 해당 문장은 적절하다.
3 뒤에 진주어인 that절이 왔으므로 This를 가주어 It으로 고쳐야 한다.

### B

1 It doesn't matter whether we reach the top of the mountain
2 It is strange that Rick didn't notice the flat tire on his car
3 It was courageous of the firefighter to rush into the burning building

**문제 해설 |**
1 주어 자리에 가주어 It을 쓰고 진주어인 whether절은 문장 뒤쪽에 쓴다.
2 주어 자리에 가주어 It을 쓰고 진주어인 that절은 문장 뒤쪽에 쓴다.
3 주어 자리에 가주어 It을 쓰고 진주어인 to부정사구는 문장 뒤쪽에 쓰되, 「of+목적격」으로 to부정사의 의미상 주어를 나타낸다.

### C

1 It is uncertain how the hackers stole personal information
2 It is likely that the university will hold summer classes
3 It is necessary to cook chicken

**문제 해설 |**
1 주어 자리에 가주어 It을 쓰고 진주어인, how가 이끄는 의문사절을 문장 뒤쪽에 쓴다.
2 주어 자리에 가주어 It을 쓰고 진주어인 that절은 문장 뒤쪽에 쓴다.
3 주어 자리에 가주어 It을 쓰고 진주어인 to부정사구는 문장 뒤쪽에 쓴다.

**어휘 |**
unfortunate 운이 없는[나쁜]; *유감스러운   surface 수면으로 올라오다   courageous 용감한   trace 자취, 흔적   thoroughly 완전히, 철저히

## UNIT 15 가목적어-진목적어

**[기출 문제로 내신 만점 공략]**
그는 걱정 없이 그날그날 살아가는 삶을 즐겼으며 부모님의 집에서 사는 것을 꽤 만족스럽다고 생각했다.

**[대표 예문]**
그 과학자는 그의 최근 실험의 결과가 이전 것의 결과와 너무나 다른 것을 이상하게 여겨 변수를 다시 주의 깊게 확인했다.

### 문장 완성 Practice — p.50

### A

1 that → it   2 thought pointless → thought it pointless   3 rudely → rude

**문장 해석 |**
1 Hanna는 그녀의 아일랜드로의 여행을 위해 차를 빌리는 것이 필요하다고 여기지 않았지만, 그곳에 도착하자마자 그녀는 하나를 빌리지 않은 것을 후회했다.
2 그 형사는 사건을 종결할 많은 증거가 있었기 때문에 그 목격자를 더 심문하는 것이 무의미하다고 생각했다.
3 이집트에서는, 사람들은 식당의 손님이 소금을 요청하는 것을 무례하다고 여기는데, 그것은 그 음식이 충분한 맛이 나지 않는다는 것을 넌지시 나타내기 때문이다.

**문제 해설 |**
1 진목적어인 to부정사구를 대신하는 가목적어 자리이므로, that을 가

목적어 it으로 고쳐야 한다.

2 가목적어-진목적어 구문으로, 「동사+가목적어 it+목적격보어+진목적어(to-v)」의 어순이 되어야 한다. 따라서, thought pointless를 thought it pointless로 고쳐야 한다.

3 동사 consider의 목적격보어 자리로, 형용사가 와야 한다. 따라서 rudely를 rude로 고쳐야 한다.

### B

1 found it delightful that she was invited onstage
2 considered it unacceptable to cancel the launch
3 made it difficult for Phil to accept the proposal

문제 해설 |

1 「found+가목적어 it+목적격보어(delightful)+진목적어(that절)」의 형태로 쓴다.
2 「considered+가목적어 it+목적격보어(unacceptable)+진목적어(to-v)」의 형태로 쓴다.
3 「made+가목적어 it+목적격보어(difficult)+의미상 주어(for Phil)+진목적어(to-v)」의 형태로 쓴다.

### C

1 found it relaxing to sit
2 thought it frustrating that the store manager refused
3 make it easier for customers to pay

문제 해설 |

1 동사 found를 쓰고 가목적어 it 뒤에 목적격보어 relaxing을 쓴 다음 진목적어 자리에 to sit을 쓴다.
2 동사 thought를 쓰고 가목적어 it 뒤에 목적격보어 frustrating을 쓴 다음 진목적어 자리에 that절을 쓴다.
3 동사 make를 쓰고 가목적어 it 뒤에 목적격보어로 비교급 easier를 쓴 다음, to부정사의 의미상 주어와 진목적어인 to부정사를 for customers to pay와 같이 쓴다.

어휘 |

pointless 무의미한, 할 가치가 없는   witness 목격자   evidence 증거, 흔적   launch 발사   shuttle 정기 왕복 항공기[버스]; *우주 왕복선   term 기간; *(pl.) 조건   unfavorable 형편이 나쁜, 불리한   automated 자동화된, 자동의   personnel 인원[직원들]

p.52

### UNIT 11~15 서술형 핵심 구문 REVIEW TEST

p.52

**STEP 1 문장 완성**

A

1 consider it more important to prevent crimes beforehand

2 are too complicated for even experts to decode
3 not sufficient to encourage him to come back
4 It was hasty of you to jump to the conclusion

B

1 It was fortunate that the fire broke out
2 it will take a long time for the country to recover
3 knows how to motivate people
4 was offered a chance to perform with

**STEP 2 실전 문제 응용**

[지문형 1]
it is unrealistic to expect people working in competitive cultures to subordinate

[지문형 2]
our bodies told us when to eat and when to stop

A

문제 해설 |

1 가목적어-진목적어(to-v) 구문으로, 「consider+가목적어 it+목적격보어(more important)+진목적어(to-v)」의 형태로 쓴다.
2 '…하기에는 너무 ~한, 너무 ~해서 …할 수 없는'의 의미는 「too ~ to-v」 구문으로 나타낸다.
3 '~하기에'라는 의미로 형용사를 수식하는 부사적 용법의 to부정사를 쓰며, encourage의 목적격보어 자리에 to부정사를 쓴다.
4 가주어-진주어(to-v) 구문으로, 주어 자리에 가주어 It을 쓰고 진주어인 to부정사구는 문장 뒤쪽에 쓴다. to부정사의 의미상 주어는 「of+목적격」으로 나타낸다.

어휘 |

decode 해독하다   sufficient 충분한   jump to a conclusion 성급히 결론을 내리다, 속단하다   hasty 급한; *성급한, 경솔한   clumsy 서투른

B

문제 해설 |

1 가주어-진주어(that절) 구문으로, 주어 자리에 가주어 It을 쓰고 진주어인 that절은 문장 뒤쪽에 쓴다.
2 전치사 for가 주어졌으므로 '~가 …하는 데 ~의 시간이 걸리다'의 의미를 「it takes+시간+의미상 주어+to-v」 구문으로 나타내며, 이때 의미상 주어는 「for+목적격」의 형태로 쓴다.
3 '어떻게 ~하는지, ~하는 방법'의 의미는 「how to-v」로 나타낸다.
4 '제안받았다'의 의미는 수동태 was offered로 쓰며, a chance 뒤에 그것을 수식하는 형용사적 용법의 to부정사를 쓴다.

어휘 |

disperse 흩어지다, 해산하다   tragedy 비극(적인 사건)   quality 질, 품질; *자질

사람들이 공동 과업을 완수하기 위한 각자의 이유에 집중하도록 격려하는 것이 집단 화합 증진에 이르는 최단 경로로 여겨진다. 이에도 불구하고, 많은 팀 전문가들이 개인은 집단의 성공을 위해 자신의 이익을 하위에 둬야 한다고 가르친다. 이것에는 몇 가지 문제가 있다. 첫째로, 경쟁적인 문화에서 일하고 있는 사람들이 집단을 위해 그들의 사리사욕을 하위에 둘 것이라고 기대하는 것은 비현실적이다. 그리고 두 번째로, (자신의 이익을) 하위에 두는 것과 성공적이고 강한 팀워크 사이에는 필연적이거나 논리적인 연관성이 없다. 보다 효과적인 실행은 강한 팀워크를 촉진하기 위해 사람들의 사리사욕을 이용하는 것이다. 각 개인에게 있어, 팀이 성공할 때 그들이 어떻게 이익을 얻는지 알아내라. 이렇게 하는 가장 쉽고 좋은 방법은 묻는 것이다. 이런 방식으로 개인과 집단의 성과를 조정할 때, 여러분이 갖게 될 것은 진정한 협동이다.

**문제 해설 |**

'~라고 기대하는 것'의 의미인 to부정사구를 대신하는 가주어 it을 앞에 쓰고, 진주어인 to부정사구는 문장 뒤쪽에 쓴다. '~가 …하기를 기대하다'의 의미는 「expect+목적어+to-v」로 나타내고, working이 이끄는 현재분사구가 people을 뒤에서 수식하는 형태로 쓴다.

**구문 분석 |**

[1행] [**Encouraging** people **to focus on** their own reasons for completing shared tasks] is considered the shortest path to [improving group cohesion].
▶ 첫 번째 [ ]는 문장의 주어 역할을 하는 동명사구이다. 「encourage+O+to-v」는 '~가 …하도록 격려하다'라는 의미이다. 두 번째 [ ]는 전치사 to의 목적어 역할을 하는 동명사구이다.

[6행] A more effective practice is [to use people's self-interest {to promote powerful teamwork}].
▶ [ ]는 보어 역할을 하는 명사적 용법의 to부정사구이고, { }는 목적을 나타내는 부사적 용법의 to부정사구이다.

[7행] For each individual, discover [how he or she benefits when the team is successful].
▶ [ ]는 discover의 목적어 역할을 하는 간접의문문으로, 「의문사+주어+동사」의 어순이다.

**어휘 |**

cohesion 화합, 결합   subordinate 아래에 놓다, 하위에 두다 (subordination 하위에 두기)   for the sake of ~을 위해서   align 나란히 만들다; *조정[조절]하다   collective 집단의, 단체의   outcome 결과, 성과   collaboration 협력, 협동

우리가 유아였을 때, 우리의 몸은 우리에게 언제 먹고 언제 그만둘지를 말해주었다. 우리는 우리 몸이 어떤 음식을 필요로 하는지와 우리가 이 음식의 얼마만큼을 먹어야 하는지에 관한 본능적인 의식이 있었다. 나이가 들면서, 우리는 부모, 또래, 그리고 과학 연구로부터 상충하는 메시지를 받기 시작했다. 우리가 어떻게 먹어야 하는지를 우

리에게 말해주는, 이 당혹케 만드는 외부의 많은 목소리는 우리 어린 시절의 내면의 지혜를 들리지 않게 해서, 욕구, 충동, 그리고 반감의 혼란을 만들어 냈다. 결과적으로, 이제 우리는 우리 자신이 그저 먹지도, 적당한 양을 먹지도 못하는 것을 발견한다. 우리가 음식과의 건강하고 균형 잡힌 관계로 되돌아가고자 한다면, 우리는 우리의 의식을 내부로 돌리는 법과 우리의 몸이 우리에게 말해주고 있는 것을 다시 듣는 법을 배우는 것이 꼭 필요하다.

**문제 해설 |**

4형식 문장으로 쓰라는 조건이 있으므로 'A에게 B를 말해주다'의 의미는 「tell A B」로 쓰며, '언제 ~할지'의 의미는 「의문사+to부정사」 구문을 활용하여 「when to-v」로 나타낸다.

**구문 분석 |**

[1행] We had an instinctive awareness of [what foods our bodies needed] and [how much of these foods we should eat].
▶ 두 개의 [ ]는 전치사 of의 목적어 역할을 하는 간접의문문으로, 등위접속사 and로 병렬 연결되었다.

[3행] This bewildering host of external voices [telling us how we should eat] drowned out the inner wisdom of our childhoods, [creating a confusion of desires, impulses, and aversions].
▶ 첫 번째 [ ]는 This bewildering host of external voices를 수식하는 현재분사구이다. 두 번째 [ ]는 결과를 나타내는 분사구문이다.

[6행] If we **are to return** to a healthy and balanced relationship with food, *it* is essential [that we learn **to turn** our awareness inward and **to hear** again {what our bodies are telling us}].
▶ are to return은 '~하려면'이라는 의도의 뜻을 나타낸다. it은 가주어이고 that절인 [ ]가 진주어이다. to turn과 to hear는 learn의 목적어 역할을 하는 명사적 용법의 to부정사로, 등위접속사 and로 병렬 연결되었다. { }는 관계대명사 what이 이끄는 명사절로, to hear의 목적어 역할을 한다.

**어휘 |**

instinctive 본능적인   awareness 의식[관심]   conflicting 모순되는, 상충되는   bewildering 어리둥절하게 하는, 당혹케 하는   a host of 많은, 다수의   external 외부의   drown out 떠내려 보내다; *~을 들리지 않게 하다   impulse 충동   inward 안쪽으로, 내부로

## UNIT 16 동명사의 쓰임

[대표 예문]

1 다른 사람들의 의견을 듣는 것은 우리가 새로운 관점에서 문제를 바라보고 더 진보된 생각을 발전시키게 해준다.
2 내 남동생은 전날 밤에 자라는 말을 들은 것에 관해 불평했는데, 그는 TV에서 축구 경기를 보고 싶어 했기 때문이다.

## A

**1** choose → choosing    **2** O    **3** they → their[them]

문장 해석 |

1 성공한 사업가인 나의 이모는 내게 전공할 구체적인 분야를 선택하는 것에 관한 약간의 유익한 조언을 해주셨다.
2 한밤중에 자주 잠에서 깨는 것은 당신이 당신의 식단에서 너무 많은 카페인이나 설탕을 섭취한다는 신호일 수 있다.
3 한 무리의 관광객들을 도시 곳곳으로 안내하면서, 그 가이드는 그들이 여행 일정의 갑작스러운 변경을 제안하는 것에 놀랐다.

문제 해설 |

1 전치사 on의 목적어 역할을 하면서 명사구 a specific field to major in을 목적어로 취해야 하므로, choose를 동명사 choosing으로 고쳐야 한다.
2 Waking up이 이끄는 동명사구가 주어로 쓰인 문장으로, 해당 문장은 적절하다.
3 동명사의 의미상 주어는 동명사 앞에 소유격이나 목적격을 써서 나타내므로 they를 their 또는 them으로 고쳐야 한다.

## B

**1** Putting on sunscreen before going outdoors
**2** making decisions based on logic and reason
**3** The war veteran considered writing a book about his experience

문제 해설 |

1 Putting on이 이끄는 동명사구가 주어 역할을 하도록 쓰고, 전치사 before의 목적어 자리에 동명사구 going outdoors를 이어서 쓴다.
2 보어 자리에 making이 이끄는 동명사구를 쓰고, '~에 근거한'의 의미는 based on으로 나타낸다.
3 동사 considered 뒤에 목적어로 writing이 이끄는 동명사구를 쓴다.

## C

**1** the professor finished preparing her lecture
**2** The teacher's story about having been lost
**3** Spending long periods of time in virtual reality

문제 해설 |

1 주어 the professor와 동사 finished를 쓰고, 목적어 자리에 preparing이 이끄는 동명사구를 쓴다.
2 주어 The teacher's story를 about이 이끄는 전치사구가 수식하는 형태로 쓰고 about의 목적어로 동명사구를 쓰되, 그 교사가 길을 잃었던 것이 그의 학생들을 웃게 만든 것보다 더 이전에 일어난 일이므로 완료형 동명사인 having p.p.의 형태로 쓴다.

3 주어 자리에 Spending이 이끄는 동명사구를 쓴다.

어휘 |

perspective 관점, 시각   entrepreneur 사업가[기업가]   itinerary 여행 일정   norm 표준, 일반적인 것   war veteran 참전 용사   reference 말하기, 언급; *참고 문헌   virtual reality 가상 현실 nauseous 메스꺼운

## UNIT 17 목적어로 쓰이는 동명사와 to부정사

[대표 예문]
1 내가 건강상의 이유로 체중을 줄이려고 애쓰고 있을 때, 한 친구가 내 식단에서 빵과 파스타를 완전히 빼는 것을 제안했다.
2 Koko는 수어를 이용해 자신의 조련사와 의사소통을 하는 것을 배운, 샌프란시스코 동물원의 고릴라였다.

## A

**1** to wait → waiting    **2** arriving → to arrive    **3** O

문장 해석 |

1 일부 성급한 사람들은 기다리는 것을 너무나 싫어해서 몹시 무례한 것으로 간주되는 행동인, 새치기하는 것을 시도하려고 한다.
2 그 승객들은 오후 6시 전에 보스턴에 도착할 것으로 예상했지만, 눈보라 때문에 자신들이 밤새 기차 안에 갇힌 것을 알게 되었다.
3 내가 기지개를 켜고 큰소리로 하품한 후에, 내 스터디 그룹의 다른 모든 구성원 또한 하품을 하기 시작했다.

문제 해설 |

1 동사 dislike는 목적어로 동명사를 취하므로 to wait를 waiting으로 고쳐야 한다.
2 동사 expect는 목적어로 to부정사를 취하므로 arriving을 to arrive로 고쳐야 한다.
3 start는 목적어로 동명사와 to부정사를 모두 취할 수 있는 동사로, 해당 문장은 적절하다.

## B

**1** promised to keep in touch with all her old friends
**2** continued applauding for several minutes after it ended
**3** puts off starting her work until the last minute

문제 해설 |

1 동사 promised 뒤에 목적어로 to부정사구 to keep in touch with all her old friends를 쓴다.
2 동사 continued 뒤에 목적어로 동명사구 applauding for

several minutes를 쓰고 부사절 after it ended를 이어서 쓴다.

3 동사 puts off 뒤에 목적어로 동명사구 starting her work를 쓰고 전치사구 until the last minute를 이어서 쓴다.

C

1 forgot giving me her phone number
2 Amanda decided to quit her job
3 wanted to speak with his teacher

문제 해설 |

1 '(과거에) ~한 것을 잊다'의 의미는 「forget v-ing」로 나타낸다.
2 동사 decide는 목적어로 to부정사를 취하므로 to quit이 이끄는 to부정사구를 목적어로 쓴다.
3 동사 want는 목적어로 to부정사를 취하므로 to speak가 이끄는 to부정사구를 목적어로 쓴다.

어휘 |

resume 재개하다, 다시 시작하다   sign language 수어   blizzard 눈보라   yawn 하품하다   keep in touch with ~와 연락을 취하다   applaud 박수를 치다

## UNIT 18 동명사의 관용 표현

[대표 예문]
집에서 요리된 식사를 하는 것이 패스트푸드점에서 식사하는 것보다 더 영양가가 높은 선택지라는 것은 말할 필요도 없다.

문장 완성 Practice                                    p.58

A

1 O   2 build → building   3 to breathe → breathing

문장 해석 |

1 어떤 사람들은 오리와 비버 둘 다를 닮은 동물인 오리너구리를 처음 볼 때 웃지 않을 수 없다.
2 대부분의 주민들이 그 도시에 원자력 발전소를 짓는 데 반대해서 정부는 그 프로젝트를 보류해야 했다.
3 천식이 있는 사람들이 숨 쉬는 데 어려움을 겪을 때, 그들은 기도의 염증을 줄이기 위해 흡입기를 이용한다.

문제 해설 |

1 '~하지 않을 수 없다'의 의미는 「can't help v-ing」로 나타낸다. can't help 뒤에 동명사가 왔으므로 해당 문장은 적절하다.
2 '~하는 데 반대하다'의 의미는 「object to v-ing」로 나타내므로 build를 동명사 building으로 고쳐야 한다.
3 '~하는 데 어려움을 겪다'의 의미는 「have trouble v-ing」로 나타내므로 to breathe를 동명사 breathing으로 고쳐야 한다.

B

1 Lizards spend much of the day basking in the sun
2 Clint was on the point of giving up
3 Joanne was busy getting the kids ready for school

문제 해설 |

1 '~하는 데 시간을 보내다'의 의미는 「spend+시간+v-ing」로 나타낸다.
2 '막 ~하려고 하다'의 의미는 「be on the point of v-ing」로 나타낸다.
3 '~하느라 바쁘다'의 의미는 「be busy v-ing」로 나타낸다.

C

1 they ended up losing the opening game
2 makes a point of thanking people
3 In order to stop hunters from trespassing

문제 해설 |

1 '결국 ~하게 되다'의 의미는 「end up v-ing」로 나타낸다.
2 '반드시[꼭] ~하다'의 의미는 「make a point of v-ing」로 나타낸다.
3 '~하기 위해서'의 의미는 In order to로 쓰고, 'A가 ~하는 것을 막다'의 의미는 「stop A from v-ing」로 나타낸다.

어휘 |

nutritious 영양분이 많은, 영양가가 높은   nuclear power 원자력   put ~ on hold ~을 보류하다   inflammation (신체 부위의) 염증   airway (코에서 폐까지의) 기도   regulate 규제하다; *조절[조정]하다   steadily 꾸준히   approach 다가가다[오다]   look down on ~을 낮춰보다[얕보다]   property 재산; *부동산, 소유지   erect (똑바로) 세우다

## UNIT 19 현재분사와 과거분사

[기출 문제로 내신 만점 공략]
그 디자이너들은 100퍼센트 아프리카에서 만들어진 티셔츠를 생산하는 의류 분과를 시작했다.

[대표 예문]
1 Green 씨는 자기 자신이 속상하거나 불안해지는 것을 알게 될 때마다 신경을 진정시키기 위해 느긋한 산책을 한다.
2 그 경찰관은 그들에게 그 사건들에 관한 그들의 생각을 물어보며 그 언쟁과 관련된 모든 사람에게 말을 건넸다.

문장 완성 Practice                                    p.60

A

1 sang → singing   2 O   3 folding → folded

## 문장 해석 |

1 Leah는 그녀의 페루로의 여행 첫날 아침에 나무에서 지저귀는 익숙지 않은 새들의 소리에 잠이 깼다.
2 홈 플레이트 근처에 앉아 있던 야구 팬들은 그 팀의 인기 선수가 결정적인 홈런을 치고 나서 그의 이름을 연호했다.
3 개켜진 빨래는 서랍 안에 두어져야 하는 반면, 다른 것들은 옷장 안의 옷걸이에 걸려도 된다.

## 문제 해설 |

1 문장의 동사는 awoke로, sang은 앞의 명사구 unfamiliar birds를 수식하는 분사가 되어야 한다. 새들이 지저귀는 주체이므로 sang을 현재분사 singing으로 고쳐야 한다.
2 야구 팬들이 앉아 있는 주체이므로 The baseball fans 뒤에 현재분사 sitting이 왔다. 따라서 해당 문장은 적절하다.
3 빨래는 개켜지는 대상이므로 folding을 과거분사 folded로 고쳐야 한다.

### B

1 Anyone interested in taking part in sports day
2 a confused man walked into a police station
3 One of the logs burning in the fireplace

## 문제 해설 |

1 과거분사 interested가 이끄는 분사구가 Anyone을 뒤에서 수식하는 형태로 쓴다.
2 confused가 명사 man을 앞에서 수식하도록 쓰고 뒤에 동사구 walked into a police station을 이어서 쓴다.
3 현재분사 burning이 이끄는 분사구가 One of the logs를 뒤에서 수식하는 형태로 쓴다.

### C

1 The woman explaining the painting
2 the students learning Korean for the first time
3 The house built in the vacant lot

## 문제 해설 |

1 여자가 그림을 설명하는 주체이므로 현재분사 explaining이 이끄는 분사구가 The woman을 뒤에서 수식하는 형태로 쓴다.
2 학생들이 한국어를 배우는 주체이므로 현재분사 learning이 이끄는 분사구가 the students를 뒤에서 수식하는 형태로 쓴다.
3 집이 지어진 대상이므로 과거분사 built가 이끄는 분사구가 The house를 뒤에서 수식하는 형태로 쓴다.

## 어휘 |

division 분할; *분과   soothe 달래다, 진정시키다   nerve 신경
version –판[형태]; *설명[생각]   chant 연호하다   game-winning
결정적인   guardian 수호자; *후견인   shift 이동하다, 위치를 변경하다   startle 깜짝 놀라게 하다   flame 불길, 불꽃   vacant 비어 있는, 사람이 안 사는   lot 모두; *지역[부지]   unoccupied 비어 있는

---

### UNIT 20 분사구문

[기출 문제로 내신 만점 공략]
어린 시절부터 수영에 대한 열정이 있었기 때문에, 그녀는 대학교에서 여자 수영팀을 찾아보았다.

[대표 예문]
1 당신이 방금 설치한 앱을 열면, 당신은 당신이 기다리고 있는 버스의 현재 위치를 볼 수 있을 것이다.
2 2층 발코니에서 잘못하여 떨어져서, 그 스마트폰은 더 이상 기능하지 않는다.

### 문장 완성 Practice                                    p.62

### A

1 Having caught → (Having been) Caught
2 Knowing → (Being) Known   3 O

## 문장 해석 |

1 거짓말을 부모님에 의해 들켜서, 그 어린 남자아이는 눈물을 흘리며 자신의 좋지 않은 행실에 대해 사과했다.
2 얕은 물에 숨는 것으로 알려져 있어, 악어는 물을 마시러 오는 어떤 목마른 동물에게든지 위협이 된다.
3 너무 많은 정크푸드를 먹어서 속이 메스꺼웠기 때문에, Isaac은 그의 저녁 계획을 취소하고 일찍 잠자리에 들었다.

## 문제 해설 |

1 분사구문의 의미상 주어인 the little boy가 거짓말하는 것을 들킨 대상이므로, Having caught를 Having been caught로 고치거나 Having been이 생략된 형태인 Caught로 고쳐야 한다.
2 분사구문의 의미상 주어인 the crocodile이 알려져 있는 대상이므로, Knowing을 Being known으로 고치거나 Being이 생략된 형태인 Known으로 고쳐야 한다.
3 Isaac이 메스꺼움을 느끼는 주체이므로, 현재분사 Feeling이 이끄는 분사구문이 쓰였다. 따라서 해당 문장은 적절하다.

### B

1 Having completed the multiple-choice section of the test
2 (Being) Asked to switch seats with a woman who wanted to sit next to her husband
3 (Having been) Permitted by her parents to spend the night

## 문장 해석 |

1 시험의 객관식 부분을 완료한 후에, Gabriella는 시험지를 뒤집어 에세이를 작성하기 시작했다.
2 남편 옆에 앉기 원하는 한 여자와 자리를 바꿔달라는 부탁을 받았을

---

때, Talia는 예의 바른 미소로 승낙했다.

3 친구 집에서 밤을 보내도록 부모님께 허락을 받았기 때문에, 그 여자아이는 배낭에 한 벌의 잠옷을 넣었다.

문제 해설 |

1 분사구문의 의미상 주어인 Gabriella가 객관식 부분을 완료한 주체이고, 시험의 객관식 부분을 완료한 것은 시험지를 뒤집어 에세이를 작성하기 시작한 것보다 더 이전의 일이므로 「Having p.p.」 형태의 완료형 분사구문을 쓴다.

2 분사구문의 의미상 주어인 Talia가 부탁을 받은 대상이므로 「Being p.p.」 형태의 수동형 분사구문을 쓴다. 이때 Being은 주로 생략된다.

3 분사구문의 의미상 주어인 the girl이 허락을 받은 대상이고, 허락을 받은 것은 배낭에 잠옷을 넣은 것보다 더 이전의 일이므로 「Having been p.p.」 형태의 수동형 완료 분사구문을 쓴다. 이때 Having been은 주로 생략된다.

### C

1 Having lived near the ocean during her teenage years
2 Chosen to speak at his graduation ceremony
3 Having broken his leg in a skateboarding accident

문제 해설 |

1 분사구문의 의미상 주어인 Allison이 살았던 주체이고, 바다 근처에 산 것은 열렬한 서퍼로 자란 것보다 더 이전의 일이므로 「Having p.p.」 형태의 완료형 분사구문을 쓴다.

2 분사구문의 의미상 주어인 Anthony가 선정된 대상이고, 연설하기로 선정된 것은 연설을 생각해내기 위해 노력하는 것보다 더 이전의 일이므로 앞에 Having been이 생략된 형태의 수동형 완료 분사구문을 쓴다.

3 분사구문의 의미상 주어인 Colin이 다리가 부러진 것은 그가 병원에 찾아간 것보다 더 이전의 일이므로 「Having p.p.」 형태의 완료형 분사구문을 쓴다.

어휘 |

install 설치[설비]하다   shallow 얕은   threat 위협, 협박
enthusiastic 열렬한, 열광적인   cast 던지기; *깁스[붕대]

---

## UNIT 21 여러 가지 분사구문

[대표 예문]

1 눈물이 그녀의 뺨을 흘러내리는 채로, Melanie는 병원에 계신 그녀의 선생님을 방문한 후에 집에 돌아왔다.

2 그의 앞에 있는 담요 위에 그의 조각품들이 배열된 채로, 그 공예가는 지나가는 관광객들에게 소리쳤다.

---

### A

1 sit → sitting　2 O　3 holding → held

문장 해석 |

1 그 유치원 교사는 그녀의 모든 학생이 자신의 지정 좌석에서 주의하여 앉아 있는 채로 매일의 수업을 시작하는 것을 선호한다.

2 수요일이어서, Lauren은 학교가 끝난 직후에 첼로 수업이 있고 오후 6시에 주민센터에서 수영 수업이 잇달아 있다.

3 공격이 시작되자, 한 해적은 입에 칼을 문 채로 자신의 배의 돛대에서 상대방 배의 갑판으로 뛰어넘어갔다.

문제 해설 |

1 「with+(대)명사+분사」 구문으로, 학생들이 앉아 있는 주체이므로 sit을 현재분사 sitting으로 고쳐야 한다.

2 부사절의 주어(It)와 주절의 주어(Lauren)가 달라 분사구문 앞에 주어 It을 남겨 둔 형태로, 해당 문장은 적절하다.

3 「with+(대)명사+분사」 구문으로, 칼이 입에 물려진 대상이므로 holding을 과거분사 held로 고쳐야 한다.

### B

1 With his money hidden in his shoe
2 When choosing an avocado to be eaten immediately
3 with her three cubs following closely behind

문제 해설 |

1 「with+(대)명사+분사」 구문을 이용하며, 그의 돈이 숨겨진 대상이므로 과거분사 hidden을 쓴다.

2 명령문인 주절의 생략된 주어와 분사구문의 의미상 주어가 같으므로 주어가 생략된 분사구문을 쓰되, 접속사 when이 주어졌으므로 분사 앞에 When을 쓴다.

3 「with+(대)명사+분사」 구문을 이용하며, 새끼들이 바짝 따라가는 주체이므로 현재분사 following을 쓴다.

### C

1 discussing his intentions
2 other people talking nearby
3 article having been accepted

문장 해석 |

1 그의 부모님과 그의 의향을 의논한 후, Joseph은 요리 학교를 다니려는 그의 계획이 타당한 결정이라는 것을 확신했다.

2 Chase는 다른 사람들이 가까이에서 이야기를 하는 채로 그의 숙제에 집중하기 어렵다는 것을 알아서, 그는 보통 지역 도서관에서 숙제를 한다.

3 그의 글이 한 국내 잡지에 의해 출판이 수락되었기 때문에, 그 작가는 그의 가족과 친구와 함께 파티를 하기로 결정했다.

## 문제 해설 |

1 접속사를 생략하지 않은 분사구문으로, 부사절의 주어(he)와 주절의 주어(Joseph)가 같으므로 주어를 생략하며, 그가 의논한 주체이므로 현재분사 discussing을 쓴다.

2 '~가 …한[된] 채로'의 의미는 「with+(대)명사+분사」 구문으로 나타낸다. 다른 사람들이 이야기하는 주체이므로 현재분사 talking을 쓴다.

3 부사절의 주어(his article)와 주절의 주어(the writer)가 다르므로 분사 앞에 부사절의 주어 His article을 남겨둔 형태의 분사구문을 쓴다. 그의 글이 수락 받은 대상이고, 수락 받은 것은 파티를 하기로 결정한 것보다 더 이전의 일이므로 수동형 완료 분사구문으로 쓴다.

## 어휘 |

carving 조각품   craftsman 공예가   kindergarten 유치원   attentively 주의하여   deck (배의) 갑판   pickpocket 소매치기   immediately 즉시, 즉각   cub (곰, 사자 등의) 새끼   lioness 암사자   intention 의향, 의도   culinary 요리의   sound 믿을 만한, 타당한   publication 출판, 발행

p.66

## UNIT 16~21 서술형 핵심 구문 REVIEW TEST

### STEP 1 문장 완성

A

1 While trying to install the design software, I kept getting an error message

2 Being obsessed with owning the newest devices

3 We were surprised by his retiring from professional basketball

4 discover the deeper meaning hidden between the lines

B

1 With so many people waiting in line

2 We regret to tell you that we are not able to give

3 Jason has trouble getting enough sleep

4 With work piled high on his desk

### STEP 2 실전 문제 응용

[지문형 1]

cute aggression may stop us from becoming emotionally overloaded

[지문형 2]

(Being) Compelled to practice three hours a day since he was three

## A

### 문제 해설 |

1 분사구문의 의미상 주어와 주절의 주어가 같으므로 주어가 생략된 분사구문을 쓰되, 접속사 while이 주어졌으므로 분사 앞에 While을 쓴다.

2 「be obsessed with」는 '~에 사로잡히다'의 의미로, 전치사 with의 목적어로 동명사 owning을 쓰며, 분사구문의 의미상 주어와 주절의 주어가 같으므로 주어가 생략된 분사구문을 쓴다.

3 전치사 by의 목적어로 동명사 retiring을 쓰며, 동명사 앞에 동명사의 의미상 주어를 소유격 형태로 나타낸다.

4 과거분사 hidden이 이끄는 분사구가 the deeper meaning을 뒤에서 수식하는 형태로 쓴다.

### 어휘 |

devote oneself to ~에 전념하다   intrigue ~의 호기심[흥미]을 돋우다

## B

### 문제 해설 |

1 '~가 …한[된] 채로'의 의미는 「with+(대)명사+분사」 구문으로 나타낼 수 있다. 사람들이 줄을 서서 기다리는 주체이므로 현재분사 waiting을 쓴다.

2 '~하게 되어 유감이다'의 의미는 「regret to-v」로 나타내며, 이어서 「tell+간접목적어(you)+직접목적어(that절)」의 어순으로 쓴다.

3 '~하는 데 어려움을 겪다'의 의미는 「have trouble v-ing」로 나타낸다.

4 '~가 …한[된] 채로'의 의미는 「with+(대)명사+분사」 구문으로 나타낼 수 있다. 일이 높이 쌓인 대상이므로 과거분사 piled를 쓴다.

### 어휘 |

pile 쌓다[포개다]   annual leave 연간 휴가

### 지문형 1

당신이 새끼 동물 같은 귀여운 생명체와 마주칠 때, 당신은 그것을 껴안거나 심지어 깨물고 싶은 강한 충동을 경험할지도 모른다. 이는 '귀여운 공격성'이라 불리는 완전히 정상적인 심리적 반응이며, 비록 이것이 잔인하게 들리더라도 해를 끼치는 것에 관한 것이 아니다. 사실, 충분히 이상하게도, 이러한 충동은 실제로는 우리로 하여금 (남을) 더 잘 보살피게 할지도 모른다. 인간의 뇌에서 귀여운 공격성을 살펴본 최초의 연구가 그것이 뇌의 여러 부분을 관련시키는 복잡한 신경학적 반응이라는 것을 이제 밝혀냈다. 그 연구자들은 귀여운 공격성이 우리가 감정적으로 과부하되는 것을 막을지도 모른다는 것을 제시하는데, 이는(=감정적으로 과부화되는 것) 우리가 매우 귀엽다고 여기는 것들을 돌보는 것을 어렵게 만들 것이다. 귀여운 공격성은 우리가 제대로 기능하도록 해주고, 우리가 처음에 압도적으로 귀엽다고 인지할 수도 있는 것을 실제로 돌볼 수 있도록 해주는 조절 기제의 역할을 할지도 모른다고 여겨진다.

### 문제 해설 |

'A가 ~하는 것을 막다'의 의미는 「stop A from v-ing」로 나타낸다.

[6행] ..., which would make **it** difficult [to look after things {that we consider extremely cute}].

▶ it은 가목적어이고 to부정사구인 [ ]가 진목적어이다. { }는 선행사 things를 수식하는 목적격 관계대명사절이다.

[7행] **It** is believed [that cute aggression may serve as a tempering mechanism {that allows us to function and actually take care of something (that) we might first perceive as overwhelmingly cute}].

▶ It은 가주어이고 that절인 [ ]가 진주어이다. { }는 선행사 a tempering mechanism을 수식하는 주격 관계대명사절이고, we might ... cute는 선행사 something을 수식하는 목적격 관계대명사절로, that이 생략되었다.

adorable 사랑스러운, 귀여운   cuddle 껴안다   psychological 정신[심리]의, 정신[심리]적인   aggression 공격성   compulsion 강요; *충동   neurological 신경학(상)의   temper 완화하다, 조절하다   overwhelmingly 압도적으로   overload 과적하다; *너무 많이 주다 [부과하다]

신동으로 언급되는 볼프강 아마데우스 모차르트는 음악적 기술을 매우 일찍 습득한 것으로 알려져 있다. 그는 4세의 나이에 음악을 작곡하기 시작했다. 6세의 나이에, 그는 아버지 Leopold와 함께 특별 공연을 하면서 유럽 전역을 돌아다녔다. 그러나 모차르트의 조숙함에 관한 오해가 있다. 우선 그가 4세에 작곡한 음악은 그다지 훌륭하지 않다. 그의 어린 시절 작품은 실은 다른 작곡가 작품의 편곡이었다. 음악가로서의 모차르트의 훌륭한 재능은 천부적인 음악적 재능에서 나왔다기보다는 열심히 하는 그의 능력과, 그가 그렇게 하도록 밀어붙인 아버지에게서 나왔다. 어린 모차르트에게 놀라운 음악적 능력을 준 것은 끊임없는 연습이었다. 그는 3세였을 때부터 하루에 세 시간씩 연습해야만 했기 때문에, 그는 6세가 될 무렵 3,500시간이라는 믿기 힘든 시간을 연습한 상태였는데, 이는 그의 또래 집단에 있는 다른 누구보다 세 배 더 많았다.

접속사 Because를 생략하고 주절의 주어와 부사절의 주어가 동일하므로 부사절의 주어 he를 생략한다. 분사구문의 의미상 주어인 he가 강요받은 대상이므로 (Being) Compelled가 이끄는 수동형 분사구문으로 바꿔야 한다.

[2행] ..., he traveled around Europe [giving special performances with his father, Leopold].

▶ [ ]는 동시동작을 나타내는 분사구문이다.

[5행] Mozart's great talent as a musician did **not so much** come from a natural musical ability **as** it did from his ability [to work hard] and a father [that pushed him to do so].

▶ 「not so much A as B」는 'A라기보다는 (차라리) B'라는 의미이다. 첫 번째 [ ]는 his ability를 수식하는 형용사적 용법의 to부정사구이다. 두 번째 [ ]는 선행사 a father를 수식하는 주격 관계대명사절이다.

cite 인용하다; *언급하다   arrangement 준비; *편곡   compel 강요 [강제]하다, ~하게 만들다   astonishing 정말 놀라운, 믿기 힘든

## UNIT 22 관계대명사 구문 (1)

[대표 예문]
1 당신과 견해가 크게 다른 사람들과 정치를 토론하는 것은 매우 어려울 수 있다.
2 이 산의 정상에 위치한 절은 100년도 더 전에 한 승려에 의해 지어졌다.

### 문장 완성 *Practice*                    p.68

**A**

1 O   2 whom → which[that]   3 who → whose

1 Cameron이 함께 일하는 모든 사람은 일류 대학의 석사 학위를 가지고 있다.
2 K-pop 콘서트가 끝난 뒤에 열렸던 불꽃놀이는 매우 인상적이었으며 20분 길이였다.
3 반려견이 실종된 그 가족은 누군가가 그의 사진을 알아볼 것이라는 희망을 가지고 공원에서 전단을 나눠주었다.

1 선행사 All of the people이 사람이고 관계사절 내에서 전치사 with의 목적어 역할을 하므로 관계대명사 who가 쓰인 해당 문장은 적절하다.
2 선행사 The fireworks display가 사물이고 관계사절 내에서 주어 역할을 하므로 whom을 which 또는 that으로 고쳐야 한다.
3 선행사 The family와 뒤의 명사구 pet dog가 소유 관계에 있으므로 who를 소유격 관계대명사 whose로 고쳐야 한다.

**B**

1 who had learned English as a second language
2 a beautiful vase believed to have been made in ancient Greece
3 the email the workers received contained a virus

1 a teenager를 선행사로 하는 관계대명사 who가 관계사절 내에서 주어 역할을 하도록 쓴다.

2 「주격 관계대명사+be동사」가 생략된 형태로, believed가 이끄는 과거분사구가 a beautiful vase를 뒤에서 수식하도록 쓴다.
3 목적격 관계대명사가 생략된 관계사절이 선행사 the email을 뒤에서 수식하도록 쓰고, 동사와 목적어를 이어서 쓴다.

**C**

1 The author whose first novel had won
2 the man who[that] was talking to their English teacher
3 The proposal of the town council which[that] the man complained about

문제 해설 |

1 관계대명사 whose가 The author를 선행사로 하면서 관계사절 내에서 소유격 역할을 하도록 쓴다.
2 관계대명사 who 또는 that이 the man을 선행사로 하면서 관계사절 내에서 주어 역할을 하도록 쓴다.
3 관계대명사 which 또는 that이 The proposal of the town council을 선행사로 하면서 관계사절 내에서 전치사 about의 목적어 역할을 하도록 쓴다.

어휘 |

critical 비판적인; *중대한, 결정적인    vastly 광대하게; *대단히, 크게    prestigious 명망 있는, 일류의    flyer 비행사[조종사]; *전단    superstore 대형 백화점[슈퍼마켓]

**UNIT 23 관계대명사 구문 (2)**

[기출 문제로 내신 만점 공략]
여러분이 미소를 보았는데 그것이 진짜가 아니라는 것을 느낄 수 있었던 몇몇 상황들이 있었다.

[대표 예문]
Sydney는 환경 동아리를 결성하는 방법을 Owen과 논의하는 데 오후를 보냈는데, 그를 그녀는 미래의 회장으로 여겼다.

문장 완성 *Practice*                                    p.70

**A**

1 ○   2 them → which   3 that → which

문장 해석 |

1 내가 함께 밴드를 시작한 내 친구들 중 한 명이 와서 내게 자신이 쓴 몇몇 가사를 보여주었다.
2 우리가 오늘 뗏목을 타고 내려갈 강은 작은 섬들로 가득한데, 그중 일부는 오늘날에도 사람이 살지 않는 채로 남아 있다.
3 우리는 이 플랜테인을 조리해야 하는데, 그것은(=플랜테인은) 다른 바나나 품종들의 단맛이 부족하고 그것의 쓴맛 때문에 날것으로 섭취될

수 없다.

문제 해설 |

1 선행사 One of my friends가 사람이며, 관계사절 내에서 전치사 with의 목적어 역할을 하므로 전치사 뒤에 목적격 관계대명사 whom이 쓰인 해당 문장은 적절하다.
2 절과 절을 연결하는 접속사 역할을 하는 동시에 선행사인 small islands를 대신하는 대명사 역할을 해야 하므로 them을 관계대명사 which로 고쳐야 한다.
3 선행사 plantains는 사물이며, 계속적 용법의 관계사절 내에서 주어 역할을 하므로 that을 which로 고쳐야 한다. that은 계속적 용법으로 쓸 수 없다.

**B**

1 into which the meerkat disappeared[which the meerkat disappeared into]
2 none of whom I recognized
3 that Anna's grandparents were sitting on
4 most of whom she had known since elementary school
5 on which they intend to build several houses[which they intend to build several houses on]
6 who had to work long hours due to a recent outbreak of flu

문제 해설 |

1 전치사 into와 관계대명사 which가 주어졌으므로, 「전치사+관계대명사」의 형태로 쓰거나, 전치사를 관계사절 끝에 쓴다.
2 「한정사(none)+of+관계대명사(whom)」의 형태로 쓰고, 이어서 주어와 동사를 쓴다.
3 관계대명사 that은 「전치사+관계대명사」의 형태로 쓸 수 없으므로 전치사 on은 관계사절 끝에 쓴다.
4 「한정사(most)+of+관계대명사(whom)」의 형태로 쓰고, 이어서 주어, 동사, 전치사구를 쓴다.
5 전치사 on과 관계대명사 which가 주어졌으므로, 「전치사+관계대명사」의 형태로 쓰거나, 전치사를 관계사절 끝에 쓴다.
6 The nurse를 선행사로 하는 계속적 용법의 관계대명사 who가 이끄는 절을 쓴다.

어휘 |

genuine 진짜의, 진품의    prospective 장래의, 미래의    lyric 서정시; *(pl.) (노래의) 가사    uninhabited 사람이 살지 않는, 무인의    variety 여러 가지; *품종[종류]    den (야생동물이 사는) 굴

**UNIT 24 관계부사 구문**

[대표 예문]
1 Landon은 화요일을 고대하는데, 그때는 그가 방과 후 수업이 없어서 자유 시간을 쓸 수 있다.

**2** 자신이 방금 점심을 먹었던 식당으로 급히 되돌아오면서, Grace는 두고 간 자리에 자신의 지갑이 아직 있는 것을 발견하고 안도했다.

## 문장 완성 Practice

p.72

### A

**1** O　**2** the way how → how[the way] 또는 the way that　**3** where → when

문장 해석 |

1 Luke가 자신이 반 친구를 모욕했다는 것을 깨달은 순간, 그는 먼저 생각하지 않고 말한 것에 대해 사과했다.
2 그 여행 가이드는 고대의 이집트인들이 피라미드를 건설하는 데 사용된 큰 돌들을 옮긴 방식을 설명했다.
3 중세에 흑사병은 유럽을 황폐화했는데, 그때 사람들은 질병이 어떻게 확산되는지에 관한 과학적 이해가 거의 없었다.

문제 해설 |

1 시간을 나타내는 선행사 The moment 뒤에 관계부사 when이 오고, 뒤에 완전한 절이 이어지므로 해당 문장은 적절하다.
2 방법을 나타내는 선행사 the way와 관계부사 how는 함께 쓸 수 없으므로, the way how를 관계부사 how나 선행사 the way만 남긴 형태 또는 the way that으로 고쳐야 한다.
3 선행사 the Middle Ages가 시간을 나타내므로 where를 when으로 고쳐야 한다.

### B

**1** why some living creatures do not need to sleep
**2** when the earthquake hit the city
**3** where a towering tree had once stood

문장 해석 |

1 과학자들은 그 이유를 알기 위해 노력하고 있다. 그 이유 때문에 몇몇 살아있는 생물들이 잠을 잘 필요가 없다.
→ 과학자들은 몇몇 살아있는 생물들이 잠을 잘 필요가 없는 이유를 알기 위해 노력하고 있다.
2 국경일이었기 때문에, 많은 사람들이 그날 도시를 떠나 있었다. 그날 지진이 그 도시를 강타했다.
→ 국경일이었기 때문에, 많은 사람들이 지진이 그 도시를 강타한 날에 도시를 떠나 있었다.
3 그 도보 여행자들은 그곳에 크고 들쑥날쑥한 구멍밖에 없다는 것을 알고 크게 실망했다. 한때 그곳에 우뚝 솟은 나무가 서 있었다.
→ 그 도보 여행자들은 한때 우뚝 솟은 나무가 서 있었던 곳에 크고 들쑥날쑥한 구멍밖에 없다는 것을 알고 크게 실망했다.

문제 해설 |

1 선행사 the reason이 이유를 나타내므로 관계부사 why를 사용해서 두 문장을 연결한다.

---

2 선행사 the day가 시간을 나타내므로 관계부사 when을 사용해서 두 문장을 연결한다.
3 선행사 the spot이 장소를 나타내므로 관계부사 where를 사용해서 두 문장을 연결한다.

### C

**1** On days that the air quality is poor
**2** where she was loudly greeted by a group of old friends
**3** the reason why he desired to climb Mount Everest

문제 해설 |

1 부사구 On days 뒤에 that을 쓰고, 주어(the air quality), 동사(is), 보어(poor)의 완전한 절을 이어서 쓴다.
2 선행사 the café를 부연하는 계속적 용법의 관계부사절을 쓴다. 관계부사 where 뒤에 주어(she)와 동사(was loudly greeted)를 쓰고, by가 이끄는 전치사구를 이어서 쓴다.
3 선행사 the reason을 수식하는 관계부사절을 쓴다. 관계부사 why 뒤에 주어(he), 동사(desired), 목적어(to climb Mount Everest)를 이어서 쓴다.

어휘 |

transport 수송하다　devastate 황폐시키다　dismay 경악하게 만들다, 크게 실망시키다　ragged 누더기가 된; *(윤곽 등이) 고르지 못한, 들쑥날쑥한　towering 우뚝 솟은, 높이 치솟은

---

## UNIT 25 복합관계사

**[대표 예문]**
**1** 당신이 숲에 가면 당신이 원하는 어느 길이든지 선택해도 되는데, 길들이 모두 결국 같은 장소에 이르게 되기 때문이다.
**2** 폭우가 내릴 때마다, 학교 앞의 교차로에 큰 물웅덩이가 생겨 교통을 정체시킨다.

## 문장 완성 Practice

p.74

### A

**1** Whatever　**2** whoever　**3** whenever

문장 해석 |

1 그 희극배우가 말하는 무엇이든지 웃기게 들리는데, 그가 빠르게 말하고 강한 억양을 가지고 있기 때문이다.
2 심사위원들은 가장 창의적인 의상을 입고 할로윈 파티에 오는 누구에게든지 특별상을 수여할 것이다.
3 승객들은 '안전띠를 착용하시오'라는 표시등이 들어와 있지 않는 한 그들이 원할 때는 언제든지 화장실을 이용하기 위해 자리를 떠도 된다.

## 문제 해설 |

1 '~하는 무엇이든지'라는 뜻으로 명사절을 이끄는 복합관계대명사 Whatever가 알맞다.
2 '~하는 누구든지'라는 뜻으로 명사절을 이끄는 복합관계대명사 whoever가 알맞다.
3 '~할 때마다, ~할 때는 언제든지'라는 뜻으로 부사절을 이끌며, 뒤에 완전한 절이 이어지므로 복합관계부사 whenever가 알맞다.

### B

1 However old you may be
2 Whoever you choose to be your secretary
3 wherever his skin was red

## 문제 해설 |

1 '아무리 ~하더라도'의 의미를 나타내도록 복합관계부사 However 뒤에 형용사 old를 쓰고 주어(you)와 동사(may be)를 쓴다.
2 '~하는 누구든지'라는 의미로 복합관계대명사 Whoever가 관계사절 내에서 목적어 역할을 하도록 뒤에 주어(you), 동사(choose)를 쓰고 to be your secretary를 이어서 쓴다.
3 '~하는 곳은 어디든지'라는 의미를 나타내는 복합관계부사 wherever 뒤에 주어(his skin), 동사(was), 보어(red)의 완전한 절을 쓴다.

### C

1 Whichever car you decide to buy
2 However hard she tried
3 whenever someone walks past

## 문제 해설 |

1 '~하는 어느 …든지'라는 의미의 복합관계형용사 Whichever가 명사 car를 앞에서 수식하도록 쓴다.
2 '아무리 ~하더라도'라는 의미가 되도록 복합관계부사 However를 이용하여 「However+형용사+주어+동사」의 형태로 쓴다.
3 '~할 때마다, ~할 때는 언제든지'라는 의미를 나타내는 복합관계부사 whenever가 이끄는 절을 쓴다.

## 어휘 |

inexperienced 경험이 부족한, 미숙한   puddle 물웅덩이 intersection 교차로, 교차 지점   lavatory 변기; *화장실   public relations 홍보[선전] (활동)   medicated 의약용의   itchiness 가려움   torment 고통을 안겨 주다, 괴롭히다   adjust 조정하다 sidewalk 인도

p.76

### UNIT 22~25 서술형 핵심 구문 REVIEW TEST

---

A

1 a writer whose insights are deep
2 an old sitcom that we used to watch
3 before opening the files attached to the email
4 the extent to which emotional intelligence contributes

B

1 some of which were rotten
2 Whoever meets these requirements is an ideal candidate
3 However hard we try to get rid of them
4 where they were born, which is called

[지문형 1]
writing is a means of discovery in which we use

[지문형 2]
the show where their style of painting was severely criticized

A
## 문제 해설 |

1 선행사 a writer와 명사 insights가 소유 관계를 나타내도록 선행사 뒤에 소유격 관계대명사 whose가 이끄는 절을 쓴다.
2 목적격 관계대명사 that이 이끄는 절이 선행사 an old sitcom을 뒤에서 수식하는 형태로 쓴다. '~하곤 했다'의 의미는 「used to-v」로 나타낸다.
3 「주격 관계대명사+be동사」가 생략된 형태로, the files를 attached가 이끄는 과거분사구가 뒤에서 수식하도록 쓴다.
4 관계대명사가 전치사의 목적어로 쓰일 때 전치사는 관계대명사 앞이나 관계사절 끝에 오지만, 관계사절이 to well-being으로 끝나므로 관계대명사 which 앞에 전치사 to를 쓴다.

## 어휘 |

insight 통찰력, 이해   attach 붙이다, 첨부하다   contribute to ~에 기여하다   extent 정도[규모]   examine 조사[검토]하다

B
## 문제 해설 |

1 「한정사(some)+of+관계대명사(which)」의 형태로 쓰고, 이어서 동사구 were rotten을 쓴다.
2 '~하는 누구든지'의 의미로 Whoever가 문장에서 주어 역할을 하는 절을 이끌도록 쓴다.
3 '아무리 ~하더라도'의 의미는 「However+형용사/부사+주어+동사」의 형태로 나타낸다.
4 장소를 나타내는 선행사 the place를 관계부사 where가 이끄는 절이 수식하도록 쓴다. 또한, 콤마 뒤에는 관계대명사 which를 이용하여 앞 절 전체를 선행사로 하는 계속적 용법의 관계대명사절을 쓴다.

어휘 |

rot 썩히다, 부패시키다   candidate 후보자   reproduce 복사[복제]
하다; *번식하다

**지문형 1**

학문적인 언어를 일상 언어로 바꿔 보는 것은 작가에 의해 자신의 생
각을 스스로 명확하게 하는 데 이용되는 필수적인 도구이다. 왜냐하
면, 글쓰기 이론가들이 흔히 언급하듯이, 우리는 우리의 머릿속에서
완전하게 만들어진 생각을 가지고 글쓰기를 시작하지 않으며, 그것
을 바꾸지 않고 페이지 위에 단순히 옮겨 쓰지 않기 때문이다. 도리
어 글쓰기는 우리가 글쓰기 과정을 사용하여 우리의 생각이 정확히
무엇인지를 알아내는 발견의 수단인 경우가 더 흔하다. 결과적으로,
우리가 쓰려고 의도하는 것은 우리가 결국 페이지 위에 적게 되는 것
과 상당히 다를 수 있다. 요점은 일상 언어를 사용하는 것이 그 발견
과정의 매우 중요한 부분이라는 것이다. 여러분의 생각을 더 평범하
고 더 간단한 말로 바꿔 보는 것은 여러분이 처음에 (여러분의 생각
이) 그럴 것이라고 상상했던 것이 아니라 여러분의 생각이 실제로 무
엇인지 알아내도록 도와줄 수 있다.

문제 해설 |

관계사절이 a means of discovery를 선행사로 하고, 관계대명사
which가 관계사절 내에서 전치사 in의 목적어 역할을 하도록 쓴다. 관
계대명사가 전치사의 목적어로 쓰일 때 전치사는 관계대명사 앞이나 관
계사절 끝에 오지만, 관계사절의 후반부가 이미 제시되었으므로 관계대
명사 which 앞에 전치사 in을 쓴다.

구문 분석 |

[1행] [Translating academic language into everyday
language] is an essential tool [used by writers] [to
clarify their ideas to themselves].
▶ 첫 번째 [ ]는 문장의 주어 역할을 하는 동명사구이다. 두 번째 [ ]는
an essential tool을 수식하는 과거분사구이다. 세 번째 [ ]는 목적
을 나타내는 부사적 용법의 to부정사구이다.

[2행] …, we don't start writing with a fully formed idea
in our heads, and then (we don't) simply transcribe **it**
onto the page without changing **it**.
▶ then 다음에 반복되는 어구 we don't가 생략되었다. 두 개의 it은 a
fully formed idea in our heads를 가리킨다.

[4행] As a result, [what we intended to write] can be
quite different from [what we end up with on the page].
▶ 두 개의 [ ]는 선행사를 포함하는 관계대명사 what이 이끄는 명사절
로, 첫 번째 [ ]는 문장의 주어 역할을 하고 두 번째 [ ]는 전치사 from
의 목적어 역할을 한다.

어휘 |

translate 번역하다, 옮기다   clarify 명확하게 하다   theorist 이론
가   end up with 결국 ~하게 되다   crucial 중대한, 결정적인   as
opposed to ~와는 대조적으로, ~이 아니라   initially 처음에

**지문형 2**

A.Y. Jackson은 1882년에 몬트리올의 한 가난한 가정에서 태
어났다. 12세의 나이에, 그는 형제자매를 부양하는 것을 돕기 위해
일해야 했는데, 그의 아버지가 몇 년 전에 가족을 버렸었기 때문이
다. 인쇄소에서 일하면서, 그는 미술에 관심을 가지게 되었고 신선하
고 새로운 방식으로 풍경을 그리기 시작했다. 기차로 온타리오 북부
를 횡단하는 여행을 하면서, Jackson과 몇 명의 다른 화가들은 그
들이 보는 모든 것을 그렸다. 자칭 'Group of Seven'은 그 여행의
결과물들을 한데 모아 1920년에 토론토에서 미술 전시회를 열었
다. 그것이 그들의 그림 스타일이 혹독하게 비판받은 전시회였다. 그
러나 그는 계속 그림을 그리고, 여행을 하고, 전시를 했고, 1974년
에 82세의 나이로 사망할 무렵에 Jackson은 그림의 천재이자 현
대 풍경화의 개척자로 인정받았다.

문제 해설 |

선행사 the show가 장소를 나타내므로 관계부사 where가 이끄는 절
이 the show를 뒤에서 수식하도록 쓴다. 수동태 표현을 활용하라는 조
건이 있으며 과거시제이므로 과거형 수동태 was severely criticized
를 쓴다.

구문 분석 |

[4행] [Traveling by train across northern Ontario],
Jackson and several other artists painted everything
[(that) they saw].
▶ 첫 번째 [ ]는 시간을 나타내는 분사구문이다. 두 번째 [ ]는 선행사
everything을 수식하는 목적격 관계대명사절로, that이 생략되었다.

어휘 |

abandon 버리다[떠나다]   acknowledge 인정하다

---

**UNIT 26** **if절이 있는 가정법**

[대표 예문]
1 만약 그 어린 여자아이가 매일 돌볼 반려동물이 있다면, 그녀
는 더 책임감이 있을 텐데.
2 만약 Gavin이 감기에 걸리지 않았더라면, 그는 나머지 학급
친구들과 함께 과학 박람회에 갈 수 있었을 텐데.

**문장 완성 Practice**                                    p.78

**A**

1 O   2 sleeps → had slept   3 would have been →
would be

문장 해석 |

1 만약 그들이 중요하지 않은 세부 사항들에 관해 끊임없이 언쟁하는
데 시간을 덜 낭비한다면, 그들의 여행은 예정보다 늦지 않을 텐데.

2 만약 Layla가 일요일 아침에 늦잠을 잤더라면, 그녀는 조류 관찰 하이킹에 고모와 삼촌과 동행할 수 없었을 텐데.

3 만약 Zoe가 미리 표를 예매할 것을 잊지 않았더라면, 우리는 지금 그 큰 경기를 TV로 보는 대신 경기장에 있을 텐데.

문제 해설 |

1 현재 사실을 반대로 가정하는 가정법 과거 구문으로, If절의 동사를 과거형 wasted로, 주절의 동사를 「would + 동사원형」의 형태로 쓴 해당 문장은 적절하다.

2 과거 사실을 반대로 가정하는 가정법 과거완료 구문이므로, If절의 동사를 「had p.p.」의 형태로 써야 한다. 따라서 sleeps를 had slept로 고쳐야 한다.

3 과거에 실현되지 못한 일을 현재와 관련지어 나타내는 혼합가정법 구문이므로 주절의 동사를 「조동사의 과거형 + 동사원형」의 형태로 써야 한다. 따라서, would have been을 would be로 고쳐야 한다.

### B

1 had planted more trees and built fewer highways, would prefer to live there
2 lived in a rural area, would spend more time pursuing outdoor activities
3 had known the size of the enemy's army, might have ordered

문제 해설 |

1 과거에 실현되지 못한 일을 현재와 관련지어 나타내므로 혼합가정법 구문을 사용하여 If절의 동사로는 「had p.p.」 형태의 had planted를, 주절의 동사로는 「조동사의 과거형 + 동사원형」의 형태인 would prefer를 쓴다.

2 현재 사실에 반대되는 일을 가정하므로 If절의 동사로 동사의 과거형 lived를 쓴다. 주절의 동사로는 「조동사의 과거형 + 동사원형」의 형태인 would spend를 쓴다. '~하는 데 시간을 보내다'의 의미는 「spend + 시간 + v-ing」로 나타낸다.

3 과거 사실에 반대되는 일을 가정하므로 If절의 동사로 「had p.p.」 형태의 had known을 쓰고, 주절의 동사로는 「조동사의 과거형 + have p.p.」의 형태인 might have ordered를 쓴다.

### C

1 had done their homework, they would have more time
2 hadn't stopped him, might have been in danger
3 were lower, we could purchase our own apartment

문제 해설 |

1 과거에 실현되지 못한 일을 현재와 관련지어 나타내므로 혼합가정법 구문을 사용한다. If절의 동사로 「had p.p.」를 쓰고 주절의 동사로는 「would + 동사원형」을 쓴다.

2 과거 사실을 반대로 가정하므로 가정법 과거완료 구문을 사용한다. If절의 동사로 「had p.p.」를 쓰고 주절의 동사로는 「might have p.p.」를 쓴다.

3 현재 사실을 반대로 가정하므로 가정법 과거 구문을 사용한다. If절의 동사로 과거형을 쓰고 주절의 동사로는 「could + 동사원형」을 쓴다.

어휘 |

behind schedule 예정보다 늦게  accompany 동반하다, 동행하다  in advance 미리, 사전에  rural 시골의  urban 도시의  fort 요새, 진지  housing 주택

## UNIT 27 if절을 대신하는 표현

[대표 예문]
소리를 이용하여 먹이의 위치를 찾아내는 능력이 없다면, 박쥐는 밤에 곤충을 사냥할 수 없을 텐데.

### 문장 완성 Practice
p.80

### A

1 it had not been for the love and support of her family
2 it were not for the high cost of raw materials
3 it had not been for the social barriers
4 it were not for our weekly practices

문장 해석 |

1 가족의 사랑과 지지가 없었더라면, Riley는 인생의 그 어려운 시기를 헤쳐 나갈 수 없었을 텐데.

2 원자재의 높은 비용이 아니라면, 우리는 우리 집을 보수할 때 좋은 품질의 자재를 사용할 수 있을 텐데.

3 그 당시에 여성이 교육을 받는 것을 막는 사회적 장벽이 없었더라면, Jessica는 예술을 공부하는 데 그녀의 인생을 바칠 수 있었을 텐데.

4 주간 연습이 없다면, 우리 팀의 선수들은 그들의 기량을 증진시키거나 함께 효과적으로 경기하는 것을 배울 수 없을 텐데.

문제 해설 |

1 주절의 동사로 보아 가정법 과거완료 구문임을 알 수 있으므로 Without을 If it had not been for로 바꿔 쓸 수 있다.

2 주절의 동사로 보아 가정법 과거 구문임을 알 수 있으므로 But for를 If it were not for로 바꿔 쓸 수 있다.

3 주절의 동사로 보아 가정법 과거완료 구문임을 알 수 있으므로 But for를 If it had not been for로 바꿔 쓸 수 있다.

4 주절의 동사로 보아 가정법 과거 구문임을 알 수 있으므로 Without을 If it were not for로 바꿔 쓸 수 있다.

### B

1 would not be so bright and cheerful
2 If it were not for its atmosphere, would become so cold

3 would have fallen prey to
4 If it had not been for the candy bar, would have been alone

**문제 해설 |**

1 현재 사실을 반대로 가정하는 가정법 과거 구문이므로 주절의 동사는 「would+동사원형」의 형태로 쓴다.
2 현재 사실을 반대로 가정하는 가정법 과거 구문이다. '~이 없다면' 의 의미는 「If it were not for+명사구」로 나타내고 주절의 동사는 「would+동사원형」의 형태로 쓴다.
3 과거 사실을 반대로 가정하는 가정법 과거완료 구문이므로, 주절의 동사는 「would have p.p.」의 형태로 쓴다.
4 과거 사실을 반대로 가정하는 가정법 과거완료 구문이다. '~이 없었더 라면'의 의미는 「If it had not been for+명사구」로 나타내고 주절의 동사는 「would have p.p.」의 형태로 쓴다.

**어휘 |**

overseas 해외로, 외국으로 raw material 원자재 barrier 장벽 devote A to B A를 B에 바치다[쏟다] atmosphere 대기 fall prey to ~의 먹이가 되다 stalk 몰래 접근하다; *(위협적으로) 활보하다 savannah 대초원 shipwreck 난파, 조난 사고 life raft 구명 뗏목

---

## UNIT 28 I wish/as if[though] 가정법

**[대표 예문]**
1 일부 사람들이 어떻게 그들의 학업을 활발한 사회 생활과 균형을 이루도록 할 수 있는지 내가 알면 좋을 텐데.
2 좋은 주인은 손님들을 마치 자신의 가족인 것처럼 집안으로 맞이하며 그들이 편하게 있도록 권한다.

### 문장 완성 Practice                    p.82

**A**

1 I had not lost the new wallet you gave me
2 they were the greatest players
3 I knew who is responsible
4 he had prepared all the food

**문장 해석 |**

1 나는 내 생일을 위해 네가 내게 준 새 지갑을 잃어버린 것이 유감이다.
→ 내 생일을 위해 네가 내게 준 새 지갑을 내가 잃어버리지 않았더라면 좋을 텐데.
2 사실, 그 두 테니스 선수들은 세계에서 가장 훌륭한 선수들이 아니다.
→ 그 코치는 마치 그들이 세계에서 가장 훌륭한 선수들인 것처럼 그 두 테니스 선수들을 대한다.

3 나는 누가 그 정원의 식물을 훼손한 것에 대한 책임이 있는지 모르는 것이 유감이다.
→ 누가 그 정원의 식물을 훼손한 것에 대한 책임이 있는지 내가 안다면 좋을 텐데.
4 사실, Mike는 지난 주말의 파티를 위한 모든 음식을 혼자 준비하지 않았다.
→ Mike는 마치 자신이 지난 주말의 파티를 위한 모든 음식을 혼자 준비했던 것처럼 행동한다.

**문제 해설 |**

1 과거 사실에 대한 아쉬움을 나타내므로 「I wish+주어+had p.p.」 형태의 가정법 과거완료를 쓴다.
2 주절(현재)과 일치하는 시점의 일을 반대로 가정하고 있으므로 「as if+주어+동사의 과거형」 형태의 가정법 과거를 쓴다.
3 현재 사실에 대한 아쉬움을 나타내므로 「I wish+주어+동사의 과거형」 형태의 가정법 과거를 쓴다.
4 주절보다 이전 시점의 일을 반대로 가정하고 있으므로 「as if+주어+had p.p.」 형태의 가정법 과거완료를 쓴다.

**B**

1 as if[though] they were medicine
2 as if[though] he had not heard
3 I wish I could spend more time
4 as if[though] she had won the lottery
5 I wish I had closed my bedroom window

**문제 해설 |**

1 주절(현재)과 일치하는 시점에 대한 가정을 나타내므로 「as if[though]+주어+동사의 과거형」을 쓴다.
2 주절보다 이전 시점의 일을 반대로 가정하므로 「as if[though]+주어+had p.p.」를 쓴다.
3 현재 사실에 대한 아쉬움을 나타내므로 「I wish+주어+조동사의 과거형+동사원형」을 쓴다.
4 주절보다 이전 시점의 일을 반대로 가정하므로 「as if[though]+주어+had p.p.」를 쓴다.
5 과거 사실에 대한 아쉬움을 나타내므로 「I wish+주어+had p.p.」를 쓴다.

**어휘 |**

insomnia 불면증 elect (선거로) 선출하다 grin 활짝[크게] 웃다

---

## UNIT 29 if 생략과 도치

**[대표 예문]**
1 공룡이 오늘날 여전히 살아 있다면, 지구의 생태계는 그것이 현재 그런 것과 다를 텐데.
2 내가 지난 며칠 밤에 충분한 양의 수면을 취했더라면, 나는 오늘 그렇게 피로를 느끼지 않을 수도 있을 텐데.

**A**

1 O　2 would have been → would be　3 Were it not for → Had it not been for[If it had not been for]

문제 해설 |

1 실현 가능성이 희박한 일을 가정하는 가정법 과거 구문으로, If가 생략되고 주어 this espresso machine이 조동사 should와 도치된 형태의 해당 문장은 적절하다.

2 현재 사실을 반대로 가정하는 가정법 과거 구문이므로, 주절의 동사로「조동사의 과거형+동사원형」을 써야 한다. 따라서, would have been을 would be로 고쳐야 한다.

3 '~이 없었더라면'이라는 의미로 과거 사실과 반대되는 일을 가정하는 가정법 과거완료 구문이므로, Were it not for를 If가 생략되고 주어와 조동사가 도치된 형태의 Had it not been for 또는 If it had not been for로 고쳐야 한다.

**B**

1 Were it against the law to speak rudely
2 Were it not for the map application
3 Had Madelyn known how long the movie was

문제 해설 |

1 현재 사실과 반대되는 일을 가정하는 가정법 과거 문장의 If절에서 If가 생략되고 주어와 동사가 도치된 형태이다. 따라서,「Were+주어 ~」로 쓴다.

2 '~이 없다면'이라는 의미로 현재 사실과 반대되는 일을 가정하는 가정법 과거 구문인 If it were not for ~에서 If가 생략되고 주어와 동사가 도치된 형태의「Were it not for+명사구」로 쓴다.

3 과거 사실과 반대되는 일을 가정하는 가정법 과거완료 문장의 If절에서 If가 생략되고 주어와 조동사가 도치된 형태이다. 따라서,「Had+주어+p.p. ~」로 쓴다.

**C**

1 Were Lily able to speak Spanish better
2 Were Ryan less patient, he might be angry
3 Had these appetizers been less spicy

문제 해설 |

1 현재 사실과 반대되는 일을 가정하는 가정법 과거 구문에서 If가 생략되고 주어와 be동사가 도치된 형태로 쓴다.

2 현재 사실과 반대되는 일을 가정하는 가정법 과거 구문에서 If가 생략되고 주어와 be동사가 도치된 형태로 쓴다. 주절은「주어+might+동사원형 ~」의 형태로 쓴다.

3 과거 사실과 반대되는 일을 가정하는 가정법 과거완료 구문에서 If가 생략되고 주어와 조동사가 도치된 형태로 쓴다.

어휘 |

malfunction 제대로 작동하지 않다　civilization 문명 disagreement 의견 충돌[차이]

**UNIT 26~29 서술형 핵심 구문 REVIEW TEST**

**STEP 1 문장 완성**

A

1 If there were room for negotiation
2 If it had not been for the first aid
3 I wish I had the authority to go
4 Were I in your shoes, I wouldn't take the risk

B

1 as if[though] I had never seen it
2 If we had left the office, we would be having dinner
3 But for the objection, the bill would have been submitted
4 If he had had alternatives, might not have given up

**STEP 2 실전 문제 응용**

[지문형 1]
If it were not for tigers, these species would rapidly increase in number.

[지문형 2]
as if enemies or predators were approaching

A
문제 해설 |

1 '만약 ~라면, …할 텐데'의 의미는「If+주어+동사의 과거형 ~, 주어+조동사의 과거형+동사원형 ….」의 가정법 과거로 나타낸다.

2 '~이 없었더라면'의 의미는「If it had not been for ~」로 나타낼 수 있다.

3 '~라면 좋을 텐데'의 의미는「I wish+주어+동사의 과거형」으로 나타낸다.

4 현재 사실과 반대되는 일을 가정하는 가정법 과거 구문에서 If가 생략되고 주어와 be동사가 도치된 형태를 쓰고, 주절은「주어+would+동사원형 ~」의 형태로 쓴다.

어휘 |

negotiation 협상, 교섭　agreement 협정, 합의　first aid 응급 처치　bystander 행인　authority 지휘권; *권한　halt 세우다, 중단시키다　unpredictable 예측 불가능한

## B

**문제 해설 |**

1 주절보다 이전 시점의 일을 반대로 가정하므로 「as if[though]+주어+had p.p.」 형태의 가정법 과거완료를 쓴다.

2 과거에 실현되지 못한 일을 현재와 관련지어 나타내므로 혼합가정법 구문을 사용하여 if절의 동사로 「had p.p.」를, 주절의 동사로는 「조동사의 과거형+동사원형」을 쓴다.

3 but이 주어졌으므로 '~이 없다면'의 의미는 「But for+명사구」로 나타내며, 과거 사실과 반대되는 일을 가정하는 가정법 과거완료 구문이므로 주절의 동사로는 「would have p.p.」를 쓴다. 법안은 제출되는 대상이므로 수동태로 쓴다.

4 과거 사실과 반대되는 일을 가정하므로 If절의 동사로 「had p.p.」를, 주절의 동사로는 「조동사의 과거형+have p.p.」를 쓴다.

**어휘 |**

objection 이의, 반대    senator 상원 의원    parliament 의회, 국회    alternative 대안, 선택 가능한 것

### 지문형 1

우리는 우리 자신을 보호하기 위해 호랑이를 보호할 필요가 있다. 이것은 지구의 모든 종이 서로 연결되어 있기 때문이다. 만약 호랑이가 멸종된다면 어떤 일이 일어날지 생각해보라. 먹이 사슬의 정점에 존재하며 그들은 사슴과 멧돼지같이 그들이 잡아먹는 동물들의 개체 수를 유지한다. 호랑이가 없다면, 이러한 종들의 수가 급격히 증가할 것이다. 그 결과로, 그들의 먹이인 초목이 사라지기 시작할 것이다. 이것은 새들과 곤충들로 하여금 그들의 집을 잃게 할 것이고, 그것들을 잡아먹는 더 큰 동물들은 곧 먹이가 바닥나게 될 것이다. 결국, 생태계 전체가 영향을 받게 될 것이다. 인간도 예외가 아닌데, 우리는 공기, 음식 그리고 물을 포함하여 우리가 살아가는 데 필요한 모든 것을 자연에 의존하기 때문이다.

**문제 해설 |**

밑줄 친 문장에서 주절의 동사가 「조동사의 과거형+동사원형」의 형태인 것으로 보아 해당 문장이 가정법 과거 구문임을 알 수 있다. 가정법 과거 구문의 Without은 If it were not for로 바꿔 쓸 수 있으므로 If it were not for tigers, ~와 같이 쓰는 것이 알맞다.

**구문 분석 |**

[2행] Think about [what would happen if tigers became **extinct**].

▶ [ ]는 전치사 about의 목적어 역할을 하는 간접의문문으로, 「if+주어+동사의 과거형, 주어+조동사의 과거형+동사원형」의 가정법 과거 구문이 쓰였다. became 뒤에 주격보어로 형용사 extinct가 왔다.

[2행] [Existing at the top of the food chain], they maintain the populations of the animals [(which[that]) they prey on], such as deer and boar.

▶ 첫 번째 [ ]는 동시동작을 나타내는 분사구문이다. 두 번째 [ ]는 선행사 the animals를 수식하는 목적격 관계대명사절로, which[that]가 생략되었다.

[5행] This would **cause** birds and insects **to lose** their homes, and bigger animals [that prey on *them*] would soon run out of food.

▶ 「cause+O+to-v」는 '~로 하여금 …하게 하다'라는 의미이다. [ ]는 선행사 bigger animals를 수식하는 주격 관계대명사절이다. them은 birds and insects를 가리킨다.

**어휘 |**

interconnect 서로 연결하다    maintain 유지하다[지키다]    population 인구; *개체 수    vegetation 초목[식물]

### 지문형 2

단순히 처벌을 피하기 위해 발생하는, 인간이 아닌 영장류의 속임의 사례들이 있다. 자신의 어미로부터의 신체적 처벌을 피하려는 시도로, 어린 개코원숭이는 마치 적이나 포식자가 오고 있는 것처럼 열심히 지평선 쪽을 바라볼지도 모른다. 이는 결국 자신의 무리 전체를 속여서 그들을 극도로 흥분하게 만든다. 유사하게, savannah 개코원숭이는 자신의 부모 또는 다른 지배적인 어른에게 쫓기고 있을 때 포식자를 경고하는 울음소리를 내는 것으로 알려져 왔다. 어린 보닛 마카크는 또한 어른에 의한 처벌이나 공격을 막기 위해 경고하는 울음소리를 낸다. 그러한 경우, 전략적인 속임수의 사용을 통해 공격자는 속아서 주변에 포식자가 있다고 생각하게 되는데, 이는 공격자로 하여금 포식자와의 직면에 대비하기 위해 그 어린 영장류를 처벌하거나 공격하는 것을 멈추게 한다.

**문제 해설 |**

'마치 ~인 것처럼'의 의미로, 주절(현재)과 일치하는 시점의 일을 반대로 가정하고 있으므로 「as if+주어+동사의 과거형」 형태의 가정법 과거 구문을 쓴다.

**구문 분석 |**

[3행] **This** eventually fools its entire troop, [driving them into a frenzy].

▶ This는 어린 개코원숭이가 열심히 지평선 쪽을 바라본다는 앞 문장의 내용을 가리킨다. [ ]는 결과를 나타내는 분사구문이다.

**어휘 |**

primate 영장류 (동물)    deception 속임, 기만    punishment 벌, 처벌 (punish 처벌하다, 벌주다)    emit (빛·소리 등을) 내다[내뿜다]    chase 뒤쫓다, 추적하다    dominant 우세한, 지배적인    aggressor 공격자    trick into 속여서 ~하게 하다    tactical 작전의; *전략적인    confrontation 대면, 직면

## UNIT 30 절을 품은 seem 구문

**[기출 문제로 내신 만점 공략]**

작품 속 간접 광고는 소비자들에게 그들이 쇼핑하는 동안 미묘한 암시를 주도록 설계된 것 같다.

**[대표 예문]**

네가 내가 그러는 것보다 일본어를 더 잘 이해하는 것 같으니 내게 이 지시 사항을 읽어줄 수 있니?

## A

1 Your daughter Olivia seems to have grown several centimeters
2 It seemed that the peaches they purchased at the farmers market were ripe
3 The sauce atop the pasta I ordered seems to have a lot of sugar
4 The butcher's shop down the road seems to have closed permanently

문제 해설 |

1 Olivia가 더 자란 것은 보이는 것보다 더 이전에 일어난 일이므로 「seems to have p.p.」의 형태로 쓴다.
2 복숭아가 익은 것이 보이는 것과 같은 과거 시점의 일이므로 「It seemed that+주어+동사의 과거형」의 형태로 쓴다.
3 소스에 설탕이 들어 있는 것이 보이는 것과 같은 현재 시점의 일이므로 「seems to-v」의 형태로 쓴다.
4 정육점이 폐업한 것이 보이는 것보다 더 이전에 일어난 일이므로 「seems to have p.p.」의 형태로 쓴다.

## B

1 seems that the weather is improving now
2 seemed to stand still as the speeding truck headed toward us
3 seem to have dropped your spoon on the floor
4 seems that the flowers in my garden open their petals and stretch upward
5 seemed to enjoy himself at the birthday party

문장 해석 |

1 지금 날씨가 나아지고 있는 것 같지만, 땅은 오늘 아침의 폭우로 인해 여전히 젖어 있다.
2 속도 위반을 하는 트럭이 우리 쪽으로 올 때 시간이 멈추는 것 같았지만, 다행히도 그 운전자가 제때 간신히 세웠다.
3 네가 네 숟가락을 바닥에 떨어뜨린 것 같으니 너에게 새것을 가져다 달라고 종업원에게 요청하겠다.
4 내 정원에 있는 그 꽃들은 해가 그것들에게 강하게 내리쬘 때 꽃잎을 열고 해를 향해 위로 뻗어 나가는 것 같다.
5 Noah가 생일 파티에서 즐겁게 보낸 것 같은데, 이는 그가 보통 부끄러움을 많이 타기 때문에 놀라운 일이다.

문제 해설 |

1 seems 뒤에 진행형 부정사(to be v-ing)가 왔으므로 「It seems that+주어+동사의 현재진행형」의 형태로 쓴다.
2 주절과 that절이 같은 과거시제이므로 「seemed to-v」의 형태로 쓴다.
3 주절의 시제(현재)보다 that절의 시제(과거)가 앞서므로 「seem to have p.p.」의 형태로 쓴다.

4 seem 뒤에 단순부정사(to-v)가 왔으므로 「It seems that+주어+동사의 현재형」의 형태로 쓴다.
5 주절과 that절이 같은 과거시제이므로 「seemed to-v」의 형태로 쓴다.

어휘 |

subtle 미묘한, 감지하기 힘든   atop 꼭대기에, 맨 위에   butcher's shop 정육점   permanently 영구히, (영구)불변으로   petal 꽃잎 enjoy oneself 즐기다, 즐겁게 보내다

## UNIT 31 병렬구조

[기출 문제로 내신 만점 공략]
그녀는 고기가 많이 든 버거를 고르고 식사 마지막에 완전히 만족할 것 같다.

[대표 예문]
1 서퍼들은 그들의 보드에 주기적으로 한 겹의 왁스를 바르고 원을 그리며 표면에 문지름으로써 자신들이 미끄러질 가능성을 낮춘다.
2 학생들은 이전 자료를 복습하거나 학급 숙제를 하면서 자습 시간을 보낼 것으로 예상된다.

## A

1 crossed → (to) cross   2 threw → (to) throw
3 deposited → depositing

문장 해석 |

1 수년간, 아이들은 차량들을 양쪽으로 살피고 길을 조심스럽게 건너도록 교육받아 왔다.
2 그 학생들은 일회용 플라스틱 제품을 쓰지도 않고 재활용할 수 있는 것은 무엇이든 버리지도 않겠다고 약속했다.
3 오랜만에, Naomi는 자신의 은행 계좌에서 현금을 인출하지 않고 돈을 입금하는 중이었다.

문제 해설 |

1 to look과 등위접속사 and로 병렬 연결된 구조이므로 crossed를 to cross로 고쳐야 한다. 이때 to는 생략할 수 있다.
2 'A도 B도 아닌'이라는 의미의 「neither A nor B」 구문에서 neither 뒤에 to부정사가 쓰였으므로 nor 뒤에도 to부정사가 와야 한다. 따라서, threw를 to throw로 고쳐야 한다. 이때 to는 생략할 수 있다.
3 'A가 아니라 B'라는 의미의 「not A but B」 구문에서 not 뒤에 진행형의 withdrawing이 쓰였으므로 but 뒤에도 v-ing 형태가 와야 한다. 따라서, deposited를 depositing으로 고쳐야 한다.

1 for failing to complete his assignment
2 but reveal the sacred qualities of nature
3 should be respected and treated with kindness

문제 해설 |

1 'A뿐만 아니라 B도'라는 의미의 「B as well as A」 구문에서 B 자리에 for가 이끄는 전치사구가 왔으므로, A 자리에도 for가 이끄는 전치사구를 쓴다. 전치사 뒤에는 동명사 failing을 쓴다.
2 'A가 아니라 B'라는 의미의 「not A but B」 구문에서 A 자리에 to부정사구가 왔으므로 B 자리에도 to부정사구를 쓰되, 이때 to는 생략할 수 있으므로 reveal로 쓴다.
3 조동사 should 뒤에 수동태 be respected와 (be) treated가 등위접속사 and로 병렬 연결된 형태로 쓴다.

C

1 either rescheduling their flight or receiving a full refund
2 fixed Jasmine's broken laptop but (also) upgraded its operating system
3 and get together to discuss our opinions about them

문제 해설 |

1 'A이거나 B'의 의미는 「either A or B」로 나타내며, 전치사 of의 목적어 자리이므로 A와 B 자리에 동명사구를 쓴다.
2 'A뿐만 아니라 B도'의 의미는 「not only A but (also) B」로 나타내며, A와 B 자리에 동사의 과거형이 이끄는 동사구를 쓴다.
3 'A와 B 둘 다'의 의미는 「both A and B」로 나타내며, 조동사 will 뒤의 A 자리에 동사원형이 왔으므로 B 자리에도 동사원형이 이끄는 동사구를 쓴다. 이어서 목적을 나타내는 부사적 용법의 to부정사구를 쓴다.

어휘 |

likelihood 있음직함, 가능성   instruct 지시하다; *가르치다   disposable 일회용의   recyclable 재활용할 수 있는   withdraw 철수하다; *인출하다   deposit 두다; *예금하다   sacred 신성한, 성스러운   imitate 모방하다   organization 조직(체), 단체, 기구   reschedule 일정을 변경하다   operating system 운영 체제

---

**UNIT 32 명사절 접속사**

[기출 문제로 내신 만점 공략]
디드로 효과는 새로운 소유물을 획득하는 것이 흔히 우리가 추가적인 구매를 하도록 이끈다고 말한다.

[대표 예문]
1 일부 주민들이 개들이 짖는 소리에 의해 방해받아 왔다는 보

---

도가 있어왔다.
2 우리는 Sean의 질병으로 인해 그 선생님이 우리의 연구 과제 기한을 연장해 주실지를 알아보아야 한다.

문장 완성 *Practice*                                          p.92

A

1 that → whether[if]   2 whether → that   3 what → that

문장 해석 |

1 Clara는 내게 내가 그 기술 회사로부터의 일자리 제안을 수락할지, 아니면 대학원을 가기로 결정할지 물어보았다.
2 국경일 전날에 학교가 일찍 마칠 것이라는 그 소문은 틀린 것으로 밝혀졌다.
3 그 텔레비전 방송국은 그곳의 가장 오래 방영하는 시트콤의 주연이 이번 시즌 말에 그 프로그램을 하차할 것이라고 발표했다.

문제 해설 |

1 동사 asked로 보아 문맥상 '~인지 (아닌지)'라는 뜻이 자연스러우므로, that을 whether 또는 if로 고쳐야 한다.
2 명사구 The rumor를 부연하는 동격절을 이끌 수 있도록 접속사 whether를 that으로 고쳐야 한다.
3 뒤따르는 절의 문장 성분이 완전하고 문맥상 '~라는 것'이라는 뜻이 자연스러우므로 what을 접속사 that으로 고쳐야 한다.

B

1 that cutting meat from his diet would improve his health
2 asked the teenagers if they had tickets
3 Whether our film club will host a festival this year

문제 해설 |

1 '~라는 생각'의 의미로, 명사구 the idea를 부연하는 동격의 that절을 쓴다. that절의 주어 자리에 cutting이 이끄는 동명사구를 쓰고, 동사와 목적어를 이어서 쓴다.
2 '~인지 (아닌지)'의 의미인 명사절 접속사 if가 이끄는 절을 동사 asked의 직접목적어 자리에 쓴다.
3 '~인지 (아닌지)'의 의미인 접속사 Whether가 문장의 주어 역할을 하는 명사절을 이끌도록 쓴다.

C

1 a possibility that scientists will find even older dinosaur fossils
2 that the average age of the population is increasing
3 that nearby factories dumped toxic waste

문제 해설 |

1 '~라는 가능성'이라는 의미로, 명사구 a possibility 뒤에 그것을 부연하는 동격의 that절을 쓴다.

2 접속사 that이 완전한 보어절을 이끄는 형태로 쓴다.

3 suspect의 목적어 역할을 하도록 접속사 that이 완전한 절을 이끄는 형태로 쓴다.

어휘 |

possession 소유; *소유물   disturb 방해하다   possibility 가능성   fossil 화석   dump 버리다   toxic 유독성의   suspect 의심하다

## UNIT 33 의문사가 이끄는 명사절

[대표 예문]

1 어젯밤에 우리가 TV에서 본 그 미스터리 영화는 맨 끝까지 누가 범죄를 저질렀는지 밝히지 않았다.

2 너는 인간이 우리 태양계에 있는 다른 행성들을 방문할 수 있는 능력을 언제 가지게 될 것이라고 생각하니?

### 문장 완성 Practice                                    p.94

**A**

1 should she → she should   2 Do you guess where → Where do you guess   3 did they keep → they kept

문장 해석 |

1 Bella는 어머니에게 그녀가 초대된 새해 전야 파티에 무엇을 입어야 할지 물어보았다.

2 너는 그 밴드가 지난 한 주 동안 온라인에 올리고 있는 깜짝 콘서트를 어디에서 개최할 거라고 짐작하니?

3 그 농구팀의 구성원들은 모여서 그들이 왜 마지막 쿼터에 계속해서 집중력을 잃었는지에 관해 이야기했다.

문제 해설 |

1 asked의 직접목적어 자리에 「의문사+주어+동사」의 어순인 간접의문문이 와야 한다. 따라서, should she를 she should로 고쳐야 한다.

2 주절이 do you guess일 때는 의문사를 맨 앞에 써서 「의문사+do you guess+주어+동사」의 어순으로 쓴다. 따라서, Do you guess where를 Where do you guess로 고쳐야 한다.

3 전치사 about의 목적어 자리에 「의문사+주어+동사」의 어순인 간접의문문이 와야 한다. 따라서, did they keep을 they kept로 고쳐야 한다.

**B**

1 when the chicken should be removed from the oven

2 have decided what you want to do

3 Why do you suppose so many people are willing to stand in line

문제 해설 |

1 say의 목적어 역할을 하는 간접의문문을 「의문사+주어+동사」의 어순으로 쓴다.

2 Once가 이끄는 부사절의 동사 have decided를 쓰고, 목적어 자리에 간접의문문을 「의문사+주어+동사」의 어순으로 쓴다.

3 주절이 do you suppose이므로 「의문사+do you suppose+주어+동사」의 어순으로 쓴다.

**C**

1 announced when the opening game would be held

2 Who do you think wrote the anonymous letter

3 explained how the experiment should be conducted

문제 해설 |

1 과거시제이므로 동사를 announced로 쓰고, 목적어 자리에 when이 이끄는 간접의문문을 「when+주어+동사」의 형태로 쓴다.

2 주절이 do you think이고 의문사(Who)가 간접의문문에서 주어 역할을 해야 하므로 「Who do you think+동사 ~」의 형태로 쓴다.

3 과거시제이므로 동사를 explained로 쓰고, 목적어 자리에 how가 이끄는 간접의문문을 「how+주어+동사」의 형태로 쓴다. 간접의문문의 동사로는 조동사의 수동태 should be conducted를 쓴다.

어휘 |

commit 저지르다[범하다]   concentration 집중, 집중력   anonymous 익명의

## UNIT 34 부사절 접속사

[대표 예문]

1 Cole은 놀이공원에서 그의 친구들과 함께하고 싶었지만, 그는 부모님께 남동생을 봐주겠다고 약속한 상태였다.

2 당신은 당신의 단짝을 너무 신뢰해서 그가 당신을 너무 잘 아는 것에 관해 걱정하지 않는다.

### 문장 완성 Practice                                    p.96

**A**

1 such → so   2 O   3 that → than

문장 해석 |

1  그 아이의 연은 하늘에서 너무 높이 날고 있어서 구름으로 된 흰색 바탕에 있는 작은 붉은색 점처럼 보였다.
2  그 마을의 연례 추수감사절 행진은 일기 예보가 극적으로 바뀌지 않는다면 계획대로 진행될 것이다.
3  Lauren이 그녀의 시리얼 그릇에 우유를 다 따르자마자 그녀의 고양이가 식탁 위에 뛰어올라 그것을 마시려고 했다.

문제 해설 |

1  '너무 ~해서 …하다'의 의미로, 수식하는 대상이 부사 high이므로 such를 so로 고쳐야 한다.
2  '(만약) ~하지 않는다면'의 의미인 접속사 unless가 알맞게 쓰였으므로 해당 문장은 적절하다.
3  'A하자마자 B하다'라는 의미는 「no sooner A than B」로 나타내므로 that을 than으로 고쳐야 한다.

**B**

1  Seeing that Julia suffers from many food allergies
2  so that it will protect his mouth and chin
3  No matter what they tried

문제 해설 |

1  '~인 것으로 보아'의 의미는 Seeing that이 이끄는 부사절로 나타낸다.
2  '~하도록'의 의미는 so that이 이끄는 부사절로 나타낸다.
3  '무엇을 ~하더라도'의 의미는 No matter what이 이끄는 부사절로 나타낸다.

**C**

1  as long as you stay within the area
2  is such a logical thinker that
3  no matter who asked them

문제 해설 |

1  '~하는 한'이라는 의미인 as long as가 이끄는 부사절을 쓴다.
2  '너무 ~한 명사라서 …하다'의 의미가 되도록 「such+a/an+형용사+명사+that …」 구문을 쓴다.
3  '누가 ~하더라도'의 의미인 no matter who가 이끄는 부사절을 쓴다.

어휘 |

babysit 아이를 봐주다   proceed 진행되다   dramatically 극적으로   consult 상담하다; *상의하다   adjust 조정하다; *(옷차림을) 바로[단정히] 하다

p.98

**UNIT 30~34   서술형 핵심 구문 REVIEW TEST**

---

**A**

1  are able to choose from either eating indoors or enjoying their meal
2  There is such a subtle difference between the two that
3  when the exhibition will open again
4  One report stated that the earthquake triggered

**B**

1  the idea that renewable energy is preferable
2  No matter what you think about this issue
3  Why do you suppose many people are impressed with buildings
4  seems that babies are born with the ability to speak

[지문형 1]
reward inventors with monopoly profits but (to) encourage them to share their inventions

[지문형 2]
so that they can perform at enhanced levels

**A**

문제 해설 |

1  「either A or B」 구문을 이용하되, A와 B 자리에 각각 전치사 from의 목적어 역할을 하는 동명사구를 쓴다.
2  '너무 ~한 명사라서 …하다'의 의미가 되도록 「such+a/an+형용사+명사+that …」 구문을 쓴다.
3  전치사 of의 목적어 역할을 하는 간접의문문을 「의문사+주어+동사」의 어순으로 쓴다.
4  stated의 목적어 역할을 하도록 접속사 that이 완전한 절을 이끄는 형태로 쓴다.

어휘 |

to the naked eye 육안으로   massive 거대한

**B**

문제 해설 |

1  '~라는 생각'이라는 의미로, 명사구 the idea 뒤에 그것을 부연하는 동격의 that절을 쓴다.
2  '무엇이[을] ~하더라도'의 의미인 No matter what이 이끄는 부사절을 쓴다.
3  주절이 do you suppose이므로 의문사를 맨 앞에 써서 「Why do you suppose+주어+동사」 형태의 간접의문문을 쓴다.
4  '~인 것 같다, ~처럼 보인다'의 의미는 「It seems that ~」으로 나타내며, the ability를 수식하는 형용사적 용법의 to부정사 to speak를 쓴다.

renewable 재생 가능한   point out ~을 가리키다, 지적하다
appropriate 적절한   stimulus 자극 (*pl.* stimuli)

### 지문형 1

특허권의 원래 목적은 발명가들에게 독점 이익을 보상하는 것이 아니라 그들이 그들의 발명품들을 공유하도록 장려하는 것이었다. 어느 정도의 지적 재산권법은 이것을 이루기 위해 분명히 필요하다. 하지만 그것은 도를 넘어섰다. 대부분의 특허권은 이제 그것들이 아이디어를 공유하는 것에 관한 것만큼 독점을 지키고 경쟁자들을 단념시키는 것에 관한 것이며, 이는 혁신을 방해한다. 많은 회사들은 특허권을 진입 장벽으로 사용하여, 지적 재산권을 침해하는 혁신가들을 고소한다. 심지어 그러한 혁신가들이 어떤 다른 목표를 향해가는 중일 때에도 마찬가지다. 제1차 세계 대전 이전의 해들에는, 항공기 제조사들이 특허권 소송에 서로를 묶어 놓아 미국 정부가 개입할 때까지 혁신을 늦추었다. 동일한 종류의 일이 오늘날 스마트폰과 생명공학에서도 일어나고 있다. 기존 기술을 기반으로 새로운 기술을 만들려고 한다면 새로운 업체들은 특허의 밀림을 헤쳐 나가야 한다.

### 문제 해설 |

'A가 아니라 B'의 의미인 「not A but B」 구문을 활용하여 A와 B 자리에 각각 to부정사구를 쓴다. 이때 B 자리의 to는 생략할 수 있다. '발명가들에게 독점 이익을 보상하다'의 의미는 「reward A with B」 구문을 활용하여 reward inventors with monopoly profits로 쓰고, '그들이 그들의 발명품들을 공유하도록 장려하다'의 의미는 「encourage A to-v」 구문을 활용하여 encourage them to share their inventions로 쓴다.

### 구문 분석 |

[4행] Many firms use patents as barriers to entry, [suing innovators {who trespass on their intellectual property}].
▶ [ ]는 부대상황을 나타내는 분사구문이다. { }는 선행사 innovators를 수식하는 주격 관계대명사절이다.

### 어휘 |

intellectual property 지적 재산; *지적 재산권   patent 특허권[증]
monopoly 독점   innovation 혁신, 쇄신   sue 고소하다, 소송을 제기하다   lawsuit 소송, 고소   entrant 갓 들어온 사람

### 지문형 2

한 컨설팅 회사에 따르면, 지식 노동자는 정보를 찾고, 이메일에 답장하며, 다른 사람들과 협력하는 데 자신들의 시간 중 60퍼센트까지 사용한다. 하지만 사회 공학적 기술을 이용함으로써, 이 노동자들은 25퍼센트까지 생산성이 더 높아질 것으로 기대할 수 있다. 더 열심히 그리고 더 오래 일함으로써 생산성을 늘리려고 시도하는 것은 한계가 있고 사람들의 희생이 따른다. 해결책은 그들이 향상된 수준에서 수행할 수 있도록 스마트 기기와 개선된 과정을 가동함으로써 사람들이 더 영리하게 일할 수 있게 해주는 것이다. 그들을 기술의 도움으로 막강한 힘을 부여받은, 로봇의 도움을 받는 인간들로 생각

해 보라. 우리가 점점 더 정교한 과업을 수행하는 동안 지루한 과업을 하는 데에는 로봇에게 의존할 때, 우리의 직장 생활은 질이 높아진다.

### 문제 해설 |

'~가 …할 수 있도록'의 의미는 「so that+주어+can …」으로 나타낸다.

### 구문 분석 |

[1행] According to a consulting firm, knowledge workers **spend** up to 60 percent of their time **looking** for information, **responding** to emails, and **collaborating** with others.
▶ 「spend+시간+v-ing」은 '~하는 데 시간을 보내다'라는 의미로, 동명사 looking, responding, collaborating이 등위접속사 and로 병렬 연결되었다.

[3행] [Attempting to increase productivity by {working harder and longer}] **has** a limit and **takes** a human toll.
▶ [ ]는 문장의 주어 역할을 하는 동명사구로, 주어로 쓰인 동명사구는 단수 취급하므로 단수 동사 has와 takes가 쓰였다. { }는 전치사 by의 목적어 역할을 하는 동명사구이다.

[7행] Our work lives are enriched when we rely on robots [to do tedious tasks] while we work on increasingly more sophisticated **ones**.
▶ [ ]는 목적을 나타내는 부사적 용법의 to부정사구이다. ones는 tasks를 가리킨다.

### 어휘 |

productive 생산적인, 생산력이 있는 (productivity 생산성)   toll 통행료; *희생   enrich 질을 높이다, 풍요롭게 하다

---

## UNIT 35 원급 비교와 비교급 비교

### [대표 예문]

1 Colin은 그의 누나만큼 똑똑하지만 좋은 성적을 받기 위해 학업에 충분한 노력을 들이지 않는다.
2 Green 씨는 그녀의 몇몇 동료들이 그런 것보다 일을 더 느리게 끝내지만, 그녀는 세부 사항에 엄청난 주의를 기울인다.

### 문장 완성 *Practice*                                p.100

### A

1 risky → riskier   2 as not → not as[so]   3 brightly → bright

## 문장 해석 |

1 당신의 돈을 주식 시장에 투자하는 것이 그것을 단순히 예금 계좌에 예치하는 것보다 훨씬 더 위험하다는 것은 의문의 여지가 없다.
2 내가 매우 좋아하는 영화의 속편은 원작만큼 좋지는 않았지만 그래도 꽤 재미있었다.
3 일부 유성은 태양만큼 밝을 수 있지만, 그것들은 사라지기 전에 몇 초 동안만 밤하늘을 밝힌다.

## 문제 해설 |

1 「비교급+than ~」 구문이므로 risky를 비교급인 riskier로 고쳐야 한다.
2 '~만큼 …하지 않은/않게'의 의미는 「not as[so]+원급+as ~」로 나타내므로 as not을 not as[so]로 고쳐야 한다.
3 '~만큼 …한/하게'의 의미는 「as+원급+as ~」로 나타내며 문장의 보어 자리이므로 brightly를 bright로 고쳐야 한다. 부사는 보어로 쓰일 수 없다.

### B

1 The last two weeks were not so much a vacation as a business trip
2 they tried to eat as much as possible
3 can clean a floor more efficiently than

## 문제 해설 |

1 'A라기보다는 (차라리) B'의 의미는 「not so much A as B」의 형태로 쓴다.
2 '가능한 한 ~한/하게'의 의미는 「as+원급+as possible」의 형태로 쓴다.
3 '~보다 더 …한/하게'의 의미는 「비교급+than ~」의 형태로 쓴다.

### C

1 Our new apartment is much larger than
2 If you run as quickly as you can
3 will be less painful than the existing treatments

## 문제 해설 |

1 '~보다 더 …한/하게'의 의미는 「비교급+than ~」의 형태로 쓰며, 비교급 앞에는 '훨씬'이라는 의미로 비교급을 강조하는 much를 쓴다.
2 '~가 할 수 있는 한 …한/하게'의 의미는 「as+원급+as+주어+can」의 형태로 쓴다.
3 '~보다 덜 …한'의 의미는 「less+형용사의 원급+than ~」의 형태로 쓴다.

## 어휘 |

hesitant 주저하는, 망설이는   stock market 주식 시장   sequel 속편   meteor 유성, 별똥별   budget 예산

---

[대표 예문]
1 당신이 밤에 오래 잘수록 당신의 뇌는 다음 날에 더 효율적으로 기능할 것이다.
2 그 시위의 군중은 지난 시위에 그랬던 것보다 세 배만큼 많아서, 경찰은 차량의 흐름을 유지하는 데 어려움을 겪었다.

## 문장 완성 *Practice*                                p.102

### A

1 effective → effectively   2 longer → long   3 dry and itchy → drier and itchier

## 문장 해석 |

1 팀이 효과적으로 함께 일할수록, 그 팀의 구성원들은 서로에게 더 가깝게 느낄 것 같다.
2 비록 그 영화가 일반적인 TV 프로그램보다 네 배만큼 길었더라도, 그것은 너무 빨리 끝나는 것 같았다.
3 당신이 매일 적은 물을 마실수록, 당신의 피부는 아마 더 건조하고 가려워질 것이다.

## 문제 해설 |

1 '~할수록 더 …하다'의 의미인 「the+비교급, the+비교급」 구문에서 첫 번째 비교급이 동사구를 수식해야 하므로, effective를 부사 effectively로 고쳐야 한다.
2 '~보다 몇 배만큼 …한'의 의미는 「배수사+as+형용사의 원급+as ~」로 나타내므로, longer를 long으로 고쳐야 한다.
3 '~할수록 더 …하다'의 의미는 「the+비교급, the+비교급」으로 나타내므로, dry and itchy를 drier and itchier로 고쳐야 한다.

### B

1 The bigger the problem you need, the greater the amount of time
2 three times more expensive than flying economy
3 was charged four times as much as the usual fare

## 문제 해설 |

1 「the+비교급+명사+주어+동사, the+비교급+명사+주어+동사」의 형태로 쓴다.
2 '~보다 몇 배 더 …한'의 의미는 「배수사+형용사의 비교급+than ~」의 형태로 쓴다.
3 '~보다 몇 배만큼 …하게'의 의미는 「배수사+as+부사의 원급+as ~」의 형태로 쓴다.

**1** is more than four times hotter than
**2** it was twice as spicy as
**3** The more it snows, the harder it becomes

문제 해설 |

1 '~보다 몇 배 더 …한'의 의미는 「배수사+형용사의 비교급+than ~」
으로 나타내며, '네 배 넘게'라는 의미가 되어야 하므로 배수사 four
times 앞에 more than을 쓴다.
2 '~보다 몇 배만큼 …한'의 의미는 「배수사+as+형용사의 원급+as
~」로 나타낸다.
3 '~할수록 더 …하다'의 의미는 「the+비교급, the+비교급」으로 나타
낸다. 두 번째 절에 진주어인 to부정사구가 쓰였으므로 주어 자리에
가주어 it을 쓴다.

어휘 |
consumption 소비[소모](량)   protest 항의 (운동); *시위
strategy 전략   fare (교통) 요금

## UNIT 37 여러 가지 최상급 표현

[대표 예문]
**1** Vivian은 그녀의 모든 친구에게 그 요리사의 파스타가 그녀가
지금까지 먹어본 것 중 최고의 이탈리아 음식이라고 말한다.
**2** 바닷가재는 메뉴에 있는 다른 어떤 품목보다도 더 비싸지만,
나는 어쨌든 그것을 주문할 것 같다.

### 문장 완성 *Practice*                                p.104

A

**1** any other countries → any other country[all the
other countries]   **2** dancers → dancer   **3** more →
the most

문장 해석 |

1 브라질은 850만 제곱킬로미터가 넘는 지역으로, 남미의 다른 어떤
[모든] 나라보다도 더 크다.
2 그들 모두가 나이에 비해서 상당히 재능이 있긴 하지만, 그 쇼의 어떤
다른 댄서도 Kayden보다 더 우아하지 않다.
3 물리학은 Juan이 지금까지 들은 것 중 가장 어려운 수업이지만, 그
는 그것에서 많은 중요한 것들을 배우고 있는 것처럼 느낀다.

문제 해설 |

1 「비교급+than any other+단수 명사」 또는 「비교급+than all
the other+복수 명사」로 최상급의 의미를 나타낼 수 있으므로,
any other countries를 any other country 또는 all the other
countries로 고쳐야 한다.

2 '어떤 (명사)도 ~보다 더 …하지 않은'의 의미는 「No (other)+단수
명사+비교급+than ~」으로 나타내므로, dancers를 dancer로 고
쳐야 한다.
3 '(주어)가 지금까지 ~한 것 중 가장 …한'의 의미는 「the+최상급
(+that)+주어+have ever p.p.」로 나타내므로, more를 the
most로 고쳐야 한다.

B

**1** older than any other work of art in the museum
**2** No other freshwater lake is as deep as
**3** One of the most important lessons a young animal
will learn

문제 해설 |

1 '다른 어떤 ~보다도 더 …한'의 의미는 「비교급+than any other+
단수 명사」로 나타낸다.
2 '어떤 (명사)도 ~만큼 …하지 않은'의 의미는 「No (other)+단수 명사
+as+원급+as ~」로 나타낸다.
3 '가장 ~한 … 중의 하나'의 의미는 「One of the+최상급+복수 명
사」로 나타내며, 목적격 관계대명사가 생략된 관계사절이 the most
important lessons를 뒤에서 수식하는 형태로 쓴다.

C

**1** is more popular than all the other restaurants
**2** one of the fastest insects in the world
**3** the most beautiful place that they have ever
visited

문제 해설 |

1 '다른 모든 ~보다도 더 …한'의 의미는 「비교급+than all the
other+복수 명사」로 나타낸다.
2 '가장 ~한 … 중의 하나'의 의미는 「one of the+최상급+복수 명사」
로 나타낸다.
3 '(주어)가 지금까지 ~한 것 중 가장 …한'의 의미는 「the+최상급
(+that)+주어+have ever p.p.」로 나타낸다.

어휘 |
freshwater 민물의, 담수의   mountain range 산맥, 연산

## UNIT 38 강조 표현

[대표 예문]
**1** 보통 저녁을 준비하는 사람은 바로 Dan이지만, 그기 바쁠 때
는 내가 우리의 식사를 준비한다.
**2** 때때로 상어들이 인간을 정말 공격하기는 하지만, 그들에 의
해 제기되는 위협은 대중문화에서 과장되어 왔다.

## A

1 does → did  2 what → that  3 rains → rain

문장 해석 |

1 Ashley가 숙제로 고심하고 있을 때 오빠의 도움에 정말 고마워하기는 했지만, 그녀는 그의 태도에 짜증이 났다.
2 테니스 경기에서 Xavier가 더 능숙한 상대들을 이기는 데 도움이 된 것은 바로 그의 강력한 서브였다.
3 건기 동안 정말 비가 오지만, 단지 가끔이고 결코 초목이 갈색으로 변하는 것을 막을 만큼 충분하지는 않다.

문제 해설 |

1 동사의 의미를 강조하는 조동사를 쓰되, 과거시제이므로 does를 과거형 did로 고쳐야 한다.
2 '…한 것은 바로 ~이다[였다]'라는 의미의 「it is[was] ~ that ...」 강조구문이므로, what을 that으로 고쳐야 한다.
3 동사의 의미를 강조할 때는 「do[does/did]+동사원형」의 형태로 나타내므로, rains를 rain으로 고쳐야 한다.

## B

1 my friends and I do discuss our schoolwork
2 It was the Industrial Revolution that caused
3 It was only after his death in 1910 that

문제 해설 |

1 「do[does/did]+동사원형」의 형태로 동사의 의미를 강조하되, 주어가 복수이고 현재시제이므로 do를 쓴다.
2 강조하고자 하는 대상인 the Industrial Revolution을 It was와 that 사이에 쓰고, that 뒤에 caused를 쓴다.
3 강조하고자 하는 대상인 only after his death in 1910을 It was와 that 사이에 쓴다.

## C

1 was in September 1945 that Japan formally surrendered
2 Cooper does know how to speak Korean
3 is Ruby that[who] is responsible for preparing the material

문제 해설 |

1 강조하고자 하는 대상인 in September 1945를 (It) was와 that 사이에 쓰고, that 뒤에 나머지를 쓴다.
2 「do[does/did]+동사원형」의 형태로 동사의 의미를 강조하되, 주어가 3인칭 단수이고 현재시제이므로 know 앞에 does를 쓴다.
3 강조하고자 하는 대상이 Ruby로 사람이므로, (It) is와 that[who] 사이에 Ruby를 쓰고, that[who] 뒤에 나머지를 쓴다.

어휘 |

botanical garden 식물원  exaggerate 과장하다  attitude 태도[자세]  opponent 상대  agriculture 농업  surrender 항복[굴복]하다  oral 구두[구술]의

## UNIT 39 부정 구문

[대표 예문]

1 설령 오늘 저녁에 아무도 가게에 들어오지 않더라도, 우리는 예정된 폐점 시간까지 영업을 할 것이다.
2 Blake는 내가 마음이 울적할 때 내 기분을 반드시 북돋아주어서, 나는 이야기할 누군가가 필요할 때 항상 그에게 전화를 한다.

## A

1 Although it is not uncommon for traffic to slow down
2 The emergency exit signs on each floor never go off
3 Neither of the twins would confess to breaking the vase
4 What Brianna told you about our argument is not entirely true

문제 해설 |

1 not uncommon을 이용해 이중부정 구문을 쓴다. 또한, 주어 자리에 가주어 it을 쓰고 진주어인 to부정사구는 문장 뒤쪽에 쓴 뒤, 「for+목적격」으로 to부정사의 의미상 주어를 나타낸다.
2 never를 이용해 '절대 ~하지 않다'라는 의미의 전체부정 구문을 쓰며, 동사 go off 앞에 never를 쓴다.
3 「Neither of+복수 명사」를 이용해 '~ 중 둘 다[누구도] 아니다'라는 의미의 전체부정 구문을 쓴다.
4 not entirely를 이용해 '전적으로 ~인 것은 아니다'라는 의미의 부분부정 구문을 쓰되, 주절의 주어로 관계대명사 What이 이끄는 명사절을 쓴다.

## B

1 Hiking up this trail is not always safe
2 Planting a seed does not necessarily require overwhelming intelligence
3 they are not able to succeed in business without causing
4 None of the other planets in our solar system

1 '언제나 ~인 것은 아니다'라는 의미의 부분부정 구문은 not always 를 이용해 쓴다.
2 '반드시 ~인 것은 아니다'라는 의미의 부분부정 구문은 not necessarily를 이용해 쓴다.
3 '~하지 않고는 …하지 않다'라는 의미의 이중부정 구문은 「not … without ~」을 이용해 쓴다. 전치사 without의 목적어로 동명사 causing을 쓴다.
4 '~ 중 어떤 것도 아니다'라는 의미의 전체부정 구문은 「None of+복수 명사」를 이용해 쓴다.

어휘 |

inadequate 불충분한, 부족한　confess 자백[고백]하다, 실토하다
trail 자국[흔적]; *오솔길, 산길　overwhelming 압도적인, 굉장한

## UNIT 40 도치 구문

[대표 예문]
1 나는 그렇게 많은 사람들이 한 목소리로 함께 구호를 외치는 것을 들은 적이 한 번도 없었다.
2 그 구멍 속으로 다람쥐가 사라져 그것을 뒤쫓는 여우들에게서 가까스로 달아났다.
3 무대 위에 서 있던 그 가수는 너무나 긴장해서 마이크가 그녀의 손에서 흔들렸다.

### 문장 완성 Practice
p.110

### A

1 are → is　2 banners and balloons hung → hung banners and balloons　3 has → have

문장 해석 |

1 그 새로운 고층 건물은 너무 높은 건물이어서 그것의 꼭대기가 구름에 자주 가려진다.
2 현수막과 풍선들이 그 방 전체에 걸려 있었는데, 그것은 그 전날 밤에 열린 파티를 상기시키는 것들이었다.
3 내가 정말 좋아하는 백화점은 일 년에 단 한 번, 매장 곳곳에서 선별된 품목들에 특별한 반값 할인 판매를 한다.

문제 해설 |

1 '너무 ~한 명사라서 …하다'의 의미인 「such+a/an+형용사+명사+that …」구문에서 보어가 문두에 와서 주어와 동사가 도치된 문장이다. 주어 the new skyscraper가 단수이므로 are를 is로 고쳐야 한다.
2 장소의 부사구가 문두에 왔으므로 주어와 동사가 도치된다. 따라서, banners and balloons hung을 hung banners and balloons로 고쳐야 한다.

3 일반동사가 쓰인 문장에서 부정어가 문두에 올 경우 「부정어+do[does/did]+주어+동사원형」의 형태로 쓴다. 따라서, has를 동사원형 have로 고쳐야 한다.

### B

1 the end of the game was the winner of the ice hockey championship
2 had Nolan's right ankle fully healed than he twisted
3 was the dinner that ended before 7 p.m.

문제 해설 |

1 부정어구 Not until을 포함한 부사구가 문두에 왔으므로 주어와 동사가 도치된 형태로 써야 한다. Not until이 이끄는 부사구를 완성한 후 be동사(was)를 쓰고 주어(the winner of the ice hockey championship)를 쓴다.
2 'A하자마자 B하다'의 의미는 「no sooner A than B」로 나타낸다. 부정어구 No sooner가 문두에 왔으므로 주어와 조동사를 도치시켜 쓴다.
3 보어 Rare가 문두에 왔으므로 주어 the dinner와 동사 was를 도치시켜 쓴 다음 주어를 수식하는 관계사절을 이어서 쓴다.

### C

1 flew a large parrot with a curved beak and feathers
2 did Lydia solve the difficult math problem on her own
3 was the man who managed to find an empty seat

문제 해설 |

1 방향의 부사구 Toward the pirate's shoulder가 문두에 왔으므로 주어와 동사를 도치시키되, 과거시제이므로 동사를 과거형 flew로 쓴다.
2 일반동사가 쓰인 문장에서 부정어가 문두에 올 경우 「부정어+do[does/did]+주어+동사원형」의 어순으로 써야 한다. 과거시제이므로 부정어구 Not only 뒤에 did를 쓰고, 이어서 주어와 동사원형을 쓴다.
3 보어 Fortunate가 문두에 왔으므로 주어와 동사를 도치시켜 쓰고, the man 뒤에 그것을 수식하는 주격 관계대명사절을 쓴다.

어휘 |

break-in (절도를 위한) 침입　alert (위험 등을) 알리다, 경보를 발하다
skyscraper 고층 건물

## UNIT 35~40 서술형 핵심 구문 REVIEW TEST

### STEP 1 문장 완성

**A**

1 was not feeling as alert as she usually was
2 Not until the deadline had passed did I realize
3 The more often you are late for work
4 the actress does know how to express the character's complex emotions

**B**

1 is almost twice as high as the world average
2 It was her intuition that made her suspect
3 more tornado warnings than any other state
4 seemingly brilliant ideas are not always successful

### STEP 2 실전 문제 응용

[지문형 1]
the closer the deadline is, the greater our motivation to act becomes

[지문형 2]
Gone are the days when you ran out of milk or eggs.

**A**

문제 해설 |

1 '~만큼 …하지 않은'의 의미는 「not as[so]+형용사의 원급+as ~」의 형태로 쓴다.
2 부정어구 Not until이 이끄는 절이 문두에 와서 주어와 조동사가 도치된 형태로 쓴다.
3 '~할수록 더 …하다'의 의미는 「the+비교급, the+비교급」으로 나타낸다.
4 「do[does/did]+동사원형」의 형태로 동사의 의미를 강조하되, 주어가 3인칭 단수이고 현재시제이므로 know 앞에 does를 쓴다. 또한, '~하는 방법'이라는 의미의 「how to-v」 구문을 이어서 쓴다.

어휘 |

application 지원[신청](서)

**B**

문제 해설 |

1 '~보다 몇 배만큼 …한'의 의미는 「배수사+as+형용사의 원급+as ~」의 형태로 쓴다.
2 '…한 것은 바로 ~이다[였다]'의 의미는 「it is[was] ~ that ....」 강조 구문을 이용해 쓴다. 과거시제이므로 강조하고자 하는 대상인 her intuition을 It was와 that 사이에 쓴다.
3 '다른 어떤 ~보다도 더 …한'이라는 최상급의 의미는 「비교급+than any other+단수 명사」의 형태로 쓴다.

4 not always를 이용해 '언제나 ~인 것은 아니다'라는 의미의 부분부정 구문을 쓴다.

어휘 |

unemployment 실업, 실업률, 실업자 수　intuition 직관, 직감
seemingly 겉보기에는

### 지문형 1

최종 기한의 유무는 어떤 목표 설정 훈련에서도 대단히 중요한 특성이다. 최종 기한은 행동을 자극해서, 최종 기한이 가까울수록 행동하려는 우리의 동기는 더 커진다. 최종 기한의 부재는 목표의 긴급성을 불명확하게 하여, 이런 이유로 우리가 동기를 덜 부여받게 된다. 예를 들어, 축구 경기의 마지막 몇 분 동안 불균형적으로 많은 플레이 동작이 있는데, 뒤처져 있는 팀이 더 많은 득점을 하지 않으면 경기에서 지는 최종 기한에 직면해 있기 때문이다. 활동에 있어서의 유사한 증가가 뉴욕 증권 거래소에서 매일 거래 시간이 끝나갈 무렵이나, 온라인에서 큰 할인 판매를 하는 마지막 몇 시간 동안 일어난다. 여러분은 심지어 시험 날짜가 빠르게 다가오고 여러분이 학습 시간을 늘리기 시작할 때 여러분 자신의 행동에서도 이러한 변화를 볼 수 있다.

문제 해설 |

'~할수록 더 …하다'의 의미는 「the+비교급, the+비교급」으로 나타내며, 이때 명사는 비교급 바로 뒤에 쓴다.

구문 분석 |

[2행] The absence of a deadline **makes** the urgency of the goal **indefinite**, and hence we become less motivated].
▶ 「make+O+OC」는 '~을 …하게 만들다'의 의미로, makes의 목적격보어로 형용사가 쓰였다.

[4행] ... because the team [that is behind] faces a deadline for scoring more points or losing the game.
▶ [ ]는 선행사 the team을 수식하는 주격 관계대명사절이다.

어휘 |

attribute 속성, 특성　urgency 긴급성　indefinite 일정치 않은; *명확[분명]하지 않은　disproportionately 불균형적으로

### 지문형 2

스마트 홈은 자동으로 작동되거나 원격으로 제어될 수 있는 장치들을 갖춘 집이다. 이러한 장치들은 삶을 더 편리하게 만들어준다. 알람 없이 깨고 싶은 사람들에게는 스마트 블라인드를 설치하는 것이 해답일지도 모른다. 이 블라인드는 아침에 서서히 열려서 햇빛이 자연스럽게 당신을 깨우도록 한다. 게다가, 그것들은 (집으로) 들어오는 햇빛의 양을 조절함으로써 당신의 집의 온도를 조절할 수도 있다. 또 다른 유용한 스마트 장치는 스마트 냉장고이다. 당신이 우유나 달걀을 다 써버리던 시절은 지났다. 이 냉장고는 안에 들어있는 모든 물품을 계속 파악하고 있다가 당신이 다음에 장을 보러 갈 때 사야 할 것의 목록을 문자 메시지로 보낼 것이다. 그것(=스마트 냉장고)은 또한 (냉장고) 안에 있는 모든 물품의 유통 기한을 기억할 것이므로, 당신은 상한 음식을 먹는 것에 관해 걱정할 필요가 없을 것이다.

보어인 과거분사 Gone이 문두에 오면서 주어와 동사가 도치된 형태로 쓰고, 이어서 when이 이끄는 관계부사절이 주어(the days)를 수식하도록 쓴다.

구문 분석 |

[1행] Smart homes are houses [equipped with devices {that operate automatically or can be controlled remotely}].

▶ [ ]는 houses를 수식하는 과거분사구이다. { }는 선행사 devices를 수식하는 주격 관계대명사절이다.

[6행] This refrigerator will keep track of all the items [(that) it contains] and text you a list of [what you need to buy] the next time you go shopping.

▶ 첫 번째 [ ]는 선행사 all the items를 수식하는 목적격 관계대명사절로, that이 생략되었다. 두 번째 [ ]는 선행사를 포함하는 관계대명사 what이 이끄는 명사절로, 전치사 of의 목적어 역할을 한다.

어휘 |

operate 작동[가동]되다   remotely 멀리서, 원격으로   expiration date 유효 기간

# PART 02 | 서술형 유형 완성

p.116

## UNIT 01  단어 배열

01 the house were her aunt's two children
02 they speak too powerfully and insistently for prejudiced humans to silence them
03 it may be impossible for people to resolve important conflicts

### 01

1906년 Anna Margolin이 18세였을 때, 그녀는 처음 미국에 갔다. 그녀의 숙모인 Lena는 마치 그녀가 자신의 자식인 것처럼 그녀를 환영했다. 그녀는 Williamsburg의 Rodney 가(街)에 있는 숙모의 넓은 집에 자신의 방을 가졌고 딸로 대우받았다. 그녀의 숙모는 가정교사를 고용했는데, 그녀는 Anna에게 영어를 가르치기 위해 매일 저녁 집으로 왔다. 또한 그 집에는 그녀의 숙모의 두 자녀가 있었는데, 그중 한 명은 나중에 유명한 의사가 되었다. 그들은 둘 다 Anna보다 어렸고 그녀를 매우 존중했다. 매일 그녀는 집을 독차지했다. 그녀의 숙모와 삼촌은 아침식사 후에 곧 일을 하러 떠나곤 했고 아이들은 멀리 학교에 가 있었다. 처음에 그것은 천국인 것 같았

다. 하지만 가정부는 그녀의 일로 너무 바빠서 이야기할 수 없었고 Anna는 집에 있던 몇 권의 책을 곧 읽어버렸다. 그녀는 지루해지기 시작했다.

문제 해설 |

문장이 Also in으로 시작하는 것으로 보아, 장소의 부사구 in the house가 문두에 오는 도치 구문임을 알 수 있다. 따라서, in the house 뒤에 주어와 동사를 도치시켜 were her aunt's two children 의 어순으로 배열한다.

구문 분석 |

[1행] Her aunt Lena welcomed her **as if** she **were** her own child.

▶ 「as if+가정법 과거」는 '마치 ~인 것처럼'의 의미로, 주절과 일치하는 시점의 일을 반대로 가정하는 표현이다.

[3행] Her aunt hired a tutor, [who came to the house every evening {to teach Anna English}].

▶ [ ]는 선행사 a tutor에 대한 부연 설명을 하는 계속적 용법의 관계대명사절이다. { }는 목적을 나타내는 부사적 용법의 to부정사구이다.

어휘 |

spacious 넓은, 훤히 트인   prominent 중요한; *유명한   respectful 공손한, 존중하는   have ~ to oneself ~을 독점하다

### 02

과학에 관한 개인주의적인 수사적 표현 형태에 따르면, 발견은 실험실에서 이루어진다. 그리고 그것들은 너무나 강력하게 그리고 끈질기게 말해서 편견을 가진 사람들이 그것들을 침묵하게 할 수 없다. 그러한 믿음이 진실되지 않다고 가정하는 것은 잘못일 터이지만, 그것들이 공적인 상황에서 행동의 근거를 제공할 수 있다고 생각하는 사람은 거의 없다. 만약 어떤 과학자가 전문가에 의해 자신의 주장이 검토되도록 하지 않은 채 기자 회견에서 이른바 발견을 발표한다면, 그 사람은 자동적으로 명성을 좇는 사람이라는 혹평을 받는다. 과학적 의사소통의 기준은 학문 분야의 전문가들에게 정당하다고 인정받지 않은 한 지식은 지식이 아니라는 것을 전제로 한다. 과학적 진실은 집단의 산물이 되기까지 설 자리가 거의 없다. 어떤 사람의 실험실 안에서 일어나는 것은 그것(=과학적 진실)의 구축의 한 단계에 불과하다.

문제 해설 |

'너무 ~해서 …할 수 없는'이라는 의미는 「too+형용사/부사+to-v」 구문을 활용하여 they speak too powerfully and insistently to silence them과 같이 쓸 수 있다. to부정사의 의미상 주어는 to부정사 앞에 for prejudiced humans로 나타낸다.

구문 분석 |

[3행] **It** would be wrong [to suppose {that such beliefs aren't sincere}], yet almost nobody thinks [(that) they can provide a basis for action in public contexts].

▶ It은 가주어이고 to부정사구인 첫 번째 [ ]가 진주어이다. { }는 to

suppose의 목적어 역할을 하는 명사절이다. 두 번째 [ ]는 thinks의 목적어 역할을 하는 명사절로, 접속사 that이 생략되었다.

어휘 |

individualist 개인주의의  sincere 진실된, 진정한  basis 근거, 기반  press conference 기자 회견  publicity 널리 알려짐; *명성, 평판  presuppose 예상하다; *전제로 하다  authorize 권한을 부여하다; *정당하다고 인정하다  disciplinary 훈련의; *학문의  insistently 고집 세게, 끈질기게  prejudiced 편견을 가진

## 03

상대측의 행복을 위해 양측이 어느 정도 배려하는 것을 포함하여 적절한 감정이 없다면, 사람들이 중요한 갈등을 해결하는 것은 불가능할지도 모른다. 만약 당신의 친구가 무시당한다고 느끼고 있다면, "네가 원하는 것은 무엇이든지 해."라는 상냥한 말은 상황을 더 악화시킬 뿐일지도 모른다. 세상을 이해하는 수단으로서 냉담한 합리성에만 오로지 의존하는 것은, 우리에게 인간의 경험의 중요한 영역에 접근하는 것을 허락하지 않는데, 그것이 없다면 우리는 차이를 효과적으로 다룰 수 없을지도 모른다. 감정은 우리가 어떻게 대우받고 있으며 우리가 무엇을 필요로 하는지에 관한 단서를 우리에게 준다. 무시당한 친구는 자신이 왜 특정 방식대로 느끼는지에 대한 설명보다는 당신과 다시 연결할 양질의 일대일 시간이 더 필요할지도 모른다.

문제 해설 |

가주어 it과 to부정사의 의미상 주어를 활용하라는 조건이 있으므로, 주어 자리에 가주어 it을 쓰고 진주어인 to부정사구는 문장 뒤쪽에 쓰되, to부정사 앞에 for people을 써서 의미상 주어를 나타낸다.

구문 분석 |

[3행] An exclusive reliance on cold rationality **as** a means of understanding the world denies us access to important realms of human experience, [without which we may be unable to deal with a difference effectively].

▶ as는 '~로서'라는 의미의 전치사로 쓰였다. [ ]는 선행사 important realms of human experience에 대한 부연 설명을 하는 계속적 용법의 관계대명사절이다.

어휘 |

welfare 안녕[행복]  exclusive 배타적인; *유일한  reliance 의존, 의지  rationality 합리성  realm 영역, 범위

p.118

## UNIT 02 영작

01 If Julie had read the tiny letters, she would have found that

02 the patient found it easier to relax

03 Giving compliments tends to feel more awkward than offering constructive criticism.

## 01

인터넷에서, Julie는 '사용자들의 100%가 Blossom사의 액상 세안 비누로 더 환하고 부드러운 피부를 갖게 되었다고 말합니다'라고 쓰여 있는 광고를 본다. 그것은 이러한 결과가 독자적인 연구소로부터 나왔으며 공공 기관에 의해 보장된다고 주장한다. Julie는 그 통계에 의문을 갖지 않고 비싼 가격에도 불구하고 몇 병을 구입한다. 그러나 Julie가 그 비누를 몇 달 동안 사용하긴 하지만, 그녀는 어떤 눈에 띄는 변화도 경험하지 못한다. Julie가 그저 우연히 결함이 있는 제품을 산 것일까? 아니면 그 광고가 완전히 거짓이었을까? Julie가 '사용자들의 100%'를 읽었을 때, 그녀는 스스로에게 "회사가 이 수치를 어디에서 얻었을까?"라고 물었어야 했다. 만약 Julie가 광고 하단의 작은 글자들을 읽었더라면, 그녀는 그 표본이 다섯 명만을 포함했음을 알게 되었을 것이다. 이 경우에서처럼, 표본이 다양한 결과를 보여 줄 만큼 충분히 크지 않다면, 그것은 오해의 소지가 있을 수 있다. 적은 표본을 사용함으로써, 회사들은 그들이 원하는 어떤 결과든지 내놓을 수 있고 그들만의 목적을 위해 그 결과를 이용할 수 있다.

문제 해설 |

과거 사실을 반대로 가정하는 가정법 과거완료 구문을 이용하여 If절의 동사로 「had p.p.」(had read)를, 주절의 동사로 「would have p.p.」(would have found)를 쓴다. would have found의 목적어 자리에는 명사절을 이끄는 접속사 that을 쓴다.

구문 분석 |

[1행] On the internet, Julie sees an advertisement [that reads, ...].

▶ [ ]는 선행사 an advertisement를 수식하는 주격 관계대명사절이다.

[6행] When Julie read "100% of users," she **should have asked** *herself*, ....

▶ 「should have p.p.」는 '~했어야 했는데 (하지 않았다)'의 의미로, 과거 사실에 대한 유감이나 후회를 나타낸다. asked의 목적어가 주어 she와 동일한 대상이므로 재귀대명사가 쓰였다.

어휘 |

statistic (*pl.*) 통계  defective 결함이 있는  figure 수치  misleading 오해의 소지가 있는

## 02

Sigmund Freud는 '정신분석학의 아버지'로 불리며, 1930년대에 그의 업적이 널리 알려지고 인정받기 시작했다. Freud가 자신의 반려견 Jofi가 그의 환자들에게 얼마나 도움이 되었는지를 발견했다는 사실은 당시에 덜 알려졌다. 그는 Jofi가 그의 딸에 의해 그에게 주어졌던 말년이 되어서야 개를 사랑하는 사람이 되었다. 치료 시간 동안에 Jofi가 있었을 때, Freud는 자신의 환자들이 그들의 문제에 관해 말하는 데 훨씬 더 편안하게 느낀다는 것을 발견했다. 그들 중 몇몇은 심지어 그 의사(=Freud) 대신에 Jofi에게 말하는 것을 더 좋아했다! Freud는 그 개가 환자 가까이에 앉아 있으면 그 환자는

긴장을 푸는 것을 더 쉽게 여겼지만, Jofi가 방의 다른 쪽에 앉아 있으면 환자가 더 긴장하고 괴로워하는 것처럼 보인다는 것을 알아차렸다. 그는 Jofi도 이것을 감지하는 것처럼 보인다는 것을 깨닫고 놀랐다. 그 개의 존재는 환자들, 특히 어린이와 십 대들에게 진정 효과가 있었다.

## 문제 해설 |

과거시제이므로 동사를 found로 쓴다. 가목적어 it을 활용하라는 조건이 있으므로 목적어 자리에 가목적어 it을 쓰고 목적격보어 자리에 easier를 쓴 다음, 진목적어 자리에 to부정사인 to relax를 쓴다.

## 구문 분석 |

[2행] **Less well known at the time** was *the fact* [that Freud had found out {how helpful his pet dog, Jofi, was to his patients}].

▶ 보어가 문두에 와서 주어와 동사가 도치되었다. [ ]는 the fact와 동격인 명사절이다. { }는 had found out의 목적어 역할을 하는 간접의문문이다.

[3행] He had only become a dog-lover in later life [when Jofi was given to him by his daughter].

▶ [ ]는 선행사 later life를 수식하는 관계부사절이다.

## 어휘 |

psychoanalysis 정신분석(학)   distressed 괴로워하는

### 03

우리의 가족 단위 내에서, 우리는 흔히 누이, 오빠, 부모님, 또는 자녀가 특히 공감을 잘 보여 주거나, 대단히 정직하거나, 몹시 공정하거나, 또는 많은 성실성을 보여 준다는 것을 발견할지도 모른다. 그러나, 너무나 자주, 우리는 우리가 보고 있는 것을 소리 내어 언급하지 않는다. 당신은 아이들이 서로 비꼬거나 모욕을 주는 것을 훨씬 더 편해하는 것 같다는 것을 알아차렸을 수도 있다. 칭찬을 하는 것은 건설적인 비판을 하는 것보다 더 어색하게 느껴지는 경향이 있다. 하지만, 우리가 보는 장점을 함께 나눌 때 우리는 우리의 가족 구성원에게 우리가 그들의 장점을 인정했다는 것을 알려주는 것이다. 또한, 각자가 가족 단위에 서로 다른 장점을 가져다준다는 것을 인정함으로써, 우리는 서로에게서 배우고 팀으로 일할 수 있다.

## 문제 해설 |

두 개의 동명사구를 포함하라는 조건이 있으므로 문장의 주어를 동명사구 형태의 Giving compliments로 쓰며, 이어서 동사구 tends to feel을 쓴다. 또한, 「비교급+than」 구문을 활용하라는 조건이 있으므로 뒤에 more awkward than을 쓴 뒤, 이어서 전치사 than의 목적어로 동명사구 offering constructive criticism을 쓴다.

## 구문 분석 |

[5행] But, when we share the good [that we see], we let our family members know [that we have recognized their strengths].

▶ 첫 번째 [ ]는 선행사 the good을 수식하는 목적격 관계대명사절이

다. 두 번째 [ ]는 know의 목적어 역할을 하는 명사절이다.

## 어휘 |

family unit 가족 단위   frequently 자주, 흔히   empathy 감정 이입, 공감   exceedingly 극도로, 대단히   integrity 성실, 정직   sarcastic 빈정대는, 비꼬는   compliment 칭찬(의 말), 찬사

p.120

p.120

## UNIT 03 빈칸 채우기

01 consistent
02 (A) fall  (B) distance
03 be less attractive and likable

### 01

태도는 네 가지의 주요한 요소로 개념화되어 왔다. 즉, 감정적 요소(좋아하거나 싫어한다는 느낌), 인지적 요소(신념 및 그러한 신념에 대한 평가), 행동적 의도 요소(누군가가 어떤 상황에서 어떻게 행동할지에 관한 진술), 그리고 행동 요소이다. 야생 동물종과 그것의 관리에 대한 대중의 태도는 그러한 요소들의 상호작용에 근거하여 생성된다. 멧돼지들에 대한 우리의 태도를 형성하는 데 있어서, 우리는 태도의 감정적 요소를 우리의 인지적 요소와 일치하게 유지하려고 노력한다. 예를 들어, 나는 멧돼지를 싫어할 수 있다. 나는 그들이 많은 사람들을 다치게 했다고 믿으며(인지적 신념), 당연히 사람들을 다치게 하는 것은 좋지 않다(신념에 대한 평가). 이것으로부터 생길 수 있는 행동적 의도는 멧돼지 통제 프로그램을 지지하는 것이고, 그 실제 행동은 멧돼지 사냥의 역사일지도 모른다. 이 예에서는, 태도의 모든 측면이 서로 일치하는데, 이는 멧돼지에 대해 부정적인 전반적 태도를 만들어 낸다.

## 문제 해설 |

빈칸에는 태도의 모든 측면이 멧돼지에 대한 전반적 태도를 만들어 내는 상황을 묘사하는 말이 와야 한다. 본문 중반에서 멧돼지들에 대한 우리의 태도를 형성하는 데 있어서, 우리는 태도의 감정적 요소를 우리의 인지적 요소와 일치하게 유지하려고 노력한다고 했으며, 이어서 언급된 행동적 의도와 실제 행동도 이와 맥을 같이 하므로 빈칸에는 consistent(일치하는)가 가장 적절하다.

## 구문 분석 |

[4행] In forming our attitudes toward wild boars, we strive to **keep** our affective components of attitude **consistent** with our cognitive components.

▶ 「keep+O+OC」는 '~가 …하게 유지하다'의 의미로, to keep의 목적격보어로 형용사가 쓰였다.

## 어휘 |

conceptualize 개념화하다   component 구성 요소, 성분   affective 감정의, 감정적인, 정서적인   cognitive 인식[인지]의   evaluation 평가   statement 성명, 진술, 서술   generate 발생시키다, 만들어 내다   wild boar 멧돼지   strive 노력하다, 힘쓰다

consistent 일치하는   aspect 측면

여러분은 연필이 달로 날아가버리지 않으며, 오렌지도 지구상의 다른 어떤 것도 태양으로 하여금 우리에게 추락하도록 하지 않는다는 것을 알고 있다. 이런 일들이 일어나지 않는 이유는 중력의 당기는 힘의 강도가 두 가지에 따라 달라지기 때문이다. 첫째는 물체의 질량이다. 오렌지는 작고, 큰 질량을 가지고 있지 않아서 그것들이 태양에 작용하는 인력(引力)이 작은데, 확실히 행성들의 인력보다 훨씬 더 작다. 지구는 책상, 바위, 또는 오렌지보다 더 큰 질량을 가지고 있어서 세계의 거의 모든 것이 지구를 향해 당겨진다. 그것이 나무에서 오렌지가 떨어지는 이유다. 이제, 여러분은 태양이 지구보다 훨씬 더 크고 훨씬 더 큰 질량을 가지고 있다는 것을 알지도 모른다. 그렇다면 왜 오렌지는 태양을 향해 날아가지 않을까? 그 이유는 중력의 당기는 힘이 잡아당기는 물체와의 거리에 따라서도 달라지기 때문이다. 태양이 지구보다 더 큰 질량을 가지고 있긴 하지만, 우리가 지구에 더 가까워서 우리는 그것(=지구)의 중력을 더 많이 느낀다.

문제 해설 |

빈칸 (A) 앞에서 지구가 책상, 바위, 또는 오렌지보다 더 큰 질량을 가지고 있어서 세계의 거의 모든 것이 지구를 향해 당겨진다고 했다. 따라서, 문맥상 (A)에는 fall(떨어지다)이 알맞다. 또한, 빈칸 (B) 뒤에서 태양이 지구보다 더 큰 질량을 가지고 있긴 하지만 우리가 지구에 더 가까워서 지구의 중력을 더 많이 느낀다고 했으므로 (B)가 포함된 문장은 중력의 당기는 힘이 잡아당기는 물체와 가깝고 먼 정도에 따라서도 달라진다는 의미가 되어야 한다. 따라서, 문맥상 (B)에는 distance(거리)가 알맞다.

구문 분석 |

[1행] You know [that pencils don't fly off to the moon] and [that **neither** oranges **nor** anything else on the earth causes the sun to crash down on us].

▶ know의 목적어 역할을 하는 두 개의 명사절 [ ]가 등위접속사 and로 병렬 연결되었다. 「neither A nor B」는 'A도 B도 아닌'이라는 의미이다.

[2행] The reason [(why[that]) these things don't happen] is [that the strength of gravity's pull depends on two things].

▶ 첫 번째 [ ]는 선행사 The reason을 수식하는 관계부사절로, why[that]가 생략되었다. 두 번째 [ ]는 문장의 보어 역할을 하는 명사절이다.

어휘 |

gravity 중력   mass 큰 덩어리; *질량

사회 심리학의 한 현상인 Pratfall Effect는 한 개인의 인지된 매력도가 그 개인의 인지된 능력에 따라 그 사람이 실수를 한 후에 증가 또는 감소한다고 말한다. 유명 인사들은 일반적으로 능력 있는 사람들로 여겨지고 특정한 측면에서 흔히 흠이 없거나 완벽하다고도 보이기 때문에, 실수를 저지르는 것은 그 사람의 인간미가 다른 사람들에게 사랑스럽도록 만들어줄 것이다. 완벽성, 혹은 그 특성(=완벽성)의 자질을 개인들에게 귀속하는 것은 일반 대중들이 (자신과) 관련 지을 수 없는 인지된 거리감을 만들어 낸다. 그것은 실수를 결코 저지르지 않는 사람들은 가끔 실수를 저지르는 사람들보다 덜 매력적이고 덜 호감이 가는 것으로 인지된다는 것을 의미한다. 하지만 만약 평균 혹은 그 미만의 능력을 가지고 있다고 인지되는 사람이 실수를 저지른다면, 그 사람 또한 다른 사람들에게 덜 매력적이고 호감이 덜 가게 될 것이다.

문제 해설 |

빈칸 앞에서 실수를 결코 저지르지 않는 사람들이 가끔 실수를 저지르는 사람들보다 덜 매력적이고 덜 호감이 가는 것으로 인지된다고 했으며 빈칸이 있는 문장에서 역접의 접속사 However와 빈칸 앞의 also로 보아, 평균 이하의 능력을 가지고 있다고 인지되는 사람이 실수를 저지르는 것도 다른 사람들에게 덜 매력적이고 호감이 덜 가게 될 것이라는 내용이 적절하다. 빈칸이 조동사 will 뒤에 주어졌으므로 본문의 being less attractive and likable을 be less attractive and likable로 바꿔 써야 한다.

구문 분석 |

[5행] Perfection, or the attribution of that quality to individuals, creates a perceived distance [that the general public cannot relate to].

▶ [ ]는 선행사 a perceived distance를 수식하는 목적격 관계대명사절이다.

어휘 |

phenomenon 현상   competence 능력 (competent 유능한, 능력이 있는)   flawless 흠이 없는   endearing 사랑스러운   attribution 귀속, 귀인   relate to ~와 관련짓다   likable 마음에 드는, 호감이 가는   occasional 가끔의

p.122

## UNIT 04 어법

01 (1) ② → reinforcing  (2) ③ → living
02 (A) because  (B) priced  (C) that
03 ③ → does not / 반복을 피하기 위해 뒤에 raise insulin levels in animals and humans를 생략한 형태이므로, is를 일반동사의 부정문을 만드는 조동사 does로 고쳐야 한다.

웃는 능력은 인간에게 특유한 것으로 여겨진다. 사실, 고대의 한 작가는 웃음이 인간을 동물과 구별하는 한 가지 방법이라고 말했다. 역사를 통틀어, 유머는 사회에서 중요한 역할을 해왔다. 그것은 의사소통뿐만 아니라 사회의 규범과 행동을 강화하는 데에도 중요하다. 그

리고 역사의 각 시기는 그 시기만의 유머 감각을 지니는 경향이 있는데, 이는 그 시대에 살고 있는 사람들의 가치, 관심사, 그리고 활동에 근거한다. 이 이유 때문에, 서로 다른 문화의 유머는 학자들에게 중요한 연구 주제가 되었다. 만약 목표가 한 문화의 사람들을 이해하는 것이라면, 그들의 유머 감각은 흔히 우리에게 많은 것을 가르쳐 줄 수 있다. 그것은 심지어 우리에게 그 시대의 미술품과 역사적 사건 그 이상을 말해줄지도 모른다. 결국, 누군가의 성격에 관해 배우는 훌륭한 방법은 무엇이 그들을 웃게 하는지를 알아내는 것이다.

## 문제 해설 |

② 전치사 for의 목적어 역할을 하면서 명사 societal norms and behaviors를 목적어로 취해야 하므로 reinforcement를 동명사 reinforcing으로 고쳐야 한다.

③ 관계사절에 동사 is가 있으므로 앞의 명사 the people을 수식하는 분사가 와야 하며, 그 사람들은 그 시대에 살고 있는 주체이므로 lived를 현재분사 living으로 고쳐야 한다.

## 구문 분석 |

[4행] And each period in history tends to have its own sense of humor, [which is based on the values, interests, and activities of the people living at that time].

▶ [ ]는 선행사 its own sense of humor에 대한 부연 설명을 하는 계속적 용법의 관계대명사절이다.

## 어휘 |

specific to ~에 특유한   tell A apart from B A를 B와 구별하다   significant 중요한   reinforcement 보강, 강화   artwork 미술품

## 02

미국의 경제학자인 Thorstein Veblen의 이름을 따서 명명된 베블런재는 가격이 오름에 따라 수요가 증가하는 사치품이다. 그것들은 수요의 법칙에 모순되기 때문에 이상한데, 그것(=수요의 법칙)은 수요가 가격과 반대로 변화한다고 말한다. Veblen에 따르면, 부를 알리려는 욕구가 사람들로 하여금 더 높은 가격을 기꺼이 지불하게 만드는 것이다. 제품의 질은 부차적이다. 사실상, 진정한 베블런재는 보다 알맞게 가격이 매겨진 상품들보다 두드러지게 질이 더 좋아서는 안 된다. 만약 그 상품의 가격이 너무 낮게 떨어져서 덜 부유한 사람들을 배제시킬 수 없다면, 부자들이 그것을 구입하는 것을 그만둘 높은 가능성이 있다. 이러한 행동의 많은 증거가 고급 자동차, 샴페인, 시계, 그리고 특정 의류 브랜드 시장에 존재한다. 가격 인하가 판매자에게 있어 일시적인 매출액 증가를 야기할지도 모르지만, 그것(=매출액)은 곧 떨어지기 시작할 것이다.

## 문제 해설 |

(A) 뒤에 주어와 동사를 포함한 절이 이어지므로 접속사 because가 알맞다.

(B) 제품은 가격이 매겨지는 대상이므로, 수동의 의미로 goods를 수식하는 과거분사 priced가 알맞다.

(C) '~할 높은 가능성'이라는 의미로 앞의 명사구(a high possibility)

와 동격을 이루는 명사절을 이끌며, 뒤에 완전한 절이 이어지므로 접속사 that이 알맞다.

## 구문 분석 |

[2행] They are strange because they contradict the law of demand, [which states {that demand changes inversely to price}].

▶ [ ]는 선행사 the law of demand에 대한 부연 설명을 하는 계속적 용법의 관계대명사절이다. { }는 states의 목적어 역할을 하는 명사절이다.

[3행] According to Veblen, a desire [to advertise wealth] is [what **makes** people **willing** to pay higher prices].

▶ 첫 번째 [ ]는 a desire를 수식하는 형용사적 용법의 to부정사구이다. 두 번째 [ ]는 선행사를 포함하는 관계대명사 what이 이끄는 명사절로, 문장의 보어 역할을 한다. 「make+O+OC」는 '~을 …하게 만들다'의 의미로, makes의 목적격보어로 형용사가 쓰였다.

## 어휘 |

name after ~의 이름을 따서 명명하다   economist 경제학자   luxury 사치(품)의, 고급(품)의   contradict 부정[부인]하다; *모순되다   inversely 거꾸로, 반대로   secondary 이차적인, 부차적인   affordably 알맞게, 감당할 수 있게   exclude 제외[배제]하다   well off 부유한, 잘 사는   temporary 일시적인, 임시의

## 03

포식자들은 과일을 섭취할 적절한 시기가 언제인지 어떻게 알까? 식물은 포식자에게 과일이 익었음을 알려주기 위해 과일의 색깔을 이용하는데, 이는 씨의 겉부분이 딱딱해져서 당도가 최고에 이르렀음을 의미한다. 놀랍게도, 식물은 과일의 당분으로서 포도당 대신 과당을 만든다. 포도당은 동물과 인간의 인슐린 수치를 높이는데, 그것은 처음에는 배고픔을 막는 호르몬인 렙틴의 수치를 높이지만 과당은 그렇지 않다. 그 결과, 포식자는 결코 자신이 배가 부르다는 정상적인 메시지를 받지 못한다. 그것이 포식자와 먹이 모두에게 유리한 상황에 기여한다. 동물이 점점 더 많은 과일을 먹음으로써 더 많은 열량을 얻는 동안, 식물은 자신의 더 많은 씨를 퍼뜨릴 더 나은 기회를 가진다.

## 구문 분석 |

[1행] Plants use the color of their fruit [to signal to predators {that the fruit is ripe}], [which means {that the outer part of the seed has hardened, ... at its height}].

▶ 첫 번째 [ ]는 목적을 나타내는 부사적 용법의 to부정사구이다. 두 개의 { }는 각각 to signal과 means의 목적어 역할을 하는 명사절이다. 두 번째 [ ]는 앞 절 전체를 선행사로 하는 계속적 용법의 관계대명사절이다.

## 어휘 |

signal 신호를 보내다   harden 딱딱해지다, 굳다   at its height 최고조인   distribute 분배하다; *퍼뜨리다

## UNIT 05 세부 내용 서술

01 쌍둥이 중 건강한 사람이 암 유전자를 차단하는 식사를 했다는 것
02 Because safety standards guarantee that all tires will be very safe and reliable.
03 강하게 긍정적이거나 부정적인 의견을 가진 고객들

### 01

유전학 분야는 식품이 유전자 청사진에 직접적으로 영향을 줄 수 있다는 것을 입증해왔다. 음식이 유전자 발현에 특정한 영향을 미친다는 생각은 비교적 새롭지만, 그것은 의심할 여지없이 우리가 생각하는 방식을 바꾸고 있다. 이 정보는 유전자가 우리의 통제 하에 있는 것이지 우리가 복종해야 하는 것이 아니라는 것을 우리가 더 잘 이해하도록 도와준다. 일란성 쌍둥이를 생각해 보자. 두 개인은 모두 똑같은 유전자를 부여받는다. 중년에, 쌍둥이 중 한 명은 암에 걸리고, 다른 한 명은 암 없이 건강하게 오래 산다. 특정 유전자가 쌍둥이 중 한 명으로 하여금 암에 걸리게 했지만, 똑같은 유전자가 쌍둥이 중 나머지 한 명에서는 그 질병을 일으키지 않았다. 과학자들은 쌍둥이 중 건강한 사람이 암 유전자를 차단하는 식사를 했다는 것을 제시한다.

#### 문제 해설 |

쌍둥이 중 한 명은 암에 걸리고 다른 한 명은 암에 걸리지 않고 건강하게 오래 산 원인에 대해 과학자들이 제시한 내용은 Scientists suggest that ~ the cancer gene.에 나타나 있다.

#### 구문 분석 |

[2행] **The notion** [that food has a specific influence on gene expression] is relatively new, but it is undoubtedly changing the way [we think].

▶ 첫 번째 [ ]는 The notion과 동격인 명사절이다. 두 번째 [ ]는 선행사 the way를 수식하는 관계부사절로, the way는 관계부사 how로 바꿔 쓸 수 있다.

#### 어휘 |

genetics 유전학  immediately 즉시; *직접적으로  blueprint 청사진  notion 개념, 관념, 생각  expression 표현; *(형질) 발현  undoubtedly 의심할 여지 없이  obey 복종하다  identical twin 일란성 쌍둥이  mid-life 중년  initiate 시작하다, 일으키다

### 02

어떤 자원들, 결정들, 또는 활동들은 중요한 (평균적으로 매우 가치 있는) 반면 다른 것들은 중추적이다. 자동차의 두 구성요소인 타이어와 내부 디자인이 어떻게 소비자의 구매 결정과 관련이 있는지 생각해보라. 타이어는 차의 운행 능력에 필수적이며, 그것은 안전과 성능 모두에 영향을 준다. 하지만 타이어는 일반적으로 구매 결정에 영향을 미치지 않는데, 안전기준들이 모든 타이어가 매우 안전하고 믿을 만할 것이라는 것을 보장해주기 때문이다. 가죽 시트나 온열 핸들과 같은 내부 (디자인) 특성의 차이가 소비자의 구매 결정에 훨씬 더 많은 영향을 미치는 것 같다. 자동차의 전반적인 가치 측면에서, 당신은 타이어 없이는 운전할 수 없지만 온열 핸들이 없어도 운전할 수 있다. 하지만 내부 (디자인) 특성들은 확실히 구매 결정에 더 큰 영향을 미친다. 우리 표현으로 하자면, 타이어는 중요하지만 내부 디자인은 중추적이다.

#### 문제 해설 |

타이어가 일반적으로 구매 결정에 영향을 미치지 않는 이유는 Yet tires generally do not influence ~ will be very safe and reliable.에 나타나 있다.

#### 구문 분석 |

[2행] Consider [how two components of a car relate to a consumer's purchase decision] ….

▶ [ ]는 Consider의 목적어 역할을 하는 간접의문문으로, 「의문사+주어+동사」의 어순이다.

[6행] … likely have **far** more effect on the consumer's buying decision.

▶ far는 '훨씬'의 의미로 비교급을 강조하는 부사이다.

#### 어휘 |

on average 평균적으로  steering wheel (자동차의) 핸들  automobile 자동차

### 03

사람들은 표본이 무작위가 아닐 때 통계 자료로부터 잘못된 이해를 할 수 있다. 예를 들어, 한 식당이 자신들의 음식, 서비스, 혹은 분위기에 관해 대부분의 고객들이 어떻게 생각하는지 알기를 바라며, 식탁 위에 설문조사 카드를 올려놓을 수도 있다. 그러나 일반 고객들에 의해 작성되는 카드는 거의 없을 것인데, 그들은 그렇게 할 어떠한 이유도 없기 때문이다. 오직 강하게 긍정적이거나 부정적인 의견을 가진 고객들만이 그 조사에 응할 가능성이 있다. 표본을 고르는 이러한 방식은 '자발적 응답 표본 추출'이라 불린다. 그러한 표본들은 강한 의견에 유리하게 편향되고 중간의 의견들을 실제보다 적게 표시한다. 따라서, 당신이 통계 자료를 볼 때, 표본이 통계 자료 그 자체만큼이나 중요하다는 것을 기억하라. 그 표본에 얼마나 많은 사람들이 있었는가? 그들은 누구였는가? 만약 당신이 모른다면, 성급한 결론을 내리지 않도록 주의하라.

#### 문제 해설 |

식당의 식탁 위에 있는 설문조사 카드에 누가 답변할 가능성이 있는지는 Only those with strongly positive or negative opinions are likely to respond to the survey.에 나타나 있다.

#### 구문 분석 |

[1행] For example, a restaurant may put survey cards on the tables, [hoping to know {what most customers

think about its food, service, or atmosphere}].
▶ [ ]는 동시동작을 나타내는 분사구문이다. { }는 to know의 목적어 역할을 하는 간접의문문으로, 「의문사＋주어＋동사」의 어순이다.

[3행] However, **few** cards will be filled out by normal customers, because they don't have any reason [to do so].
▶ few는 '(수가) 거의 없는'이라는 의미로, 셀 수 있는 명사 앞에 쓰인다. [ ]는 any reason을 수식하는 형용사적 용법의 to부정사구이다.

어휘 |

atmosphere 대기; *분위기  voluntary 자발적인  sampling 표본 추출  biased 편향된  in favor of ~에 유리하게  underrepresent 실제보다 적게 표시하다  moderate 보통의, 중간의  leap to conclusions 성급한 결론을 내리다

p.126

## UNIT 06 요약문

01 (A) triggering  (B) directed
02 Returning to the way you used your imaginations as a child
03 (A) shared values lead to  (B) proximity

### 01

오늘날의 회사들 중 많은 곳이 그들의 마케팅과 광고를 점점 더 어린 소비자들에게 향하게 하고 있다. 이는 주로 사람들이 상표나 상품을 사용하기 시작할 때 그들이 어릴수록, 그들이 앞으로 수년간 그것을 계속 사용할 가능성이 더 높기 때문이다. 하지만 그것이 이러한 일이 행해지고 있는 유일한 이유는 아니다. 연구는 즉흥적인 식품 구매의 75퍼센트가 쨍쨍거리는 아이에서 비롯된다는 것을 보여준다. 그리고 2명 중 1명의 어머니들은 단순히 아이가 요청하기 때문에 특정 식품을 살 것이다. 아이에게 있는 욕구를 촉발시키는 것이 가족 전체의 욕구를 촉발시키는 것이다. 다시 말해서, 아이들은 가정에서의 소비에 영향력을 지니고, 조부모에 영향력을 지니며, 그들을 돌봐주는 사람에게도 영향력을 지닌다. 이것이 기업들이 아이들에게 영향을 미칠 방법을 몹시 찾고 싶어 하는 이유이다.

문제 해설 |

기업들이 점점 더 어린 소비자를 마케팅과 광고의 대상으로 삼는 이유는 아이들이 가정의 소비에 영향력을 지니고 있기 때문이라는 내용의 글이므로, '회사들은 아이들에게 있는 제품에 대한 욕구를 (A) 촉발시킴으로써 어른들의 구매 결정에 영향을 미칠 수 있는데, 이는 그렇게나 많은 광고가 아이들에게 (B) 향해지고 있는 한 가지 이유이다.'와 같이 요약하는 것이 가장 적절하다. (A)는 전치사의 목적어 자리이므로 본문에 있는 to trigger를 동명사 triggering으로 바꿔 쓰며, (B)는 현재진행 수동태의 p.p. 자리이므로 본문에 있는 directing을 directed로 바꿔 쓴다.

구문 분석 |

[2행] This is mainly because **the younger** people are

when they start using a brand or product, **the more likely** they are to keep using it for years to come.
▶ 「the＋비교급, the＋비교급」은 '~할수록 더 …하다'라는 의미이다.

어휘 |

direct 겨냥하다, 향하게 하다  impulsive 충동적인  originate from ~에서 비롯되다  nagging 잔소리가 심한, 쨍쨍거리는  household 가정

### 02

당신이 어렸을 때 세상이 어땠는지 기억하는가? 당신이 놀았던 방식과, 당신의 상상력을 사용하는 것이 당신을 어떻게 느끼게 했는지 회상해보라. 상상력이 풍부한 것은 행복감을 만들어 내고 우리의 삶에 흥분을 더한다. 이제 그런 감정들로 돌아갈 때이다. 만약 당신이 당신의 상상을 통해 경험했던 기쁜 감정으로 돌아갈 수 있다면, 당신은 아마 스스로에 대해 더 행복하다고 느낀다는 것을 알게 될 것이다. 새로운 아이디어를 생각해 내거나 이야기를 쓰기 위해 약간의 시간을 가져라. 당신이 그 어느 때보다 더 창의적일 수 있는 방법을 찾을 수 있는 것은 바로 당신의 상상력을 통해서이다. 뿐만 아니라, 당신의 상상력은 일상적인 과업을 더욱 흥미롭게 만들고 당면한 과업을 완수하는 데 당신이 계속 집중할 수 있게 해줄 수 있다.

문제 해설 |

어린 시절에 그랬던 것 같이 상상력을 이용하면 더 행복하고 창의적으로 살 수 있다는 내용의 글이므로, '아이였을 때 당신이 당신의 상상력을 이용했던 방식으로 돌아가는 것은 당신의 삶에 기쁨과 창의력을 가져다줄 수 있다.'와 같이 요약하는 것이 가장 적절하다.

구문 분석 |

[1행] Think back to the way [you played] and [how using your imagination **made** you **feel**].
▶ 첫 번째 [ ]는 선행사 the way를 수식하는 관계부사절로, the way는 how로 바꿔 쓸 수 있다. 두 번째 [ ]는 간접의문문으로, 「의문사＋주어＋동사」의 어순이다. 「make＋O＋OC」는 '~가 …하게 하다'의 의미로, 사역동사 made의 목적격보어로 동사원형 feel이 쓰였다.

[6행] **It is** through your imagination **that** you can find ways [to be more creative than ever].
▶ 「it is[was] ~ that ....」 강조구문으로, 부사구인 through your imagination을 강조하고 있다. [ ]는 ways를 수식하는 형용사적 용법의 to부정사구이다.

어휘 |

imagination 상상, 상상력 (imaginative 상상력이 풍부한)

### 03

Leon Festinger와 Stanley Schachter라는 이름의 두 심리학자와, Kurt Back이라는 이름의 한 사회학자는 우정이 어떻게 형성되는지 궁금해하기 시작했다. 왜 몇몇 타인들은 지속적인 우정을 쌓는 반면, 다른 이들은 예의상의 친절을 넘어서려고 분투할까? 몇몇 전문가들은 우정 형성이 유아기로 거슬러 올라갈 수 있다고 설명

했는데, 그 시기에 아이들은 훗날 삶에서 그들을 결속시키거나 분리시키는 가치, 신념, 그리고 태도를 습득한다. 그러나 Festinger, Schachter, 그리고 Back은 다른 이론을 추구했다. 그들은 물리적 공간이 우정 형성의 핵심이라고 생각했는데, 우정이 길에서 서로를 지나치는 것과 같은 짧고 수동적인 접촉을 하는 동안 발달할 가능성이 가장 크기 때문이다. 그들의 관점에서, 유사한 태도를 지닌 사람들이 친구가 된다기보다는 오히려 그날 동안 서로 주변에 있는 사람들이 친구가 되는 경향이 있으며, 이후에 유사한 태도를 취한다.

## 문제 해설 |

우정이 형성되는 방식에 있어서, 몇몇 심리학자와 사회학자는 유사한 태도를 지닌 사람들이 친구가 된다기보다는 물리적으로 가까이에 있는 사람들이 친구가 되어 이후에 유사한 태도를 취한다고 보았다는 내용의 글이므로, '(A) 공유된 가치가 우정으로 이어진다고 전통적으로 여겨지긴 하지만, 한 전문가 집단은 (B) 근접이 진짜 원인이라고 제시했다.'와 같이 요약하는 것이 가장 적절하다.

## 구문 분석 |

[4행] … can be traced to infancy, [when children acquire the values, beliefs, and attitudes {that bind or separate them later in life}].

▶ [ ]는 선행사 infancy에 대한 부연 설명을 하는 계속적 용법의 관계부사절이다. { }는 선행사 the values, beliefs, and attitudes를 수식하는 주격 관계대명사절이다.

[8행] In their view, it **isn't so much** that people with similar attitudes become friends, **but rather** that people [who are around each other during the day] tend to become friends, [later adopting similar attitudes].

▶ 「not so much A but rather B」는 'A라기보다는 오히려 B인'이라는 의미로, A와 B 자리에 각각 접속사 that이 이끄는 명사절이 왔다. 첫 번째 [ ]는 선행사 people을 수식하는 주격 관계대명사절이다. 두 번째 [ ]는 연속동작을 나타내는 분사구문이다.

## 어휘 |

lasting 영속적인, 지속적인  friendliness 우정, 친절, 호의  be traced to ~로 거슬러 올라가다  infancy 유아기  bind 묶다; *결속시키다  passive 수동적인, 소극적인  adopt 택하다, 취하다

| UNIT 07 | 지칭 내용 및 의미 |

01 계단을 완전히 지나쳐 목적지 바로 아래부터 목적지까지 곧바로 올라가는 것
02 ④ / several ways of protecting bees from pesticides
03 자주 울지 않는 사람은 좋은 사회적 관계를 형성하지 않는다.

## 01

목적지에 도달하기 위해 경사면을 이용할 때, 여러분은 만약 여러분이 바로 아래에서 시작해서 곧장 위로 이동했더라면 여러분이 그렇게 했을 것보다 더 많은 거리를 이동해야 한다. 이것은 아마도 평생 계단을 오르는 것부터 이미 여러분에게 명백할 것이다. 여러분이 도달하는 실제 높이와 비교하여 여러분이 올라야 하는 모든 계단을 고려해보라. 이 높이는 여러분이 계단으로 오르는 거리보다 항상 더 적을 것이다. 다시 말해, 여러분의 의도된 높이에 도달하기 위해서, 그만큼의 노력을 들일 필요가 없긴 하지만, 여러분은 더 많은 거리를 이동해야 한다. 이제 여러분이 계단을 완전히 지나쳐 목적지 바로 아래부터 목적지까지 곧바로 올라가려고 한다면, 확실히 더 짧은 거리를 오르는 것이지만, 그렇게 하는 데 필요한 노력은 훨씬 더 클 것이다. 이것이 우리가 집안에 사다리 대신 계단을 가지고 있는 이유이다.

## 문제 해설 |

밑줄 친 to do so는 앞에 언급한 to pass on the stairs altogether and climb straight up to your destination from directly below it을 가리킨다.

## 구문 분석 |

[1행] [When (you are) using an inclined plane to reach a destination], you must move a greater distance than you **would have (moved)** if you *had started* from directly below and *(had) moved* straight up.

▶ [ ]는 시간을 나타내는 부사절로, 접속사 When 뒤에 「주어+be동사」인 you are가 생략되었다. 「주어+조동사의 과거형+have p.p., if+주어+had p.p.」의 가정법 과거완료 구문이 쓰였다. if절의 동사 had started와 (had) moved가 등위접속사 and로 병렬 연결되었다.

[6행] Now, **if** you **were to pass** on the stairs altogether and **climb** straight up to your destination from directly below it, it **would be** a shorter climb for sure, but the effort needed to do so **would be** far greater.

▶ 「if+주어+were to+동사원형, 주어+조동사의 과거형+동사원형」의 가정법 과거 구문이 쓰였다.

## 어휘 |

destination 목적지, 도착지  exert (힘 등을) 행사하다, 가하다

## 02

농약을 사용하는 것은 벌의 개체 수 감소에 있어 주된 요인이다. 직접 접촉을 통한 것을 포함하여 농약에 의해 벌이 죽을 수 있는 여러 가지 방식이 있다. 농약 처리가 되고 있는 꽃 위의 것들은 즉시 죽을 것이다. 그리고 설령 그들이 직접 접촉을 가까스로 피하더라도, 그들은 여전히 꽃가루, 물, 흙, 또는 공기를 통해 오염될 수 있다. 이것은 훨씬 더 나쁜 영향을 미칠 수 있는데, 그 오염된 벌이 자신의 군집에 농약을 옮겨 오기 쉽기 때문이다. 영향을 받은 군집이 결국 붕괴되는 가운데, 그 결과는 흔히 처참하다. 성체 벌에게는 영향을 주지 않는 일부 농약은 대신 어리고 미성숙한 것들에게 피해를 일으킨다. 다른

정답 및 해설 • 47

종류의 농약은 벌들의 뇌에 영향을 주어 학습 속도를 느리게 하는데, 이는 그들이 꿀을 찾는 능력을 상실하게 할 수 있다. 농약으로부터 벌을 보호하는 여러 가지 방법이 제시되어 왔다. 그중 하나는 농약의 살포를 저녁으로 제한하는 것이다. 이는 벌에 미치는 농약의 영향을 최소화할 것인데, 그들이 낮에만 먹이를 찾아다니기 때문이다.

**문제 해설 |**

④는 several ways of protecting bees from pesticides(농약으로부터 벌을 보호하는 여러 가지 방법들)를 가리키고, 나머지는 모두 bees를 가리킨다.

**구문 분석 |**

[2행] Ones [that are on flowers {being treated with pesticides}] will die immediately.

▶ [ ]는 선행사 Ones를 수식하는 주격 관계대명사절이다. { }는 flowers를 수식하는 현재분사구이다.

[6행] The results are often disastrous, **with** the affected colony eventually **collapsing**.

▶ 「with+(대)명사+v-ing」는 '~가 …한 채로'라는 의미를 나타내는 분사구문이다.

**어휘 |**

pesticide 살충제, 농약   contaminate 오염시키다   colony 식민지; *군집   disastrous 처참한   collapse 붕괴되다, 무너지다   immature 미숙한, 미성숙의   restrict 제한[한정]하다   minimize 최소화하다

**03**

감정적 눈물에 관한 한 이론은 관계에 있어 눈물의 유용성에 주목한다. 우리는 아주 어릴 때부터 울음으로 타인과 관계를 맺는 것을 배우는데, 이때 우리는 신체적으로나 정신적으로 스스로 어느 것도 처리할 수 없었다. 울음은 다른 사람들에게 우리가 처리할 능력을 넘어서는 문제들에 의해 압도되었다는 신호를 보낸다. 한 연구는 사람들이 분명히 울고 있는 누군가를 더 기꺼이 도와주려 한다는 것을 보여준다. 이는 눈물이 인간의 유대와 사회적 관계에 중요하며 타인에게 동정을 유발하기 때문이다. 그러나 그 반대 또한 사실이다. 심리학자들은 자주 우는 사람들이 좋은 사회적 관계를 형성하는 경향이 있는 반면, 그러지(=자주 울지) 않는 사람들의 경우에는 이것이 사실이 아니라는 것을 발견했다.

**문제 해설 |**

눈물이 인간의 유대와 사회적 관계에 중요한 역할을 하여 자주 우는 사람들이 좋은 사회적 관계를 형성하는 경향이 있다는 내용의 글이므로, '그 반대 또한 사실이다'가 의미하는 바는 '자주 울지 않는 사람은 좋은 사회적 관계를 형성하지 않는다'로 볼 수 있다.

**구문 분석 |**

[1행] We learn to bring about a connection with others by crying from a very early age, [when we were physically and mentally incapable of {dealing with

anything on our own}].

▶ [ ]는 선행사 a very early age에 대한 부연 설명을 하는 계속적 용법의 관계부사절이다. { }는 전치사 of의 목적어 역할을 하는 동명사구이다.

[3행] Crying signals to other people [that we are overwhelmed by problems {that are beyond our ability **to handle**}].

▶ [ ]는 signals의 목적어 역할을 하는 명사절이다. { }는 선행사 problems를 수식하는 주격 관계대명사절이다. to handle은 our ability를 수식하는 형용사적 용법의 to부정사이다.

**어휘 |**

usefulness 유용성   incapable ~을 할 수 없는   handle (문제를) 다루다, 처리하다   visibly 눈에 띄게, 분명히   bonding 유대(감 형성)   compassion 동정, 연민   contrary (정)반대   case 경우; *실정, 사실

p.130

p.130

## UNIT 08 대의파악

01 (A) possess  (B) to form
02 The Key to Putting the Planet's Well-Being before Our Own Self-Interest
03 People with contrasting personality types often work well together.

**01**

최근의 한 연구에서, 과학자들은 개들을 불투명한 가리개로 차단된 컴퓨터 모니터 앞에 두었다. 그 과학자들은 그런 다음 개들이 모니터의 스피커를 통해 그들의 보호자나 낯선 사람이 그들의 이름을 5번 말하는 녹음을 듣게 했다. 마지막으로, 보호자나 낯선 사람의 얼굴을 드러내기 위해 가리개가 제거되었다. 개들의 반응은 비디오로 녹화되었다. 당연히, 개들은 자신의 이름을 부르는 소리에 주의를 기울였고 가리개가 제거된 후 그들은 일반적으로 약 6초 동안 그 얼굴을 응시했다. 그러나 그들은 보호자의 친숙한 목소리를 들은 후 낯선 얼굴을 응시하는 것에 상당히 더 많은 시간을 보냈다. 그들이 1, 2초간 더 멈췄다는 것은 개들이 그들의 머릿속에 있는 그림에 근거하여 예측을 했었기 때문에 그들은 무언가가 잘못되었다는 것을 깨달았음을 보여준다. 현실이 이 예측과 일치하지 않았을 때, 개들은 어리둥절한 느낌을 경험했다.

**문제 해설 |**

개들이 자신의 보호자가 자신의 이름을 부르는 목소리를 들은 후 낯선 사람의 얼굴을 마주했을 때 그 얼굴을 더 오래 응시한 것으로 보아, 그들은 머릿속에 형성되어 있는 그림에 근거하여 예측한다는 것을 알 수 있다는 내용의 글이다. 따라서, Research suggests that dogs (A) possess the ability (B) to form pictures of human faces in their minds.(연구는 개들이 그들의 머릿속에 사람 얼굴의 그림을 (B) 형성하는 능력을 (A) 가지고 있다는 것을 보여준다.)가 글의 요지로 가장

적절하다. 앞의 명사구 the ability를 수식하도록 form을 to부정사로 바꿔 쓴다.

**구문 분석 |**

[2행] ... a recording of **either** their human guardian **or** a stranger [saying their names five times through speakers in the monitor].

▶ 「either A or B」는 'A이거나 B'라는 의미이다. [ ]는 either their human guardian or a stranger를 수식하는 현재분사구이다.

[8행] [That they paused for an extra second or two] suggests [that they realized {(that) something was wrong} because they **had made** a prediction based on the picture in their mind].

▶ 첫 번째 [ ]는 문장의 주어 역할을 하는 명사절이다. 두 번째 [ ]는 suggests의 목적어 역할을 하는 명사절이다. { }는 realized의 목적어 역할을 하는 명사절로, 접속사 that이 생략되었다. 개들이 예측을 한 것은 깨달은 것보다 더 이전에 일어난 일이므로 과거완료시제가 쓰였다.

**어휘 |**

significantly 상당히[크게]  gaze 응시하다[바라보다]  pause 멈추다, 중지하다  prediction 예측, 예견  puzzlement 어리둥절함, 얼떨떨함

## 02

겸손은 인간이 세상의 중심이 아님을 이해하는 것을 의미한다. 겸손한 마음을 가지면, 사람들은 더는 자기 자신을 지구에서 가장 중요한 존재로 여기지 않는다. 이것은 우리가 행동하는 방식을 바꾸는 것의 중요한 부분인데, 만약 사람들이 자신의 행동을 의식하고 있지만 그 결과에 관해서는 신경 쓰지 않는다면, 행동의 변화가 전혀 없을 것이다. 예를 들어 동물 권리의 경우, 설령 사람들이 자신들의 행동을 의식하더라도 겸손이 없으면 그들은 고기를 위해 사육되는 동물의 생활 환경에 관해 신경을 쓰지 않을지도 모른다. 이는 그들의 마음속에서는 인간이 가장 중요하고, 따라서 인간의 즐거움이 다른 생명체의 고통보다 더 중요하기 때문이다. 겸손은 또한 올바른 소비 습관을 기르는 것에 관한 한 필수적이다. 겸손이 없으면 자신의 행동이 환경에 미치는 부정적인 영향을 알고 있는 사람들조차도 그저 신경 쓰지 않을 것이다.

**문제 해설 |**

겸손한 마음을 가지면 인간이 자신뿐만 아니라 환경과 다른 생명체에도 신경을 쓰게 된다는 내용의 글이므로, Humility: The Key to Putting the Planet's Well-Being before Our Own Self-Interest(겸손: 지구의 행복을 우리 자신의 사리사욕보다 우선시하는 것의 핵심)와 같이 배열하는 것이 가장 적절하다.

**구문 분석 |**

[9행] Without it, even individuals [who are aware of the negative consequences {that their actions have on the environment}] simply won't care.

▶ [ ]는 선행사 individuals를 수식하는 주격 관계대명사절이다. { }는

선행사 the negative consequences를 수식하는 목적격 관계대명사절이다.

**어휘 |**

humble 겸손한  mindful ~을 염두에 두는[의식하는]  consequence 결과; 영향(력)  breed 사육하다  suffering 고통  cultivate 경작하다; *함양하다, 기르다

## 03

Steve Jobs가 Steve Wozniak에게 그들이 사업을 시작할 것을 제안한 후에, 두 사람은 디지털 시대의 가장 유명한 동반자 관계 중 하나를 형성했다. Wozniak은 영리한 공학 아이디어를 내놓고, Jobs는 그것을 다듬고 포장해서 팔 방법을 찾아내곤 했다. 두 사람은 정반대의 성격을 가지고 있었다. Wozniak은 한담을 싫어했고 보통 혼자 일했다. 그가 물건들을 발명하는 데 집중할 수 있게 한 것은 바로 이런 그의 내향적인 성격의 특성들이었다. 반면에, Jobs에게는 뛰어난 사교 기술이 있었다. 그래서 어떤 성격 유형이 더 좋은 것일까? 명백하게도, 대답은 둘 중 어느 것도 아니다. 세상은 내향적인 사람과 외향적인 사람 모두를 필요로 하며, 그들은 자주 훌륭한 팀을 이룬다. 우리는 그저 우리 자신의 성격뿐만 아니라 다른 성격들도 존중할 필요가 있다. 그러면, 우리가 함께 일할 기회가 있을 때 위대한 일을 할 수 있을지도 모른다.

**문제 해설 |**

Steve Jobs와 Steve Wozniak처럼 성격이 서로 반대인 사람들이 자주 훌륭한 팀을 이룬다는 내용의 글이므로, People with contrasting personality types often work well together.(대조적인 성격 유형을 가진 사람들이 흔히 함께 일을 잘한다.)가 요지로 가장 적절하다.

**구문 분석 |**

[4행] **It was** these features of his introverted personality **that** *enabled* him *to focus* on inventing things.

▶ 「it is[was] ~ that ....」 강조구문으로, 주어인 these features of his introverted personality를 강조하고 있다. 「enable+O+to-v」는 '~가 …할 수 있게 하다'라는 의미이다.

**어휘 |**

partnership 동업자임; *동반자 관계  era 시대  polish 닦다; *다듬다  introverted 내향적인 (introvert 내향적인 사람)  outstanding 뛰어난, 걸출한  extrovert 외향적인 사람

p.132

UNIT
**09** 어휘

01 flexible
02 ④ → pursue
03 (A) negative  (B) more  (C) aggressive

## 01

전통적인 교사 중심 모형에서는 교사가 정보의 주요한 원천이다. 그에 반해서, 역진행 수업 방식 모형은 가르치는 것을 학습자 중심적인 접근으로 바꾸는데, 그 접근법에서 수업 시간은 더 심층적으로 주제를 탐구하는 데 사용된다. 이는 다양한 학습 방식을 가능하게 한다. 이 모형을 이용하는 교육자들은 모둠 활동이나 개별 학습을 지원하기 위해 흔히 그들의 학습 공간을 물리적으로 재배치한다. 그들은 학생들이 자신이 배우는 시간과 장소를 선택하는 <u>융통성 있는</u> 공간을 창출한다. 뿐만 아니라, 역진행 수업을 실시하는 교육자들은 학생들의 학습 일정표에 대한 그들의 예상과 학생들의 학습에 대한 그들의 평가에 있어서도 융통성이 있다. 역진행 수업 방식은 학생들이 개인적으로 의미 있는 방법으로 학습에 참여하고 자신의 학습을 평가하면서 적극적으로 지식의 구성에 관여되게 해준다.

### 문제 해설 |

'다른 상황에 적응하기 위해 바꾸거나 바뀔 수 있는'이라는 의미의 단어는 flexible(융통성 있는)이다.

### 구문 분석 |

[2행] … shifts instruction to a learner-centered approach, [where in-class time is spent exploring topics in greater depth].

▶ [ ]는 선행사 a learner-centered approach에 대한 부연 설명을 하는 계속적 용법의 관계부사절이다.

[4행] Educators [using this model] often physically rearrange their learning spaces [to support **either** group work **or** independent study].

▶ 첫 번째 [ ]는 Educators를 수식하는 현재분사구이다. 두 번째 [ ]는 목적을 나타내는 부사적 용법의 to부정사구이다. 「either A or B」는 'A이거나 B'라는 의미이다.

### 어휘 |

by contrast 그에 반해서   shift 바꾸다   instruction 가르치는 것, 교수   approach 접근법, 처리 방법   educator 교육자   assessment 평가   adjust 적응하다

## 02

현대 세계에서, 우리는 불확실한 곳에서 확실성을 찾는다. 우리는 혼란 속에서 질서를, 애매모호함에서 정답을, 복잡함에서 확신을 찾는다. 그 결과, 우리는 결국 세상을 이해하려고 하는 것보다 세상을 통제하려고 하는 것에 훨씬 더 많은 시간과 노력을 쓰게 된다. 우리가 항상 쉽게 따라할 수 있는 공식을 찾고 있기 때문에, 우리는 결국 미지의 것과 상호 작용하는 우리의 능력을 잃어버린다. 그것은 술 취한 남자가 밤에 가로등 아래에서 자신의 열쇠를 찾는 전형적인 이야기와 비슷하다. 그는 열쇠를 어두운 길가에서 잃어버렸다는 것을 알지만 가로등 밑에서 그것을 찾는데, 그곳이 빛이 있는 곳이기 때문이다. 확실성에 대한 우리의 열망은 가로등 아래에서 우리의 열쇠를 찾아봄으로써 우리가 겉보기에 안전한 해결책을 <u>피하도록(→ 추구하도록)</u> 이끈다. 어둠 속으로 위험한 걸음을 내딛는 대신, 우리는 우리의 현재 상태가 아무리 열등할 수 있을지라도 현재 상태 안에 머문다.

### 문제 해설 |

우리는 항상 쉽게 따라할 수 있는 공식을 찾으며, 우리의 현재 상태가 아무리 열등할 수 있을지라도 어둠 속으로 걸음을 내딛는 대신 현재 상태에 머문다고 했으므로, 확실성에 대한 우리의 열망은 우리가 겉보기에 안전한 해결책을 추구하도록 이끈다는 내용이 자연스럽다. 따라서, ④ avoid(피하다)를 pursue(추구하다)와 같은 말로 바꿔 써야 한다.

### 구문 분석 |

[5행] It is similar to the classic story [in which a drunk man is searching for his keys under a street lamp at night].

▶ [ ]는 선행사 the classic story를 수식하는 관계사절로, 관계대명사 which는 전치사 in의 목적어로 쓰였다.

[9행] …, we stay within our current state, [however inferior it may be].

▶ [ ]는 복합관계부사 however가 이끄는 양보의 부사절로, '아무리 ~ 하더라도'의 의미이다.

### 어휘 |

chaos 혼돈, 혼란   ambiguity 애매모호함   conviction 유죄 선고; *확신   complexity 복잡성, 복잡   underneath ~의 아래에(서)   yearning 동경, 열망   inferior 열등한

## 03

한 고전적인 연구에서, 인류학자인 Richard Sipes는 스포츠를 하는 것이 폭력을 감소시킨다는 생각을 검증했다. 그는 신체 접촉이나 모의 전투를 포함하는 '전투적인 스포츠'에 초점을 맞추며, 만약 스포츠가 폭력에 대한 대체물이라면, 전투적인 스포츠의 인기와 전투의 빈도 및 강도 사이에 음의 상관관계가 있을 것이라고 가설을 세웠다. 다시 말해서, 전투적인 스포츠가 많을수록 전투가 있을 가능성이 더 낮다는 것이다. 20개 사회의 표본을 사용하여 Sipes는 그 가설을 검증하고 전투적인 스포츠와 폭력 사이의 중요한 관련성을 발견했지만, 그것은 그가 예상했던 것은 아니었다. Sipes의 분석에 따르면, 한 사회에서 전투적인 스포츠가 만연하고 인기가 많을수록, 그 사회는 전쟁에 참여할 가능성이 더 높다. 이는 Sipes로 하여금 전투적인 스포츠가 전쟁에 대한 대체물이 아니라 오히려 인간 사회의 동일한 공격적인 충동의 반영이라는 분명한 결론을 도출하도록 이끌었다.

### 문제 해설 |

(A) In other words로 시작하는 다음 문장에서 전투적인 스포츠가 많을수록 전투가 있을 가능성이 더 낮다고 했으므로, Sipes는 전투적인 스포츠의 인기와 전투의 빈도 및 강도 사이에 음의 상관관계가 있을 것이라는 가설을 세웠다는 내용이 자연스럽다. 따라서, negative(음의)가 적절하다. positive는 '양의'의 의미이다.

(B) Sipes는 전투적인 스포츠가 많을수록 전투가 더 적을 것이라는 가설을 세웠고, 전투적인 스포츠와 폭력 사이의 중요한 관련성을 발견했지만 그것은 그가 예상했던 것이 아니라고 했으므로, 한 사회에서 전투적인 스포츠가 만연하고 인기가 많을수록 그 사회는 전쟁에 참여할 가능성이 더 높다는 내용이 자연스럽다. 따라서, more(더)가 적절하다.

(C) Sipes가 전투적인 스포츠는 인간 사회의 (전쟁과 동일한) 공격

적인 충동의 반영이라는 결론을 도출했다는 내용이 자연스러우므로, aggressive(공격적인)가 적절하다. submissive는 '순종적인'의 의미이다.

**구문 분석 |**

[1행] In a classic study, anthropologist Richard Sipes tested **the belief** [that playing sports reduces violence].
▶ [ ]는 the belief와 동격인 명사절이다.

[2행] He focused on "combative sports" [that include body contact or simulated warfare], [hypothesizing {that **if** sports **were** an alternative to violence, then there **would be** a negative correlation …}].
▶ 첫 번째 [ ]는 선행사 "combative sports"를 수식하는 주격 관계대명사절이다. 두 번째 [ ]는 부대상황을 나타내는 분사구문이다. { }는 hypothesizing의 목적어 역할을 하는 명사절로, 「if+주어+동사의 과거형, 주어+조동사의 과거형+동사원형」의 가정법 과거 구문이 쓰였다.

**어휘 |**

anthropologist 인류학자   violence 폭행, 폭력   combative 전투적인   simulated 모조의, 모의의   warfare 전투   hypothesize 가설을 세우다 (hypothesis 가설, 추정)   correlation 연관성, 상관관계   popularity 인기   frequency 빈도   intensity 강렬함; *강도   pervasive 만연하는, 스며드는

p.134

## UNIT 10 문장 전환

01 is the other train that is moving in the opposite direction
02 Instead, they also give you loyalty cards which [that] can track your purchasing behaviors precisely.
03 It is said that Shakespeare's famous tragedy *Macbeth* is cursed

### 01

당신은 역에서 다른 기차 옆에 정차되어 있는 한 기차 안에 있다. 창밖을 바라보면서 당신은 다른 기차가 움직이기 시작했다고 생각하지만, 결국 당신의 기차가 움직이고 있는 것이라는 것을 발견하고 만다. 상대적인 움직임에 대한 착각은 다른 방식으로도 작용한다. 당신은 기차 안에 서 있는데 갑자기 기차가 움직이기 시작하는 것 같다. 하지만 그때 당신은 기차가 사실은 전혀 움직이지 않고 있다는 것을 깨닫는다. 다른 기차가 반대 방향으로 움직이고 있는 것이다. 외견상의 움직임과 실제 움직임 간의 차이를 구별하는 것은 어려울 수 있다. 물론, 당신의 기차가 강한 추진과 함께 움직이기 시작한다면 그것은 (구별하기) 쉽지만, 만약 당신의 기차가 매우 부드럽게 움직인다면 그렇지 않다. 당신의 기차가 약간 더 느린 기차를 따라잡을 때, 당신은 때때로 당신 자신을 속여서 당신의 기차가 정지해 있고 다른 기차가 천천히 뒤쪽으로 움직이고 있다고 생각하게 할 수 있다.

**문제 해설 |**

'…하는 것은 바로 ~이다'라는 의미의 강조구문은 「It is ~ that …」으로 나타낸다.

**구문 분석 |**

[1행] …, you think [(that) the other train has started to move], **only to discover** [that your train is the one *moving*].
▶ 첫 번째 [ ]는 think의 목적어 역할을 하는 명사절로, 접속사 that이 생략되었다. 「only to-v」는 '결국 ~하고 말다'라는 의미이다. 두 번째 [ ]는 to discover의 목적어 역할을 하는 명사절이다. moving은 the one을 수식하는 현재분사이다.

[5행] **It** can be hard [to tell the difference between apparent movement and real movement].
▶ It은 가주어이고 to부정사구인 [ ]가 진주어이다.

**어휘 |**

illusion 착각, 오해   relative 상대적인   overtake 따라잡다   fool into 속여서 ~하게 하다   still 정지해 있는

### 02

수익을 내기 위해 물적 제품을 판매하는 기업은 흔히 고객으로부터 가능한 한 많은 정보를 수집하려 한다. 이는 슈퍼마켓조차도 더 이상 농산물과 제조품 판매로 모든 돈을 벌지 않기 때문이다. 대신에, 그들은 여러분에게 고객 우대 카드를 주기도 한다. 이것들은 여러분의 구매 행동을 정밀하게 추적할 수 있다. 그리고 나서 슈퍼마켓은 이 구매 행동을 마케팅 분석 기업에 판매한다. 마케팅 분석 기업은 기계 학습 절차를 수행하고, 그 정보를 새로운 방식으로 분할해서, 그 행동 정보를 제품 제조 기업에 통찰력 있는 마케팅 정보로 되판다. 정보와 기계 학습이 자본주의 체제에서 가치 있는 통화가 되면, 모든 기업의 자연스러운 경향은 자신의 고객을 추적하는 능력을 극대화하는 것이다. 이는 고객 그 자체가 새로운 가치 창출 장치이기 때문이다.

**문제 해설 |**

loyalty cards를 선행사로 하는 관계대명사를 이용하여 두 문장을 결합한다. loyalty cards 뒤에 주격 관계대명사 which 또는 that을 쓰고, 이어서 두 번째 문장의 동사와 나머지 부분을 쓴다.

**구문 분석 |**

[1행] Companies [that sell physical products to make profit] often try to collect **as much** data **as possible** from consumers.
▶ [ ]는 선행사 Companies를 수식하는 주격 관계대명사절이다. 「as+형용사의 원급+as possible」은 '가능한 한 ~한'이라는 의미이다.

[8행] … every company's natural tendency is [to maximize its ability {to track its own customers}].
▶ [ ]는 보어 역할을 하는 명사적 용법의 to부정사구이고, { }는 its ability를 수식하는 형용사적 용법의 to부정사구이다.

## 03

연극계를 둘러싸고 있는 많은 미신이 있다. 미신은 첫 관객이 오기 전에 연극의 마지막 대사를 말하기를 원하지 않는 것부터, 마지막 예행연습 전에 커튼콜을 예행연습하기를 원하지 않는 것에 이르기까지 무엇이든 될 수 있다. 셰익스피어의 유명한 비극 〈맥베스〉는 저주받았다고 전해지며, 문제를 피하고자 배우들은 극장이나 (예행연습실이나 의상실 같은) 극장 공간 내에 있을 때 그 연극의 제목을 절대 소리 내어 말하지 않는다. 그 연극은 스코틀랜드를 배경으로 하고 있기 때문에, 연극의 제목을 말할 필요가 있을 때 배우가 말하는 암호는 '그 스코틀랜드 연극'이다. 만약 그들이 우연히 그 제목을 정말 말한다면, 그들은 밖으로 나가서 세 바퀴를 돌고 극장으로 다시 돌아와야 한다는 전설이 있다.

문제 해설 |

「가주어-진주어(that절)」을 활용하라는 조건이 있으며, is said 뒤에 단순부정사(to-v)가 왔으므로 주절과 that절의 동사를 모두 현재시제로 써야 한다. 따라서, 「It is said that+주어(Shakespeare's famous tragedy *Macbeth*)+동사(is cursed)」로 쓴다.

구문 분석 |

[1행] Superstitions can be anything **from** [not wanting to say the last line of a play before the first audience member comes], **to** [not wanting to rehearse the curtain call before the final rehearsal].

▶ 「from A to B」는 'A부터 B까지'라는 의미이다. 두 개의 [ ]는 각각 전치사 from과 to의 목적어 역할을 하는 동명사구이다.

[4행] ... and [to avoid problems], actors never say the title of the play out loud [when (they are) inside a theater or a theatrical space (like a rehearsal room or costume shop)].

▶ 첫 번째 [ ]는 목적을 나타내는 부사적 용법의 to부정사구이다. 두 번째 [ ]는 시간을 나타내는 부사절로, 접속사 when 뒤에 「주어+be동사」인 they are가 생략되었다.

어휘 |

superstition 미신   cursed 저주받은   theatrical 극장의, 연극의
by accident 우연히   legend has it that ~ ~라는 전설이 있다

p.136

## UNIT 11  흐름 및 내용 이해

01 그저 '새들이 노래하는 것에 귀를 기울이며' 인생을 살아갈 수 있는 사람은 거의 없고, 그 소년이 자신의 '교육'을 빨리 시작할수록 더 좋기 때문이다
02 (A) → (D) → (C) → (B)

03 a nearby police station / Happily

## 01

한 어린 소년이 즐겁게 새들을 보고 새 소리를 듣는다. 그때 '좋은 아버지'가 와서, 자신이 그 경험을 함께 나누고 아들이 '발전하도록' 도와줘야겠다고 느낀다. 그는 "저건 어치고 이건 참새야."라고 말한다. 그 어린 소년이 어느 것이 어치고, 어느 것이 참새인지에 관심을 두는 순간, 그는 더 이상 새들을 보거나 새들이 노래하는 것을 듣는 것을 즐길 수 없다. 그러나 이것은 아마도 최선일 텐데, 그저 '새들이 노래하는 것에 귀를 기울이며' 인생을 살아갈 수 있는 사람은 거의 없고, 그 소년이 자신의 '교육'을 빨리 시작할수록 더 좋기 때문이다. 몇몇 사람들은 여전히 예전의 방식으로 보고 들을 수 있다. 그러나 인류의 구성원 대다수는 화가, 시인 또는 음악가가 될 수 있는 능력을 잃었고, 그들이 과거에 세상을 보곤 했던 방식대로 세상을 인지할 선택권이 남겨져 있지 않다.

문제 해설 |

'거의 없는'이라는 부정의 의미를 나타내는 수량형용사 few와 '~하면서'라는 의미의 분사구문, '~할수록 더 …하다'라는 의미의 「the+비교급, the+비교급」 구문이 쓰였으므로 '그저 '새들이 노래하는 것에 귀를 기울이며' 인생을 살아갈 수 있는 사람은 거의 없고, 그 소년이 자신의 '교육'을 빨리 시작할수록 더 좋기 때문이다'와 같이 해석한다.

구문 분석 |

[3행] The moment [(when[that]) the little boy is concerned with {which is a jay} and {which is a sparrow}], he can no longer enjoy **watching** the birds or *hearing* them *sing*.

▶ [ ]는 선행사 The moment를 수식하는 관계부사절로, when 또는 that이 생략되었다. 두 개의 { }는 전치사 with의 목적어 역할을 하는 간접의문문으로, 등위접속사 and로 병렬 연결되었다. watching과 hearing은 enjoy의 목적어 역할을 하는 동명사로, 등위접속사 or로 병렬 연결되었다. 「hear+O+OC」는 '~가 …하는 것을 듣다'의 의미로, 지각동사 hearing의 목적격보어로 동사원형이 쓰였다.

어휘 |

delight 기쁨, 즐거움   sparrow 참새   capacity 용량; *능력

## 02

산, 계곡, 그리고 무성한 숲으로 둘러싸인 스웨덴의 오지에 있는 Älvdalen 읍은 그곳의 고유한 유산을 지키기 위해 필사적으로 노력하고 있다. (A) 20세기 중반에 이를 때까지도, 약 1,800명의 주민을 가진 그 읍은 Elfdalian이라고 불리는 언어를 사용했다. (D) 그 아름답고 복잡한 언어는 그 지역의 자연적 고립으로 인해 수 세기 동안 보존된 채로 남아 있었다. (C) 하지만 세계의 다른 고립 지역과 마찬가지로, 더 큰 이동성과 대중매체의 등장이 Älvdalen을 변화로부터 지켜왔던 자연적 장벽을 정복하기 시작했다. (B) 그 결과, 고대 언어 Elfdalian은 현대 스웨덴어로 대체되기 시작했다. 현재는 2,500명이 안 되는 사람들이 Elfdalian어를 하고, 60명이 안 되는 15세 미만의 어린이들이 Elfdalian어에 유창한 것으로 추정된다.

스웨덴 오지의 Älvdalen 읍이 고유한 유산을 지키려고 노력한다는 내용의 주어진 글 다음에, 그 읍이 20세기 중반까지도 Elfdalian어를 사용했다는 내용의 (A)로 이어진 후, Älvdalen 읍의 자연적 고립으로 인해 그 언어가 수 세기 동안 보존되었다는 내용의 (D)가 오고, 이동성 증가와 대중매체의 등장으로 Älvdalen 읍의 자연적 장벽이 허물어지기 시작했다는 내용의 (C)가 온 다음, 이로 인해 Elfdalian어가 현대 스웨덴어로 대체되기 시작했다는 내용의 (B)가 마지막에 오는 것이 글의 순서로 가장 적절하다.

구문 분석 |

[1행] The community of Älvdalen, [which is located in a remote part of Sweden {surrounded by mountains, valleys, and thick forests}], ....

▶ [ ]는 선행사 The community of Älvdalen에 대한 부연 설명을 하는 계속적 용법의 관계대명사절이다. { }는 a remote part of Sweden을 수식하는 과거분사구이다.

[11행] It is estimated [that fewer than 2,500 people speak Elfdalian ...].

▶ It은 가주어이고 that절인 [ ]가 진주어이다.

어휘 |

remote 외진, 외딴   desperately 필사적으로, 절박하게   preserve 보존하다   heritage 유산   inhabitant 주민   isolated 고립된 (isolation 고립)   mobility 이동성, 가동성   overcome 압도하다, 정복하다   tongue 혀; *언어

## 03

내게 있어 최고의 기념품은 여행하는 동안 사귀는 새로운 친구들이다. 분명, 내가 그 사람들을 내 여행 가방에 넣어서 집으로 데려올 수는 없지만, 우리가 함께 있는 동안 나는 그들과 함께 대화하고 웃을 수 있다. 가끔 나는 내가 그들과 연락을 유지할 수 있도록 그들을 소셜 미디어에 추가하거나 그들의 연락처를 물어본다. 2년 전 나는 전주 한옥마을에서 만난, 일본에서 온 노부부와 친구가 되었다. 화장실에 있는 동안, 나는 우연히 어떤 여성의 가방을 발견했다. 곧장, 나는 그것을 근처의 경찰서로 가져갔다. 내가 그곳에 도착했을 때, 나는 잃어버린 가방을 찾기 위해 그곳에 와 있던 노부부를 만났다. 다행히도 그 여자분이 내가 발견한 가방의 주인이어서, 나는 그것을 그들에게 건네주었다. 그들은 너무나 고마워하며 내게 저녁 식사를 대접했고, 우리는 함께 즐거운 시간을 보냈다.

문제 해설 |

주어진 문장의 there는 Right away, ~ a nearby police station.의 a nearby police station을 가리키며, 그다음 문장의 the woman은 주어진 문장의 노부부 중 아내를 가리키므로, 주어진 문장이 들어가기에 가장 적절한 곳은 6번째와 7번째 문장 사이이다.

구문 분석 |

[1행] When I got there, I met an elderly couple [who had come there {to look for their lost bag}].

▶ [ ]는 선행사 an elderly couple을 수식하는 주격 관계대명사절이

---

다. 노부부가 그곳에 와 있던 것이 내가 그들을 만난 것보다 더 이전에 일어난 일이므로 과거완료시제가 쓰였다. { }는 목적을 나타내는 부사적 용법의 to부정사구이다.

[4행] Sometimes I **add** them on social media or **ask for** their contact information *so that* I *can* stay in touch with them.

▶ 동사 add와 ask for가 등위접속사 or로 병렬 연결되었다. 「so that+주어+can ....」는 '~가 ⋯할 수 있도록'이라는 의미이다.

어휘 |

happen upon ~을 우연히 발견하다

## PART 03 | 서술형 실전 TEST

p.140

## 1회   서술형 실전 TEST

01 not to wear expensive clothes or suits
02 countersignal
03 (A) was  (B) had been introduced  (C) that
04 심장 이식 수술을 할 수 있게 된 것
05 She must have been unaware of how expensive they were
06 너무나 감동해서 보상으로 그저 그 그림을 요구했다.
07 it is our parents who determine the selection
08 play a role in telling stories that will teach us particular lessons
09 (A) a player is → is a player / 부정어 nor가 앞에 왔으므로 주어와 동사가 도치되어야 한다. 따라서 도치된 형태인 is a player로 고쳐야 한다.
    (B) preparing → prepare / 조동사 doesn't 뒤의 understand와 등위접속사 or로 병렬 연결된 구조이므로 동사원형인 prepare로 고쳐야 한다.
10 how previous successes or failures don't increase the likelihood
11 in a relatively short period of time after the end of the last ice age, which was about 10,000 BCE
12 settle

## 01~02

명품 소유는 부를 나타내지만, 역설적이게도, (옷차림새가) 값싸게 보이기를 선호하는 사람들이 바로 매우 부유한 사람들인 경우가 흔하다. 반대 신호 보내기는 여러분이 자랑하기 위해 굳이 뭔가를 할 필요가 없다는 것을 보여주기 위해 굳이 뭔가를 하는 경우이다. 비싼 옷이나 정장을 입는 것이 아니라 그 대신에 청바지와 운동화를 착용하는 것이 실리콘 밸리에서는 거의 명예에 관한 문제가 되었는데, 그

것은 여러분이 지위보다 과학 기술에 관심이 더 많다는 것을 나타낸다. 하버드 대학 경영대학원의 교수인 Francesca Gino는 전형적이지 않은 옷을 입음으로써 반대 신호를 보내는 것이 제대로 된 상황에서 더 높은 호감으로 이어진다는 것을 보여주었다. 한 연구에서, 그녀는 최고급 디자이너 상점의 점원들에게 두 명의 쇼핑객을 평가해 달라고 부탁했는데, 한 명은 운동복을 입었고, 다른 한 명은 원피스에 모피 코트를 입고 있었다. 그 점원들이, 운동복을 입고 있는 쇼핑객이 그 양품점에서 가장 비싼 물품을 사는 위치에 있을 것이라고 생각할 가능성이 일반 대중보다 훨씬 더 높았다. 그들은 경험으로부터, 부자들이 어떻게 흔히 반대 신호를 보내는지를 배웠던 것이다.

## 01  not to wear expensive clothes or suits

문제 해설 |

'A가 아니라 B'의 의미인 「not A but B」 구문을 이용하여 not to wear expensive clothes or suits와 같이 배열한다.

## 02  countersignal

문제 해설 |

앞 문장에서 점원들은 운동복을 입고 있는 쇼핑객이 가장 비싼 물품을 사는 위치에 있을 것이라고 생각할 가능성이 높았다고 했으므로, 빈칸에는 부자들이 값싸 보이는 옷을 입음으로써 오히려 자신들이 부유하다는 것을 굳이 드러낼 필요가 없음을 보여준다는 의미와 관련된 말이 와야 한다. 이를 나타내는 용어로 본문에서 countersignalling(반대 신호 보내기)이 쓰였으며, 빈칸은 동사 자리이므로 countersignal로 바꿔 써야 한다.

구문 분석 |

[3행] It has become almost a point of honor in Silicon Valley [not to wear expensive clothes or suits, but to wear jeans and sneakers instead], [which signals {that you are more interested in tech than status}].

▶ It은 가주어이고 to부정사구인 첫 번째 [ ]가 진주어이다. 두 번째 [ ]는 앞 절 전체를 선행사로 하는 계속적 용법의 관계대명사절이다. { }는 signals의 목적어 역할을 하는 명사절이다.

어휘 |

ownership 소유  countersignalling 반대 신호 보내기  go out of one's way 굳이[일부러] 하다  atypical 전형적이 아닌  regard 관계; *호의, 호감  high-end 최고급의  boutique 부티크, 양품점

## 03~04

1960년대의 모든 의학적 성취 중에서 가장 널리 알려진 것은 최초의 심장 이식이었는데, 그것은 1967년에 남아프리카 공화국의 외과 의사 Christiaan Barnard에 의해 행해졌다. 18일 후에 그 환자가 사망하긴 했지만, 그것은 의학의 새로운 시대를 환영하던 사람들의 사기를 떨어뜨리지 않았다. 심장 이식을 할 수 있는 능력은 인공호흡기의 개발과 관련되어 있었는데, 그것은 1950년대에 병원에 도입되었었다. 인공호흡기는 많은 생명을 구할 수 있었지만, 심장이 계속해서 뛰는 사람들이 모두 어떤 다른 중요한 기능들을 회복한 것

은 아니었다. 어떤 경우에는 그들의 뇌가 기능하는 것을 완전히 멈추었다. 그러한 환자들이 이식용 장기의 공급자가 될 수 있다는 인식은 하버드 뇌사 위원회의 설립으로 이어졌다. 이 위원회는 모든 '식별 가능한 중추 신경계 활동'의 부재가 사망의 새로운 기준이 되어야 한다고 권고했고, 그들의 권고는 그 이후로 일부 수정을 거쳐 거의 모든 곳에서 받아들여졌다.

## 03  (A) was
(B) had been introduced
(C) that

문제 해설 |

(A) 보어(the most widely known)가 앞에 와서 주어와 동사가 도치된 문장으로, 주어가 the first heart transplant로 단수이므로 단수동사인 was가 알맞다.

(B) 인공호흡기는 도입된 대상이므로 과거완료 수동태인 had been introduced가 알맞다.

(C) '~라는 인식'이라는 의미로 앞의 명사(The realization)와 동격을 이루는 명사절을 이끌며, 뒤에 완전한 절이 이어지므로 동격의 접속사인 that이 알맞다.

## 04  심장 이식 수술을 할 수 있게 된 것

문제 해설 |

1960년대의 의료계에서는 최초의 심장 이식 수술이 큰 주목을 받았으며, 이처럼 심장 이식을 할 수 있게 된 배경에는 인공호흡기의 개발이 있다는 내용의 글이므로, '의학의 새로운 시대'가 의미하는 바는 '심장 이식 수술을 할 수 있게 된 것'으로 볼 수 있다.

구문 분석 |

[4행] The ability [to perform heart transplants] was linked to the development of respirators, [which had been introduced to hospitals in the 1950s].

▶ 첫 번째 [ ]는 The ability를 수식하는 형용사적 용법의 to부정사구이다. 두 번째 [ ]는 선행사 respirators에 대한 부연 설명을 하는 계속적 용법의 관계대명사절이다.

어휘 |

transplant 이식 (transplantation 이식)  surgeon 외과 의사  altogether 완전히  organ (인체의) 장기[기관]  committee 위원회  nervous system 신경계  modification 수정[변경]

## 05~06

Maria Sibylla Merian은 1647년에 독일의 프랑크푸르트에서 태어났다. 그녀가 아직 어렸을 때, 그녀는 꽃을 그리는 것에 매우 관심을 갖게 되었다. 한번은 그녀가 그림을 그릴 수 있는 꽃을 찾기 위해 부유한 이웃의 담을 넘었다고 한다. 그녀는 주인의 허락 없이 몇 송이의 튤립을 가져갔다. 그녀는 당시에 그것들이 얼마나 비싼지 몰랐음이 틀림없다. 어린 Merian이 자신의 행동을 자백했을 때, 이웃은 그 그림을 보여줄 것을 요청했다. 그녀의 그림을 보고, 그는 너무나 감동해서 보상으로 그저 그 그림을 요구했다. 그녀가 13세였을 때,

Merian은 곤충에 깊은 관심을 가지기 시작했다. 어린 여자아이가 애벌레, 거미, 그리고 다른 곤충들에 열정적인 것은 흔치 않았지만, Merian은 그것들에 사로잡혀서 때로 그것들을 몇 주 동안 계속 지켜보곤 했다. 그녀는 미묘한 변화들까지도 묘사하며 그것들의 생명 주기의 각 단계를 세심히 그렸다.

## 05 She must have been unaware of how expensive they were

### 문제 해설 |

「must have p.p.」 구문을 활용하라는 조건이 있으므로 '몰랐음이 틀림없다'는 must have been unaware of라고 쓴다. '그것들이 얼마나 비싼지'는 「의문사+주어+동사」 형태의 간접의문문을 활용하여 how expensive they were라고 쓴다.

## 06 너무나 감동해서 보상으로 그저 그 그림을 요구했다.

### 문제 해설 |

Merian의 이웃이 Merian의 그림을 보고 한 행동은 Seeing her painting, ~ asked for the painting as compensation.에 나타나 있다.

### 구문 분석 |

[2행] It is said [that she once climbed over a wealthy neighbor's wall {to find flowers that she could paint}].
▶ It은 가주어이고 that절인 [ ]가 진주어이다. { }는 목적을 나타내는 부사적 용법의 to부정사구이다. that she could paint는 선행사 flowers를 수식하는 목적격 관계대명사절이다.

### 어휘 |

compensation 보상(금)   keen 간절히 ~하고 싶은; *강한, 깊은
caterpillar 애벌레   on end 세로로; *계속   depict 그리다, 묘사하다

## 07 it is our parents who determine the selection

### 문제 해설 |

'그 선택을 결정하는 사람은 바로 우리 부모님이다'는 「it is[was] ~ that ...」 강조구문을 활용하여 쓴다. 이때 강조하고자 하는 말이 사람인 경우 that 대신 관계대명사 who를 사용할 수 있는데 〈보기〉에 who가 주어졌으므로, it is our parents who determine the selection으로 쓴다.

## 08 play a role in telling stories that will teach us particular lessons

### 문제 해설 |

우리는 어린 시절 부모님을 통해서, 그리고 나이가 들어가면서 기관들을 통해 이야기를 들으며 세계에 대한 특정한 교훈을 얻는다는 내용의 글이므로, '우리의 부모님과, 다른 기관들 모두 세계에 관한 특정 교훈을 우리에게 가르쳐줄 이야기를 해주는 역할을 한다.'와 같이 요약하는 것이 가장 적절하다. 전치사 in의 목적어로 동명사구 telling stories를 쓰며, 이어서 선행사 stories를 수식하도록 주격 관계대명사 that이 이끄는 절을 쓴다.

### 구문 분석 |

[1행] Our earliest experiences with narrative often begin with the stories [(which[that]) our parents tell us when we do something {of which they particularly approve or disapprove}].
▶ [ ]는 선행사 the stories를 수식하는 목적격 관계대명사절로, which[that]가 생략되었다. { }는 선행사 something을 수식하는 관계사절로, 관계대명사 which는 전치사 of의 목적어로 쓰였다.

### 어휘 |

narrative 이야기; 이야기[서술]의   integrate 통합하다   institution 기관   commercial 상업적인   by means of ~에 의하여   anything but ~이 결코 아닌   neutral 중립적인   socialize 사회화하다

**07~08**

이야기에 관한 우리의 최초의 경험은 흔히 우리가 부모님이 특히 용납하시거나 용납하지 않으시는 무언가를 할 때 부모님이 우리에게 해 주시는 이야기로부터 시작한다. 그리고 복잡한 해석 이론을 필요로 하지 않고도, 우리는 이 경험들로부터 우리가 배워서 우리의 삶에 통합해야 하는 교훈을 이야기가 가지고 있다는 것을 안다. 사실, 우리가 듣는 이야기 중 많은 것이 바로 이러한 이유로 세계에 대한 특정한 모습을 제시하기 위해 주의 깊게 선택된 것이다. 우리가 어릴 때, 그 선택을 결정하는 사람은 바로 우리 부모님이다. 하지만 우리가 나이 들어갈수록, 상업적 이익 단체를 포함하여 다른 기관들 또한 세상에 관한 이야기를 통해, 다른 것보다는 특정 교훈을 제시하기 위해 경쟁한다. 우리의 교육 제도는 정확히 이런 종류의 이야기를 하는 세력인데, 그것들은 우리를 사회화하기 위해 세계에 관한 특정 견해를 제시하는 데 주의 깊게 선택되고 결코 중립적이지 않은 언어를 사용하기 때문이다.

**09~10**

동전과 주사위와는 달리, 인간은 기억이 있고, 승패에 정말 관심을 갖는다. 하지만 야구에서 타율은 단지 선수가 최근에 안타를 못 쳤다고 해서 높아지는 것은 아니다. 그것이 불운이 아니라면, 신체적 문제가 그런 선수로 하여금 형편없이 경기하도록 만들고 있을 수도 있다. 어느 쪽이든, 연달아 네 번 아웃된 야구 선수가 안타를 치도록 되어 있는 것이 아니고, 연달아 네 번 안타를 친 선수가 아웃이 되도록 되어 있는 것도 아니다. 마찬가지로, 일자리에 불합격되는 것이 일자리 제안을 더욱 가능성 있는 것으로 만들어 주지는 않는다. 오히려 각각의 불합격이 이 사람이 자격이 안 되거나 면접을 잘 못 본다는, 늘어나는 증거에 보탠다. 마찬가지로, 시험에 낙제하는 것은 다음 시험에 합격할 가능성을 높여 주는 것이 아니며, 그것은 단지 그 학생이 그 과목을 잘 이해하지 못하거나 시험에 충분히 대비하지 않는다는 표시일 수도 있다.

09 (A) a player is → is a player / 부정어 nor가 앞에 왔으므로 주어와 동사가 도치되어야 한다. 따라서 도치된 형태인 is a player로 고쳐야 한다.
(B) preparing → prepare / 조동사 doesn't 뒤의 understand와 등위접속사 or로 병렬 연결된 구조이므로 동사원형인 prepare로 고쳐야 한다.

10 how previous successes or failures don't increase the likelihood

문제 해설 |

과거에 실패하거나 성공한 경험이 그다음에 반대로 성공하거나 실패할 확률에 영향을 미치지 않는다는 내용의 글이므로, how previous successes or failures don't increase the likelihood of the opposite result occurring(이전의 성공이나 실패가 어떻게 반대의 결과가 발생하는 가능성을 높이지 않는가)과 같이 배열하는 것이 가장 적절하다.

구문 분석 |

[5행] **If anything**, each rejection adds to *the mounting evidence* [that this person is not qualified or interviews poorly].
▶ If anything은 '오히려'라는 의미로, 부정문 뒤에서 그 반대가 사실임을 나타낸다. [ ]는 the mounting evidence와 동격인 명사절이다.

어휘 |

dice 주사위   probability 개연성; *확률   in a row 잇달아[연이어]
mounting (서서히) 증가하는   qualified 자격이 있는, 적임의

## 11~12

백만 년이 넘는 동안, 인간은 야생에서 식량을 채집하고 동물을 사냥하는, 작은 규모의 이동하는 무리를 이루어 살았다. 물자가 허락되면 그들은 더 큰 집단으로 합쳤고, 특히 풍부한 식량원에 의존할 수 있을 때는 때때로 반정착민 생활을 했다. 그러다가, 마지막 빙하기가 끝나고 비교적 짧은 기간에, 그것은 기원전 약 10,000년경이었는데, 이 안정적이고 균형 잡힌 생활 방식이 변하기 시작했다. 전 세계적으로, 인간은 서서히 한 곳에 정착하여 채집한 식물을 특정한 작은 땅에서 기른 것으로 대체하기 시작했다. 만 년이 안 되어서, 이러한 새로운 농경 생활 방식이 전 세계로 퍼져나갔다. 사냥하고 채집하는 집단들이 살아남았지만 그들은 점차 더 변두리 지역으로 밀려났다. 농업의 채택은 인류 역사에서 가장 근본적인 변화였고, 그것은 우리가 문명이라고 부르는 모든 것과, 기록된 인류 역사로 이어졌다.

11 in a relatively short period of time after the end of the last ice age, which was about 10,000 BCE

문제 해설 |

인간의 생활 방식이 변화하기 시작한 시기는 Then, in a relatively short period of time ~ began to change.에 나타나 있다.

12 settle

문제 해설 |

'흔히 영구적으로, 그곳에 거주할 목적으로 특정 장소로 이주하다'라는 의미의 단어는 settle(정착하다)이다.

구문 분석 |

[5행] Across the world, humans slowly began **to settle** in one location and **(to)** *replace* gathered plants *with* **ones** [grown on special plots of land].
▶ began의 목적어인 to settle과 (to) replace가 등위접속사 and로 병렬 연결되었다. 「replace A with B」는 'A를 B로 대체하다'라는 의미이다. ones는 plants를 가리킨다. [ ]는 ones를 수식하는 과거분사구이다.

어휘 |

mobile 이동하는, 이동식의   plot 줄거리; *작은 땅   marginal 변두리의   fundamental 근본[본질]적인

p.146

## 2회   서술형 실전 TEST

01 (A) collected  (B) to reach
02 have to be manipulated by humans in order for information to be exchanged
03 how to be a good team player whether they win
04 (A) behaviors  (B) society
05 availability
06 We eat much more
07 is only a seriously poor performance that can lead to dismissal
08 (A) promoted  (B) training
09 (A) lies / 핵심 주어가 전치사구의 수식을 받는 One이므로 단수 동사인 lies로 고쳐야 한다.
(B) assists / 관계사절의 동사 helps, aids와 등위접속사 and로 병렬 연결된 구조이므로 단수 동사인 assists로 고쳐야 한다.
(C) in which[that] / 선행사 the ways가 있고 뒤에 완전한 절이 이어지므로 관계대명사 which를 「전치사+관계대명사」의 형태인 in which 또는 관계부사를 대신하는 that으로 고쳐야 한다.
10 take in air passively and can be opened and closed as needed
11 that was similar to what you might find
12 it was → was it

## 01~02

사물인터넷은 내장된 센서와 소프트웨어에 의해 수집된 정보를 교환하고 이에 기반하여 작동하는 사물들의 네트워크이다. 이 시스템에서, 일상 속의 사물들, 즉 전자기기뿐만 아니라 식품 포장재와 의류 같은 것들도 서로 상호 작용할 수 있다. 현재 많은 사물들이 인터넷에 연결되어 있지만, 정보가 교환되기 위해 그것들은 인간에 의해

조작되어야 한다. 그러나 사물인터넷으로는 인터넷에 연결된 사물들이 인간의 개입 없이도 서로 소통할 수 있다. 그래서 이 시스템은 우리가 시간, 돈, 그리고 수고를 절감하도록 함으로써 효율성을 높일 수 있다. 몇몇 보고서에 따르면, 연결된 기기의 수가 2025년에는 1조 개에 이를 것으로 예측된다. 그러나 우리는 사물인터넷이 우리 삶에 미치는 영향을 보기 위해 그때까지 기다리지 않아도 된다.

## 01 (A) collected (B) to reach

**문제 해설 |**

(A) '수집된 정보'라는 뜻으로 수동의 의미를 나타내며 data를 뒤에서 수식하는 과거분사인 collected로 고쳐야 한다.

(B) 「expect+O+to-v」 구문이 수동태로 쓰인 형태로, 목적격보어가 to부정사인 문장이 수동태가 되면 목적격보어로 쓰였던 to부정사는 그대로 써야 하므로 to reach로 고쳐야 한다.

## 02 have to be manipulated by humans in order for information to be exchanged

**문제 해설 |**

수동태 표현을 활용하라고 했으므로 '그것들은 인간에 의해 조작되어야 한다'는 have to 뒤에 수동태 be manipulated를 쓰고 행위자를 「by+목적격」으로 나타내어 they have to be manipulated by humans로 쓴다. 또한, 「in order to-v」 구문과 to부정사의 의미상 주어를 활용하라고 했으므로 '정보가 교환되기 위해'는 수동태 be exchanged를 쓰고 to부정사의 의미상 주어를 「for+목적격」으로 나타내어 in order for information to be exchanged로 쓴다.

**구문 분석 |**

[1행] The IoT (Internet of Things) is a network of objects [that **exchange** and **act upon** data {collected by sensors and software (which[that]) they have}].

▶ [ ]는 선행사 objects를 수식하는 주격 관계대명사절로, 동사 exchange와 act upon이 등위접속사 and로 병렬 연결되었다. { }는 data를 수식하는 과거분사구이다. they have는 선행사 sensors and software를 수식하는 목적격 관계대명사절로, which[that]가 생략되었다.

**어휘 |**

packaging 포장재 intervention 개입 boost 신장시키다, 북돋우다 efficiency 효율(성), 능률

## 03~04

한 명이 넘는 사람을 참여시키는 어떤 경기든 하는 것은 아이들에게 팀워크, 속임수 사용의 결과, 그리고 그들이 이기든 지든 훌륭한 팀 플레이어가 되는 방법을 가르쳐 준다. 이런 기술들이 아이들의 일상 생활 속으로 어떻게 형성되어 들어가는지 확인하는 것은 어렵지 않다. 하지만 우리가 아이들에게 가르치기를 바라는 모든 것처럼, 협력하거나 정정당당하게 경쟁하는 것을 배우는 것은 연습이 필요하다. 인간은 본래 지는 것을 잘하지 못하므로, 눈물, 고함, 그리고 속임수가 있을 것이다. 하지만 그것은 괜찮다. 요점은 함께 경기를 하는 것

은 아이들에게 사이좋게 지내기, 규칙 준수하기, 그리고 패배 시에도 품위를 지키기를 연습할 안전한 장소를 제공해준다는 것이다. 다시 말해, 그것은 아이들이 그들의 사회에서 용인되는 행동들을 배움으로써 사회에 적응하는 것을 도와준다. 요컨대, 여러 사람이 하는 경기에 참여하는 것은 사회화를 촉진하는 효과적인 방법이 될 수 있다.

## 03 how to be a good team player whether they win

**문제 해설 |**

teaches의 직접목적어 역할을 하는 명사구의 형태가 되도록, '~하는 방법'의 의미인 「how to-v」를 활용하여 how to be a good team player를 쓰고, whether가 이끄는 양보의 부사절이 뒤따르는 순서로 배열한다.

## 04 (A) behaviors (B) society

**문제 해설 |**

여러 사람과 함께 경기를 하는 것이 아이들의 사회화에 도움이 된다는 내용의 글이므로, '여러 사람이 하는 경기에 참여함으로써, 아이들은 그들이 그들의 (B) 사회에 적응하는 데 도움이 되는 (A) 행동들을 연습할 수 있다.'와 같이 요약하는 것이 가장 적절하다.

**구문 분석 |**

[2행] **It**'s not hard [to see {how these skills make it into the daily lives of kids}].

▶ It은 가주어이고 to부정사구인 [ ]가 진주어이다. { }는 to see의 목적어 역할을 하는 간접의문문이다.

[5행] The point is [that {playing games together} allows kids a safe place {to practice **getting along**, **following** rules, and **being** graceful even in defeat}].

▶ [ ]는 문장의 보어 역할을 하는 명사절이다. 첫 번째 { }는 보어절의 주어 역할을 하는 동명사구이다. 두 번째 { }는 a safe place를 수식하는 형용사적 용법의 to부정사구이며, to practice의 목적어인 동명사 getting along, following, being이 등위접속사 and로 병렬 연결되었다.

**어휘 |**

cheat 부정행위를 하다, 속임수를 쓰다 graceful 우아한; *품위를 지키는 defeat 패배 participation 참여 socialization 사회화

## 05~06

여러분이 방문해 보았던 파티나 호텔에서 다양한 음식이 담긴 여러 접시들이 있는 뷔페 테이블을 생각해 보라. 여러분은 집에서 이러한 음식 중 많은 것을 먹지 않기에 그것들을 모두 먹어 보기를 원한다. 그러나 그것들을 모두 먹어 보는 것은 여러분으로 하여금 평소에 먹는 것보다 훨씬 더 많이 먹게 만든다. 그리고 이러한 다양한 종류의 음식의 이용 가능성 때문에 여러분은 결국 체중이 늘게 된다. 과학자들은 쥐를 통한 연구에서 이러한 행동을 봐 왔다. 쥐들은 보통 한 종류의 음식을 먹을 때 한결같은 체중을 유지한다. 하지만 여러 가지의 열량이 높은 음식이 주어졌을 때 쥐들은 대단히 많은 양을 먹고 뚱뚱

해진다. <u>인간도 마찬가지이다.</u> 우리는 단지 한 가지 또는 두 가지 종류의 음식을 먹을 수 있을 때보다 여러 맛있는 음식을 먹을 수 있을 때 훨씬 더 많이 먹는다.

## 05  availability

**문제 해설 |**

'구매될 수 있고, 이용될 수 있으며, 또는 습득될 수 있는 특성'이라는 의미의 단어는 availability(이용 가능성)이다.

## 06  We eat much more

**문제 해설 |**

주어진 문장은 인간도 마찬가지라는 내용으로, 쥐들이 한 종류의 음식만 먹을 때는 체중을 유지하다가 여러 가지의 고열량 음식이 주어지자 많은 양을 먹고 살이 쪘다는 내용과, 우리(=인간)는 한두 가지의 음식보다 여러 가지 맛있는 음식을 먹을 수 있을 때 훨씬 더 많이 먹는다는 내용 사이에 오는 것이 알맞다. 따라서, 주어진 문장이 들어가기에 가장 적절한 곳은 We eat much more ~ are available. 앞이다.

**구문 분석 |**

[1행] Think of a buffet table [that has platter after platter of different foods] at a party or a hotel [(which[that]) you've visited].

▶ 첫 번째 [ ]는 선행사 a buffet table을 수식하는 주격 관계대명사절이다. 두 번째 [ ]는 선행사 a party or a hotel을 수식하는 목적격 관계대명사절로, which[that]가 생략되었다.

**어휘 |**

platter 접시   obese 비만의, 뚱뚱한

### 07~08

자신의 능력 수준을 넘어서는 자리에 있는 사람들을 보는 것은 드문 일이 아니다. 사실, 그들이 적절한 능력이 부족할수록, 남아 있고자 하는 그들의 결심은 더 크다. 캐나다의 교육자인 Laurence Peter는 위계 조직에서 무능력한 수준으로의 직원의 승진이 보기보다 훨씬 더 흔하다고 주장했다. 현재는 피터의 법칙이라고 불리는, 그가 고안해 낸 법칙은 위계 조직 안의 모든 사람은 그들이 무능력한 직위에 도달할 때까지 승진된다고 말한다. 이 지점에서는 사람들이 정말로 그들의 성과로 평가되는 것이 아니라 그 대신에 태도와 시간 엄수 같은 요인들로 평가된다. 일반적으로 심하게 형편없는 성과만이 해고로 이어질 수 있다. 어떤 이들은 직원들이 승진된 후에 그들에게 적절한 교육을 제공함으로써 고용주들이 성과에 관한 이런 문제를 피할 수 있을 것이라고 생각한다.

## 07  is only a seriously poor performance that can lead to dismissal

**문제 해설 |**

'…하는 것은 바로 ~이다'라는 의미의 강조구문은 「It is ~ that ....」으로 나타낸다.

## 08  (A) promoted   (B) training

**문제 해설 |**

Laurence Peter가 고안해 낸 법칙에 의하면, 위계 조직 내의 모든 구성원은 그들이 무능력한 지위에 도달할 때까지 승진하게 되지만 그들의 성과에 관한 문제는 적절한 교육을 통해 피할 수 있을 거라고 여겨진다는 내용의 글이므로, '피터의 법칙에 따르면, 직원들은 흔히 그들의 능력 수준을 넘어서는 직위에 있게 될 때까지 (A) 승진되지만, 이 법칙은 만약 그들에게 적절한 (B) 교육이 주어진다면 극복될 수 있을지도 모른다.'와 같이 요약하는 것이 가장 적절하다.

**구문 분석 |**

[4행] The law [(which[that]) he came up with], [now called the Peter principle], says [that every person in a hierarchy gets promoted until they reach a position {where they are incompetent}].

▶ 첫 번째 [ ]는 선행사 The law를 수식하는 목적격 관계대명사절로, which[that]가 생략되었다. 두 번째 [ ]는 The law he came up with를 부연 설명하는 삽입구이다. 세 번째 [ ]는 says의 목적어 역할을 하는 명사절이다. { }는 선행사 a position을 수식하는 관계부사절이다.

**어휘 |**

resolve 결심, 결의   hierarchy 계급 조직, 계층 제도 incompetency 무능력, 부적격 (incompetent 무능력한) dismissal 해고   adequate 적절한

### 09~10

야외에서 곤충이 생존하는 방법의 열쇠 중 하나는 그들의 작은 몸이 탈수가 되는 것을 막도록 도와주는 단단하고 밀랍 같은 층인 외피에 있다. 또 다른 요인은 그들이 호흡하는 방식이다. 공기로부터 산소를 흡수하기 위해, 그들은 몸의 마디에 있는 좁은 호흡구들을 사용하는데, 이들은 공기를 수동적으로 흡입하고 필요에 따라 열리고 닫힐 수 있다. 그리고 혈관 내에 담긴 피 대신 곤충들은 자유롭게 흐르는 혈림프를 갖고 있는데, 이는 그들의 몸이 단단하게 유지되도록 도와주고 움직임을 거들고 영양분과 노폐물의 적절한 몸의 부위로의 이동을 돕는다. 뿐만 아니라, 곤충의 신경 체계는 모듈식이다. 어떤 의미에서는, 서로 다른 몸의 마디 각각이 그 자체의 개별적이고 자율적인 뇌를 갖고 있다. 이것들은 곤충의 몸이 우리의 것과는 완전히 다르게 구조화되어 있고 기능하는 방식들 중 몇 가지일 뿐이다.

## 09  (A) lies / 핵심 주어가 전치사구의 수식을 받는 One이므로 단수 동사인 lies로 고쳐야 한다.

(B) assists / 관계사절의 동사 helps, aids와 등위접속사 and로 병렬 연결된 구조이므로 단수 동사인 assists로 고쳐야 한다.

(C) in which[that] / 선행사 the ways가 있고 뒤에 완전한 절이 이어지므로 관계대명사 which를 「전치사＋관계대명사」의 형태인 in which 또는 관계부사를 대신하는 that으로 고쳐야 한다.

## 10  take in air passively and can be opened and closed as needed

**문제 해설 |**

곤충의 몸에 있는 호흡구가 하는 일은 To take oxygen from ~ can be opened and closed as needed.에 나타나 있다.

**구문 분석 |**

[2행] [To take oxygen from the air], they use narrow breathing holes in their body segments, [which take in air passively and **can be opened** and **(can be) closed** as needed].

▶ 첫 번째 [ ]는 목적을 나타내는 부사적 용법의 to부정사구이다. 두 번째 [ ]는 선행사 narrow breathing holes in their body segments에 대한 부연 설명을 하는 계속적 용법의 관계대명사절이다. can be opened와 (can be) closed가 등위접속사 and로 병렬 연결되었다.

**어휘 |**

outer covering 외피    segment 부분, 마디    vessel 선박; *혈관
rigid 단단한, 딱딱한    transportation 수송, 운반    nutrient 영양소,
영양분    autonomous 자치의; *자율적인

### 11~12

서기 1200년경에, 칭기즈 칸은 몽골 제국 아래 동북아시아의 수많은 작은 부족들을 통합시켰다. 그 절정기에 몽골 제국은 북쪽으로는 시베리아, 그리고 남쪽으로는 인도까지 뻗어 있었을 뿐만 아니라 중부 유럽에서 동해까지 서쪽에서 동쪽으로도 뻗어 있었다. 칭기즈 칸은 그의 제국을 유지하기 위해 거대하면서도 기동력 있는 군대를 필요로 했으며, 이 군대는 엄청난 양의 식량을 공급받아야 했다. 그러므로 칸과 그의 고문들은 보존될 수 있고 장거리로 쉽게 운반될 수 있는 고열량의 건강식품이 필요했다. 그들의 해결책은 육류를 보존 처리하고 건조시키는 체계를 개발하는 것이었다. 칸의 군대는 당나귀와 소의 고기를 길고 얇은 가느다란 조각으로 자르고 그것들을 작은 그릇에서 소금에 절였는데, 그 후 그 조각들은 공기 중에 건조되었으며 아마도 불 위에 구워졌을 것이다. 그 결과 이는 오늘날 여러분이 여러분 근처의 편의점에서 발견할 수도 있는 것과 비슷했던 육포가 되었다! 그것은 맛있었을 뿐만 아니라 군 전체를 유지하기에 충분한 영양을 포함하고 있기도 했다.

## 11  that was similar to what you might find

**문제 해설 |**

'~와 비슷했던'은 meat jerkey를 선행사로 하는 주격 관계대명사절의 형태로 쓰되, 과거시제이므로 be를 was로 바꾸어 that was similar to로 쓴다. '여러분이 발견할 수도 있는 것'은 전치사 to의 목적어 자리에 관계대명사 what이 이끄는 명사절의 형태인 what you might find로 쓴다.

## 12  it was → was it

**문제 해설 |**

마지막 문장에서 부정어구 Not only가 문두에 왔으므로 주어와 동사가 도치되어야 한다. 따라서 it was를 was it으로 고쳐야 한다.

**구문 분석 |**

[4행] Therefore, Khan and his advisers needed a calorie-dense, healthy food [that could be **preserved** and easily **transported** over long distances].

▶ [ ]는 선행사 a calorie-dense, healthy food를 수식하는 주격 관계대명사절이다. could be 뒤에 과거분사 preserved와 transported가 등위접속사 and로 병렬 연결되었다.

[6행] Khan's army cut long, thin strips of donkey and cow meat, and salted them in small bowls, [after which the strips were **air-dried** and possibly **roasted** over a fire].

▶ [ ]는 앞 절 전체를 선행사로 하는 계속적 용법의 관계사절이다. were 뒤에 과거분사 air-dried와 roasted가 등위접속사 and로 병렬 연결되었다.

**어휘 |**

unite 연합하다; *통합[결속]시키다    tribe 부족, 종족    adviser 고문, 조언자    cure 낫게 하다; *보존 처리를 하다    strip 가느다란 조각    meat jerky 육포    nutrition 영양(물)    sustain 버티다; *(생명 등을) 유지하다

## 3회  서술형 실전 TEST

01 emotion
02 it is possible for another person from a different culture to feel frustrated at a task
03 (A) a center of mass  (B) the bar
04 Dick Fosbury showed them how to clear the bar with their backs facing down
05 당신은 당신의 아이들에게 낯선 사람들을 멀리하라고 조언하는가?
06 (1) ② → is  (2) ⑤ → follow[following]
07 do heavily processed foods such as frozen food, packaged snacks, and canned food lack beneficial bacteria
08 How Can We Keep Our Guts Healthy?
09 If it had not been for this reaction
10 is a natural response that developed from our ancestors' need to react
11 대상을 사전에 정의된 분류 체계와 맞춰 보면서 하향식 분석을 수행하는 프로그램을 작성하는 것
12 The brain

동기 유발에 입각한 지도의 복잡성에 관한 많은 사례 중 하나로서, 동기는 감정에 크게 영향을 받는다. 어떤 과제에 대한 일을 하는 어떤 사람은 좌절감을 느끼고는 중단해 버리는 반면, 어떤 과제에 대한 일을 하는 다른 사람은 기쁨을 느끼며 계속한다. 하지만 무엇이 좌절감이나 기쁨의 반응을 가져오는지는 문화에 따라 다른데, 새로움, 위험, 기회, 만족, 기타 등등에 대한 정의가 문화마다 다르기 때문이다. 또한, 다른 문화권에서 온 다른 사람이, 어떤 과제에 대해 좌절감을 느끼면서도 더 굳은 결심으로 계속하는 것이 가능하다. 사람이 동일시하는 문화적 집단에 따라, 예를 들어 스포츠 참여는 일상적인 오락, 경쟁, 스트레스 완화, 혹은 운동의 관점에서 이해될 수도 있고, 스포츠 참여에 대한 사람의 정서적 반응은 이런 믿음을 반영할 것이다. 문화 집단은 정서적 경험, 표현, 그리고 행동의 의미에 관한 믿음이 각기 다르다.

## 01 emotion

문제 해설 |

빈칸에는 동기에 큰 영향을 주는 대상이 와야 한다. 그다음 문장에 어떤 과제에 대해 좌절감을 느끼는 사람은 그 일을 중단하고, 기쁨을 느끼는 사람은 계속한다는 예시가 나오므로 빈칸에는 emotion(감정, 정서)이 가장 적절하다. 마지막 두 문장에 언급된 emotional을 명사 emotion으로 바꿔 써야 한다.

## 02 it is possible for another person from a different culture to feel frustrated at a task

문제 해설 |

「가주어-진주어」 구문을 활용하라는 조건이 있으므로 '어떤 과제에 대해 좌절감을 느끼는 것이 가능하다'는 it is possible to feel frustrated at a task로 쓴다. 또한, to부정사의 의미상 주어를 활용하라는 조건이 있으므로 '다른 문화권에서 온 다른 사람'는 to부정사 앞에 「for+목적격」의 형태인 for another person from a different culture로 쓴다.

구문 분석 |

[3행] But [what brings out a response of frustration or joy] differs across cultures, ....
▶ [ ]는 문장의 주어 역할을 하는 간접의문문이다.

[6행] Depending on the cultural groups [with which a person identifies], sports participation, for example, may be understood from the perspective ....
▶ Depending on은 '~에 따라'라는 의미이다. [ ]는 선행사 the cultural groups를 수식하는 관계사절로, 관계대명사 which는 전치사 with의 목적어로 쓰였다.

어휘 |

novelty 새로움, 신기함   hazard 위험   gratification 만족(감)   determination 결심, 결의   identify 확인하다; *동일시하다   recreation 오락   relief 안도; *경감, 완화

1960년대에, 높이뛰기 선수인 Dick Fosbury는 예상치 못한 방식으로 뜀으로써 그 종목을 영원히 바꾸어 놓았다. 전통적인 방식으로 막대를 마주하는 대신에, 그는 막대를 뒤로 뛰어넘었다. 질량 중심이라는 개념이 현재 배면뛰기(Fosbury Flop)로 알려진 이 이례적인 기술이 왜 그렇게 성공적이었는지 이해하는 데 핵심이다. 우리에게는 질량 중심이 있고, 그것은 우리가 자세를 바꿀 때 이동한다. 당신이 똑바로 서 있을 때 질량 중심은 당신의 배 안쪽에 위치하지만, 당신이 팔을 들어올리면 그것은 위로 이동한다. 몸을 앞으로 굽혀라, 그러면 당신의 질량 중심은 굽혀진 배 바로 아랫부분으로 이동하는데, 그곳에는 질량이 전혀 없다. 높이뛰기 선수들이 배면뛰기를 할 때, 그들의 질량 중심이 실제로 몸 아래쪽에 위치한다. 전통 방식을 이용하면, 높이뛰기 선수는 막대에 부딪히는 것을 피하기 위해 그들의 질량 중심을 막대 위쪽으로 올려야 했다. 하지만 Dick Fosbury는 그들(=선수들)에게 그들의 등이 아래를 향한 채로 막대를 뛰어넘는 방법을 보여주었는데, 그것은 그들의 질량 중심이 막대 아래에 위치하도록 했다.

## 03 (A) a center of mass   (B) the bar

문제 해설 |

(A)와 (B)는 각각 앞에서 언급된 a center of mass(질량 중심)와 the bar(막대)를 가리킨다.

## 04 Dick Fosbury showed them how to clear the bar with their backs facing down

문제 해설 |

'~에게 …을 보여주다'라는 의미는 「show+간접목적어+직접목적어」의 4형식 구문을 이용하여 나타내므로 showed 뒤에 간접목적어 them을 쓴다. 직접목적어에 해당하는 '그들의 등이 아래를 향한 채로 막대를 뛰어넘는 방법'은 「how to-v」와 「with+(대)명사+분사」 구문을 활용하여 how to clear the bar with their backs facing down으로 쓴다.

구문 분석 |

[2행] The concept of center of mass is the key to [understanding {why this unusual technique, now known as the Fosbury Flop, was so successful}].
▶ [ ]는 전치사 to의 목적어 역할을 하는 동명사구이다. { }는 understanding의 목적어 역할을 하는 간접의문문이다. now known as the Fosbury Flop은 this unusual technique을 부연 설명하는 삽입구이다.

[6행] ... the area directly below your bent belly, [where there is no mass at all].
▶ [ ]는 선행사 the area directly below your bent belly에 대한 부연 설명을 하는 계속적 용법의 관계부사절이다.

어휘 |

event 사건; *경기[종목]   clear 치우다; *(닿지 않고) 뛰어넘다

당신은 당신의 아이들에게 낯선 사람들을 멀리하라고 조언하는가? 그것은 어른이 되면 무리한 요구가 되는데, 당신은 낯선 사람들을 만남으로써 당신의 친구의 범위를 확장하고 잠재적인 사업 파트너를 만들기 때문이다. 그러나 이 과정에서, 사람들의 성격을 이해하기 위해 그들을 분석하는 것은 잠재적인 경제적 또는 사회적 이익에 관한 것만은 아니다. 추가적으로, 당신의 안전뿐만 아니라 당신이 사랑하는 사람들의 안전도 생각해봐야 한다. 그런 이유들 때문에, FBI에서 은퇴한 한 범죄 심리 분석관은 그들(=사람)을 이해하기 위해 사람의 피상적인 특성을 넘어설 필요성을 강조한다. 예를 들어, 단지 낯선 이가 공손하다는 이유로 그들이 좋은 이웃이라고 추정하는 것은 안전하지 않다. 게다가, 그들이 매일 아침 잘 차려입고 외출하는 일과를 따르는 것을 보는 것이 그것이 전부라는 것을 의미하지는 않는다. 사실, 범죄자조차도 당신의 감정을 조종하고 당신을 속이기 위해 친절하게 행동할 수 있다.

05 당신은 당신의 아이들에게 낯선 사람들을 멀리하라고 조언하는가?

문제 해설 |

'~에게 …하라고 조언하다'라는 의미의 「advise+O+to-v」 구문이 쓰였으므로 '당신은 당신의 아이들에게 낯선 사람들을 멀리하라고 조언하는가?'와 같이 해석한다.

06 (1) ② → is (2) ⑤ → follow[following]

문제 해설 |

② analyzing이 이끄는 동명사구가 문장의 주어이며 주어로 쓰인 동명사구는 단수 취급하므로 단수 동사인 is로 고쳐야 한다.
⑤ see와 같은 지각동사는 목적어와 목적격보어의 관계가 능동일 때 목적격보어로 동사원형이나 현재분사를 취하므로, follow 또는 following으로 고쳐야 한다.

구문 분석 |

[4행] There's, additionally, **not only** your safety **but also** the safety of your loved ones [to think about].
▶ 「not only A but also B」는 'A뿐만 아니라 B도'라는 의미이다. [ ]는 not only ... your loved ones를 수식하는 형용사적 용법의 to부정사구이다.

[5행] For those reasons, one profiler, [who is retired from the FBI], emphasizes the need [to go beyond a person's superficial qualities **in order to understand** them].
▶ 첫 번째 [ ]는 선행사 one profiler에 대한 부연 설명을 하는 계속적 용법의 관계대명사절이다. 두 번째 [ ]는 the need를 수식하는 형용사적 용법의 to부정사구이다. 「in order to-v」는 '~하기 위해'라는 의미이다.

어휘 |

keep away from ~을 멀리하다 expand 확대[확장]하다 potential 잠재적인 profiler 프로필 작가; *범죄 심리 분석관 emphasize 강조하다 superficial 깊이 없는; *피상적인 assume 추정[상정]하다 routine 판[틀]에 박힌 일, 일과 criminal 범인, 범죄자

영양학자들은 우리의 내장 건강을 유지하는 것이 중요하다고 말한다. 음식은 그렇게 하는 가장 쉬운 방법들 중 하나이다. 좋은 미생물들은 우리가 먹는 음식 중 다수와 그밖에 우리의 입으로 가는 무엇에서든지 발견될 수 있다. 요구르트, 김치, 그리고 낫또와 같은, 유익한 세균을 함유한 음식을 먹거나 마늘, 양파, 그리고 섬유질이 풍부한 가공되지 않은 곡물과 같이 좋고 신선한 영양소로 가득한 식단을 선택함으로써, 우리는 좋은 미생물을 기를 수 있다. 게다가 가공식품을 피하는 것은 우리 몸에 이미 존재하는 세균을 보호하는 데 중요하다. 냉동식품, 포장된 간식, 그리고 통조림 식품과 같이 많이 가공된 식품들은 유익한 세균이 부족할 뿐만 아니라 우리의 내장에 있는 좋은 미생물을 손상시키는 화학 물질들을 함유하기도 한다.

07 do heavily processed foods such as frozen food, packaged snacks, and canned food lack beneficial bacteria

문제 해설 |

일반동사가 쓰인 문장에서 부정어구가 문두에 올 경우 「부정어구+do[does/did]+주어+동사원형」의 형태로 쓴다. 현재시제이며 주어가 복수이므로 Not only 뒤에 do를 쓰고, 이어서 주어와 동사원형, 목적어를 쓴다.

08 How Can We Keep Our Guts Healthy?

문제 해설 |

음식을 통해 내장 건강을 유지하는 법을 설명하는 글이므로, How Can We Keep Our Guts Healthy?(우리는 어떻게 우리의 내장을 건강하게 유지할 수 있을까?)와 같이 배열하는 것이 가장 적절하다.

구문 분석 |

[2행] Good microbes can be found in many of the foods [(which[that]) we eat] and [**whatever** else gets to our mouths].
▶ 첫 번째 [ ]는 선행사 the foods를 수식하는 목적격 관계대명사절로, which[that]가 생략되었다. 두 번째 [ ]는 전치사 in의 목적어 역할을 하는 명사절로, whatever는 '~하는 무엇이든지'라는 의미의 복합관계대명사이다.

어휘 |

nutritionist 영양학자, 영양사 gut 소화관; *내장 matter 중요하다, 문제가 되다 microbe 미생물 unprocessed 가공되지 않은 fiber 섬유; *섬유질

당신은 스트레스가 질병이 아니라는 것을 이해해야 한다. 스트레스는 거의 모두가 경험하는 정상적인 반응이다. 사실, 스트레스는 당신

의 뇌와 몸에 있는 타고난 경보 시스템으로, 우리의 원시 시대까지 거슬러 올라간다. 이 무의식적인 반응은 우리 조상들에게서 그들을 포식 동물과 기타 위험으로부터 보호하기 위한 방법으로 발달했다. 당신이 밀림에서 호랑이를 만난다고 상상해 보라. 당신은 목숨을 구하기 위해 호랑이와 싸우거나 빨리 달려야 하므로 당신의 몸이 비상 체제를 가동한다. 이것은 당신의 혈액에 호르몬을 방출하는데, 이는 당신의 심장 박동을 빠르게 하고, 혈압을 높이며, 에너지를 증진시키고, 당신이 그 문제에 대처할 준비를 하게 해 준다. 투쟁 도피 반응이라고 불리는 이 반응이 없었더라면, 인류는 초기의 거친 자연환경에서 살아남을 수 없었을 것이다.

## 09  If it had not been for this reaction

문제 해설 |

밑줄 친 문장에서 주절의 동사가 「조동사의 과거형+have p.p.」의 형태인 것으로 보아 가정법 과거완료 구문임을 알 수 있다. 가정법 과거완료 구문의 Without은 '~이 없었더라면'의 의미로, If it had not been for로 바꿔 쓸 수 있으므로 If it had not been for this reaction과 같이 쓰는 것이 알맞다.

## 10  is a natural response that developed from our ancestors' need to react

문제 해설 |

스트레스는 신체가 위험에 대처할 준비를 하게 해줌으로써 조상들을 보호하기 위한 방법으로 발달한 반응이라는 내용의 글이므로, '스트레스는 위급 상황에 빠르게 대응하려는 우리 조상들의 필요에서 발달한 자연스러운 반응이다.'와 같이 요약하는 것이 가장 적절하다.

구문 분석 |

[5행] This releases hormones into your blood, [which **speeds up** your heart rate, **increases** your blood pressure, **boosts** your energy, and **prepares** you to deal with the problem].

▶ [ ]는 앞 절 전체를 선행사로 하는 계속적 용법의 관계대명사절이다. 관계사절의 동사 speeds up, increases, boosts, prepares가 등위접속사 and로 병렬 연결되었다.

어휘 |

primitive 원시의   involuntary 본의 아닌; *무의식적인, 본능적인
ancestor 조상

## 11~12

컴퓨터는 추론을 하고 관계를 연역하는 데 지극히 형편없다. Jeff Hawkins는 컴퓨터 프로그래머들이 기계가 이런 일들을 하게 만들려고 할 때 잘못된 접근 방식을 취한다고 주장한다. 그들은 대상을 사전에 정의된 분류 체계와 맞춰 보면서 하향식 분석을 수행하는 프로그램을 작성한다. 반면에, 뇌는 추론을 하고 관계를 매우 빠르게 연역한다. 자신의 신경 회로에 저장된 정보를 이용함으로써, 그것(=뇌)은 알려지지 않은 대상을 가장 가깝게 일치된 항목과 비교할 수 있다. 예를 들어, 친숙하지 않은 품종의 개는 빠르게 개로 인식되는

데, 뇌가 개라는 것에 관해 신경으로 인식한 모습이 그 개의 형태에 가깝게 일치하기 때문이다. 뇌는 신경 세포가 대량으로 상호 연결되어 있기 때문에 일치된 것과 거의 일치된 것을 빠르게 찾을 수 있다.

## 11  대상을 사전에 정의된 분류 체계와 맞춰 보면서 하향식 분석을 수행하는 프로그램을 작성하는 것

문제 해설 |

기계가 추론을 하고 관계를 연역하게 하려 할 때 컴퓨터 프로그래머들의 잘못된 접근 방식은 They write programs ~ trying to match objects against predefined taxonomies.에 나타나 있다.

## 12  The brain

문제 해설 |

빈칸에는 컴퓨터와 달리 추론과 빠른 관계 연역을 하는 주체가 와야 한다. 글 후반부에 친숙하지 않은 품종의 개를 빠르게 개로 인식하는 뇌의 예시가 나오므로 빈칸에는 The brain(뇌)이 가장 적절하다.

구문 분석 |

[3행] They write programs [that carry out top-down analysis], [trying to **match** objects **against** predefined taxonomies].

▶ 첫 번째 [ ]는 선행사 programs를 수식하는 주격 관계대명사절이다. 두 번째 [ ]는 부대상황을 나타내는 분사구문이다. 「match A against B」는 'A를 B와 맞춰 보다'라는 의미이다.

[7행] … because the brain's neural representation of [what a dog is] matches closely to the dog's shape.

▶ [ ]는 선행사를 포함하는 관계대명사 what이 이끄는 명사절로, 전치사 of의 목적어 역할을 한다.

어휘 |

inference 추론, 추리   deduce 연역하다, 추론하다   breed 품종
representation 표현, 묘사   neuron 뉴런, 신경 세포   massively
육중하게; *대량으로   interconnected 상호 연결된

p.158

## 4회  서술형 실전 TEST

01 (1) ③ → what  (2) ④ → noting
02 (A) Feedback  (B) a decision[choice]
03 balanced
04 We have little motivation to do more when we feel like
05 (A) that / 앞서 나온 the activity를 대신하는 대명사로, the activity가 단수이므로 단수형 대명사인 that으로 고쳐야 한다.
   (B) to focus / cause는 목적격보어로 to부정사를 취하므로 to focus로 고쳐야 한다.
06 One way to increase

07 There is a reason why so many of us are attracted to recorded music

08 그러나 이것들 중 어느 것도 우리의 뇌가 그것들을 인지할 특수한 방법을 진화시켰을 만큼 충분히 오랫동안 주변에 존재하지 않았다.

09 enjoy not only cool temperatures but also fresh air

10 (A) copied  (B) harmony

11 식물과 동물의 계절적이고 주기적인 변화

12 They use phenology in order to decide the best time to use pesticides on their crops.

## 01~02

슈퍼마켓에서 어떤 종류의 수프를 살지 선택할 때, 칼로리, 가격, 소금 함유량, 맛, 포장재와 같은, 고심해야 할 많은 자료가 있다. 만약 당신이 로봇이라면, 당신은 그 모든 세부사항의 균형을 잡을 분명한 방법이 없는 채로 결정하려고 애쓰는 데 온종일을 보낼 것이다. 선택에 이르기 위해서 당신은 일종의 요약 정보가 필요한데, 그것은 당신의 신체로부터 나오는 피드백이 당신에게 제공할 수 있는 것이다. 당신의 예산을 생각하는 것은 당신이 초조함을 느끼게 할지도 모르고, 수프를 먹는 것에 관해 생각하는 것은 배고픈 느낌을 유발할지도 모르며, 또는 기름지고 소화가 잘 안 되는 재료를 알아차리는 것이 당신의 속을 불편하게 만들지도 모른다. 이런 방식으로, 당신은 각 상표의 수프로 당신의 잠재적 경험을 모의 실험할 수 있다. 이는 당신의 두뇌가 재빨리 각 선택지에 가치를 부여하게 도와, 당신으로 하여금 한쪽 또는 다른 쪽을 선호하게 한다. 당신은 수프 캔으로부터 단지 자료를 추출하는 것이 아니라, 그 자료를 느끼는 것이다.

## 01 (1) ③ → what  (2) ④ → noting

문제 해설 |

③ which가 이끄는 관계사절 내에서 보어절을 이끌 수 있어야 하고, 동사 give의 직접목적어가 없는 불완전한 절로 구성되며 선행사가 없으므로 선행사를 포함한 관계대명사인 what으로 고쳐야 한다.
④ 등위접속사 or로 세 개의 절이 병렬 연결된 형태이므로 절의 주어 역할을 하는 동명사 noting으로 고쳐야 한다.

## 02 (A) Feedback  (B) a decision[choice]

문제 해설 |

어떤 식품을 구매할지에 관한 결정을 할 때 신체가 제공하는 피드백을 이용해 빠른 선택을 할 수 있다는 내용의 글이므로, '우리의 신체로부터 나오는 (A) 피드백은 우리가 (B) 결정[선택]에 빠르고 효율적으로 도달하게 해준다.'와 같이 요약하는 것이 가장 적절하다.

구문 분석 |

[1행] When choosing **which** kind of soup **to buy** at the supermarket, there's a lot of data [to struggle with], ....
▶ 「which+명사+to-v」는 '어떤 ~을 …할지'라는 의미이다. [ ]는 a lot of data를 수식하는 형용사적 용법의 to부정사구이다.

[2행] If you **were** a robot, you'**d** *spend* all day *trying* to make a decision without an obvious way to balance all the details.
▶ 「If+주어+동사의 과거형 ~, 주어+조동사의 과거형+동사원형 …」의 가정법 과거 구문이 쓰였다. 「spend+시간+v-ing」는 '~하는 데 (시간)을 보내다'라는 의미이다.

어휘 |

summary 요약  simulate 시뮬레이션하다, 모의 실험하다  extract 추출하다

## 03~04

인생은 균형을 맞추는 행위이며, 우리의 도덕심도 그러하다. 연구는 우리가 스스로를 우리 삶의 한 부분에서 도덕적으로 부족하다고 간주할 때, 우리는 저울의 균형을 맞출 도덕적 행동을 찾는다는 점을 시사한다. 아마도 당신은 재활용을 해야 한다는 것은 알지만, 재활용 수거 트럭이 올 시간에 맞춰 유리, 종이, 그리고 플라스틱을 모으는 데는 전혀 시간을 내지 않을 것이다. 어느 날 당신은 우연히 당신이 매주 얼마나 많은 일회용 플라스틱 커피잔을 써버리는지 알아차리고, 가지고 다닐 수 있는 재사용 가능한 컵을 즉시 사기로 결정한다. 당신의 도덕성 부족(재활용하지 않기)은, 당신의 관점에서, 도덕적 행위(재사용 가능한 컵으로 바꾸기)에 의해 균형이 맞춰진다. 문제는 시소가 다른 방향으로도 기울어질 수 있다는 것이다. 우리가 이미 충분히 하고 있는 것처럼 느낄 때, 우리는 그 이상을 할 동기가 거의 없다. 저울은 수평 상태이므로 우리는 우리의 행동을 개선하기 위해 애쓰는 것을 중단한다.

## 03 balanced

문제 해설 |

빈칸에는 재사용 가능한 컵으로 바꾸는 도덕적 행위가 재활용을 하지 않는 도덕성 부족에 주는 영향을 묘사하는 말이 와야 한다. 글의 앞부분에서 인생과 우리의 도덕성 모두 균형을 맞추는 행위라고 했으며, 연구에 따르면 우리는 스스로를 삶의 한 부분에서 도덕적으로 부족하다고 간주할 때 저울의 균형을 맞출 도덕적 행동을 찾는다고 했으므로 빈칸에는 balanced(균형이 맞춰진)가 가장 적절하다. 삽입구 앞에 has been이 있고 빈칸 뒤에 전치사 by가 있는 것으로 보아 현재완료 수동태가 되어야 함을 알 수 있으므로 balancing이나 balance를 balanced로 바꿔 써야 한다.

## 04 We have little motivation to do more when we feel like

문제 해설 |

'우리는 그 이상을 할 동기가 거의 없다'는 to부정사구가 명사구 little motivation을 뒤에서 수식하는 형태의 We have little motivation to do more로 쓰고, 이어서 '우리가 ~처럼 느낄 때'는 접속사 when이 이끄는 부사절 when we feel like로 쓴다.

구문 분석 |

[1행] Life is a balancing act, and **so** is our sense of morality.

▶ 「so+(조)동사+주어」는 '~도 또한 그렇다'라는 의미로, 부사 so가 앞에 와서 주어와 동사가 도치되었다.

[4행] One day, you happen to notice [how many disposable plastic coffee cups you go through each week], and you instantly decide to buy a reusable cup [that you can carry with you].

▶ 첫 번째 [ ]는 to notice의 목적어 역할을 하는 간접의문문이다. 두 번째 [ ]는 선행사 a reusable cup을 수식하는 목적격 관계대명사절이다.

어휘 |

morality 도덕성  deficient 부족한 (deficiency 부족, 결핍)  scale 규모[범위]; *저울  disposable 일회용의  reusable 재사용 가능한  tip 기울어지다  level 수평의

## 05~06

오류 없는 글을 쓰기 위해 당신이 취할 수 있는 방법 중 하나는 교정 작업을 내용 수정 작업과 구분하는 것이다. 많은 작가들이 그것들(= 교정 작업과 내용 수정 작업)을 똑같은 것으로 간주하지만, 그것들은 커피와 차만큼이나 분명하게 다르다. 기계적인 정확성을 증대시킬 수 있는 한 방법은 내용 수정과 교정을 동시에 하는 것을 피하는 것인데, 그렇게 하는 것이 당신으로 하여금 당신이 실제로 쓴 것이 아니라 당신이 말하고자 한 것에 집중하게 하여 오류를 놓치는 결과를 낳을 수 있기 때문이다. 그러므로 두 가지를 함께 하려고 하지 말고 교정을 먼저 하거나 내용 수정을 먼저 하라. 만약 교정이 당신이 먼저 하기로 선택하는 것이라면, 철자나 문법적 문제 같은 표면상의 오류들에 집중하는 것이 당신이 객관적인 오류를 다루게 해줄 것이다. 이러한 접근은 그 과정에서(=글을 쓰는 과정에서) 당신이 표현하고자 시도했던 것에 의해 주의가 흐트러지게 되는 유혹을 이겨내는 데 도움이 될 것이다.

05 (A) that / 앞서 나온 the activity를 대신하는 대명사로, the activity가 단수이므로 단수형 대명사인 that으로 고쳐야 한다.
(B) to focus / cause는 목적격보어로 to부정사를 취하므로 to focus로 고쳐야 한다.

06 One way to increase

문제 해설 |

주어진 문장은 작가들이 '그것들(them)'이 분명하게 다른데도 똑같은 것으로 간주한다는 문제점을 지적한 내용으로, 해당 문장의 them은 첫 번째 문장의 the activity of proofreading과 that of editing을 가리킨다. 두 번째 문장에서 그 문제점에 대한 해결책을 제시하는 내용이 이어지므로, 주어진 문장이 들어가기에 가장 적절한 곳은 두 번째 문장(One way to increase ~ missed errors.) 앞이다.

구문 분석 |

[3행] ..., as **doing so** can cause you to focus on [what you intended to say] rather than on [what you actually wrote], [resulting in missed errors].

▶ doing so는 절의 주어 역할을 하는 동명사구로, editing and proofreading at the same time을 가리킨다. 첫 번째와 두 번째 [ ]는 선행사를 포함하는 관계대명사 what이 이끄는 명사절로, 전치사 on의 목적어 역할을 한다. 세 번째 [ ]는 결과를 나타내는 분사구문이다.

어휘 |

proofread 교정을 보다   mechanical 기계(상)의; *기계적인  correctness 정확함, 정확성   temptation 유혹

## 07~08

그것(=음악)이 듣기에 너무나 편리해졌다는 사실 외에도 요즘 우리 중 그렇게나 많은 사람이 녹음된 음악에 끌리는 이유가 있다. 녹음 엔지니어와 음악가는 특정한 음향 효과로 우리의 뇌를 자극하는 것을 배워왔다. 이 효과들은 우리 청각 환경의 중요한 소리들을 분간하도록 진화한 신경 회로를 이용한다. 그것들은 원리상 3-D 아트, 영화, 그리고 착시와 비슷하다. 그러나 이것들 중 어느 것도 우리의 뇌가 그것들을 인지할 특수한 방법을 진화시켰을 만큼 충분히 오랫동안 주변에 존재하지는 않았다. 오히려 3-D 아트, 영화, 그리고 착시는 다른 것들을 성취하기 위해 이미 가동 중인 인식 체계를 이용한다. 그것들이 이러한 신경 회로를 새로운 방식으로 사용하기 때문에, 우리는 그것들을 특히 흥미롭다고 여긴다. 동일한 것이 현대의 녹음된 음악이 만들어지는 방법에도 적용된다.

07 There is a reason why so many of us are attracted to recorded music

문제 해설 |

'~가 있다'는 「There+be동사」로 나타내는데, 현재시제이며 주어가 단수(a reason)이므로 '이유가 있다'는 There is a reason으로 쓴다. 이어서 선행사 a reason을 관계부사 why가 이끄는 절이 뒤에서 수식하도록 문장을 배열한다. 수동태 표현을 활용하라는 조건이 있으므로 '우리 중 그렇게나 많은 사람이 녹음된 음악에 끌리는'은 so many of us are attracted to recorded music으로 쓴다.

08 그러나 이것들 중 어느 것도 우리의 뇌가 그것들을 인지할 특수한 방법을 진화시켰을 만큼 충분히 오랫동안 주변에 존재하지 않았다.

문제 해설 |

'~ 중 어느 것도 … 않다'라는 전체부정의 의미를 나타내는 「None of ~」, '~할 만큼 충분히 …한'이라는 의미의 「형용사+enough to-v」 구문, to부정사의 의미상 주어가 쓰였으므로 '그러나 이것들 중 어느 것도 우리의 뇌가 그것들을 인지할 특수한 방법을 진화시켰을 만큼 충분히 오랫동안 주변에 존재하지 않았다.'와 같이 해석한다.

구문 분석 |

[8행] The same is true of the way [that modern recordings are made].

▶ [ ]는 선행사 the way를 수식하는 관계부사절이다.

어휘 |

tickle 간질이다; *자극하다, 고무하다  exploit 개발하다, 활용[이용]하다  evolve 진화하다  discern 분간하다, 식별하다  visual illusion 착시  perceptual 지각의  in place 제자리에; *가동 중인  novel 새로운, 참신한

## 09-10

Eastgate Centre는 전형적인 냉방 시스템 없이 건설되었다. 대신 그것은 많은 양의 열기를 저장할 수 있는 건축 자재로 만들어졌는데, 이것은 흰개미에 의해 만들어진 흙더미에서 영감을 받은 발상이었다. 그 건물의 바닥과 벽은 낮 동안 열을 흡수한 다음 밤에 그것을 방출한다. 상승하는 따뜻한 공기와 하강하는 차가운 공기는 또한 자연 환기 시스템을 만들어 낸다. 결과적으로, Eastgate Centre의 방문자들은 서늘한 온도뿐만 아니라 신선한 공기도 즐긴다. 더 중요한 것은, Eastgate Centre가 다른 건물들보다 더 적은 에너지를 사용하고 더 적은 오염 물질을 생성한다는 점이다. 작은 흰개미에게서 받은 영감이 없었더라면, 이것 중 어느 것도 가능하지 않았을 것이다. 이러한 종류의 자연 모방 (기술)은 로봇공학과 농업을 포함하여 다른 분야의 문제점들을 해결하기 위해서도 사용되고 있다. 그것은 또한 인간이 자연에 더 가깝게 느끼도록 도울 수도 있어, 우리가 환경을 파괴하는 것을 멈추고 대신 환경의 일부가 되기 시작할 가능성이 더 커지게 만든다.

09 enjoy not only cool temperatures but also fresh air

문제 해설 |

'서늘한 온도뿐만 아니라 신선한 공기도 즐긴다'는 'A뿐만 아니라 B도'라는 의미의 「not only A but also B」 구문을 활용하여 enjoy not only cool temperatures but also fresh air로 쓴다.

10 (A) copied   (B) harmony

문제 해설 |

Eastgate Centre는 흰개미가 지은 흙더미에서 영감을 얻어 효율적이고 환경친화적인 시스템을 구축한 성공적인 자연 모방 기술의 사례라는 내용의 글이므로, 'Eastgate Centre의 자연 냉방 및 환기 시스템은 흰개미에 의해 지어진 구조물로부터 (A) 모방되었는데, 그것은 인간이 자연과 (B) 조화를 이루어 살도록 권장할 수도 있는 일종의 자연 모방 (기술)이다.'와 같이 요약하는 것이 가장 적절하다. 빈칸 (A) 앞에 were가 있으며 Eastgate Centre의 자연 냉각 및 환기 시스템은 흰개미가 만든 구조물로부터 모방된 대상이므로, 수동태가 되도록 copy를 copied로 바꿔 써야 한다.

구문 분석 |

[1행] Instead, it was made with building materials [that can store large amounts of heat], [which was an idea {inspired by the mounds built by termites}].

▶ 첫 번째 [ ]는 선행사 building materials를 수식하는 주격 관계대명사절이다. 두 번째 [ ]는 앞 절 전체를 선행사로 하는 계속적 용법의 관계대명사절이다. { }는 an idea를 수식하는 과거분사구이며, built by termites는 the mounds를 수식하는 과거분사구이다.

어휘 |

mound 흙[돌]더미  absorb 흡수하다  robotics 로봇공학

## 11-12

여러분은 봄이 언제 오는지 어떻게 알 수 있는가? 많은 조짐들이 있는데, 새싹이 나무 위에 나타나고, 새들이 노래하고, 낮이 더 길어지는 것이다. 여러분 중 일부는 그저 당신의 알레르기가 악화되기 때문에 봄이 오는 것을 알아차릴지도 모른다. 어떤 경우이든지, 만약 여러분이 이것들 중 어떤 것이라도 알아챘다면, 여러분은 이미 생물 계절학을 행해 오고 있는 것이다. 생물 계절학은 식물의 개화와 새의 이동 같은, 식물과 동물의 계절적이고 주기적인 변화에 기반을 둔 자연의 달력에 관한 학문이다. 이 사건들의 시기는 햇빛, 기온, 그리고 강우를 포함하여, 지역의 날씨와 기후 양상에 의해 직접적으로 영향을 받는다. 생물 계절학은 많은 다양한 분야의 전문가들에게 귀중한 정보를 제공한다. 예를 들어, 소방관과 응급 의료 요원들은 화재가 나기 쉬운 계절이 어디에서 그리고 언제 시작될지를 알아내는 데 생물 계절학을 이용한다. 농부들 또한 그들의 농작물에 살충제를 사용할 최적의 시기를 결정하기 위해 생물 계절학을 이용한다.

11 식물과 동물의 계절적이고 주기적인 변화

문제 해설 |

밑줄 친 these events는 앞에 언급한 the seasonal and cyclical changes in plants and animals를 가리킨다.

12 They use phenology in order to decide the best time to use pesticides on their crops.

문제 해설 |

농부들이 생물 계절학을 이용하는 목적은 Farmers ~ decide the best time to use pesticides on their crops.에 나타나 있다.

구문 분석 |

[8행] For instance, firefighters and first responders use phenology [to determine {where and when the fire season will begin}].

▶ [ ]는 목적을 나타내는 부사적 용법의 to부정사구이다. { }는 to determine의 목적어 역할을 하는 간접의문문으로, 「의문사+주어+동사」의 어순이다.

어휘 |

bud 새싹  cyclical 순환하는, 주기적인  migration 이동, 이주  first responder 응급 의료 요원  determine 결정하다; *알아내다

p.164

## 5회  서술형 실전 TEST

01 at first / She met older people
02 and she began to feel as if she were their peer
03 depend on

04 The Negative Economic Consequences Faced by Resource-Rich Nations
05 Chimpanzees are known to use leaves for transporting water
06 finding → found
07 it is helpful to consider a broad range of people who will be affected
08 consequences that affect a small number of people should be taken into consideration
09 (A) favorable (B) more
10 ⓐ the norms ⓑ members of an in-group
11 (1) ① / were → did
(2) ③ / it → itself
12 increased

## 01~02

젊은 댄스 강사인 Regina Martin은 나이 드는 것과, 자신의 젊어 보이는 외모를 잃는 것을 두려워했다. 그녀는 심지어 노인들 곁에 있는 것도 불편하다고 생각했다. 이러한 두려움을 극복하기 위해, 그녀는 노인처럼 보여야 하고 행동해야 하는 한 실험에 참가했다. 그 실험의 일환으로, Regina는 많은 노인들이 방문하는 식료품점에서 일했다. 그들이 지루하고 고리타분할 것이라고 생각했기 때문에, 그녀는 처음에 그들과 대화하는 것을 꺼렸다. 그러나, 그녀는 곧 그들과 이야기하는 것이 매우 즐겁다는 것을 알게 되었다. 그녀는 여전히 자전거 타기를 즐기는 노인들과, 비디오 게임을 하는 것을 좋아하는 다른 이들을 만났다. 은퇴 단지에서, Regina는 사교 모임에 가입했고, 노인들이 여전히 사랑에 빠지고 실연으로 고통받을 수 있다는 것을 알고 놀랐다. 그녀의 새로운 우정은 그다음 몇 주 동안 계속해서 끈끈해졌고, 그녀는 마치 자신이 그들의 또래인 것처럼 느끼기 시작했다.

### 01  at first / She met older people

**문제 해설 |**

주어진 문장은 그녀가 그들과 이야기하는 것이 매우 즐겁다는 것을 알게 되었다는 내용이다. However로 보아 앞에 그와 상반되는 내용이 언급되었음을 알 수 있으므로 주어진 문장이 들어가기에 가장 적절한 곳은 '그들이 지루하고 고리타분할 것이라고 생각했기 때문에, 그녀는 처음에 그들과 대화하는 것을 꺼렸다.'라는 내용의 Thinking that ~ at first. 뒤이다.

### 02  and she began to feel as if she were their peer

**문제 해설 |**

'마치 ~인 것처럼'이라는 의미의 as if 가정법 과거 구문을 활용하여 「as if+주어+동사의 과거형」 형태의 as if she were their peer로 쓴다.

**구문 분석 |**

[7행] … she was surprised [to find {that older people could still fall in love and suffer from broken hearts}].
▶ [ ]는 감정의 원인을 나타내는 부사적 용법의 to부정사구이다. { }는

to find의 목적어 역할을 하는 명사절이다.

**어휘 |**

stuffy 답답한; *고루한, 고리타분한   reluctant 꺼리는, 마지못한
complex (건물) 단지   companionship 교제, 사귐

## 03~04

일부 개발 도상국들은 자신들의 가장 풍부한 천연자원에 지나치게 <u>의존하는</u> 경향이 있는데, 이는 더 낮은 생산적 다양화와 더 낮은 성장률을 초래한다. 자원의 풍요가 반드시 해가 되는 것은 아닌데, 풍부한 천연자원을 가지고 있는 많은 나라들이 자신들의 경제 활동을 다양화함으로써 그것들을(=풍부한 천연자원)에 대한 의존에서 그럭저럭 벗어났기 때문이다. 몇 가지만 말하자면 캐나다, 호주, 그리고 미국의 경우가 그러했다. 하지만 일부 개발 도상국들은 자신들의 천연자원에 대한 의존에 갇혀 있다. 그들은 일련의 문제들을 겪는데, 자연 자본에 대한 과도한 의존은 다른 형태의 자본을 배제하는 경향이 있고 그로 인해 경제 성장에 지장을 주기 때문이다.

### 03  depend on

**문제 해설 |**

빈칸에는 일부 개발 도상국들의 더 낮은 생산적 다양화와 더 낮은 성장률을 초래하는 원인이 되는 것으로, 개발 도상국들이 그들의 가장 풍부한 천연자원을 어떻게 대하는지를 나타내는 말이 와야 한다. 글의 후반부에서 캐나다, 호주, 미국 같은 일부 국가들이 경제 활동을 다양화함으로써 천연자원에 대한 의존에서 벗어났지만, 일부 개발 도상국들의 천연자원에 대한 과도한 의존은 경제 성장을 저해한다고 언급하므로 빈칸에는 depend on(의존하다)이 가장 적절하다. 문장의 동사 자리이므로 dependence를 depend로 바꿔 써야 한다.

### 04  The Negative Economic Consequences Faced by Resource-Rich Nations

**문제 해설 |**

천연자원이 풍부한 일부 개발 도상국들이 자연 자본에 지나치게 의존하여 다른 형태의 자본을 배제하고 생산적 다양화와 경제 성장에 지장을 줄 수 있다는 내용의 글이다. 전치사 by가 제시되었으며 부정적인 경제적 영향은 자원이 풍부한 국가에 의해 직면하게 되는 대상이므로, 명사구 The Negative Economic Consequences를 Faced가 이끄는 과거분사구가 뒤에서 수식하는 형태로 쓴다. 따라서, The Negative Economic Consequences Faced by Resource-Rich Nations(자원이 풍부한 국가들에 의해 직면하게 되는 부정적인 경제적 영향)와 같이 배열하는 것이 가장 적절하다.

**구문 분석 |**

[1행] Some developing countries tend to excessively depend on their most abundant natural resources, [which generates a lower productive diversification and a lower rate of growth].
▶ [ ]는 앞 절 전체를 선행사로 하는 계속적 용법의 관계대명사절이다.

developing country 개발 도상국  excessively 지나치게, 과도하게  abundant 풍부한 (abundance 풍부)  natural resources 천연자원  diversification 다양화 (diversify 다각[다양]화하다)  outgrow ~보다 더 커지다; *(성장하여) 벗어나다  dependence 의존  capital 수도; *자본(금)  interfere with ~을 방해하다[~에 지장을 주다]

also B」는 'A뿐만 아니라 B도'라는 의미이다. 「whether A or B」는 'A이든 B이든'이라는 의미이다.

어휘 |

hollow (속이) 빈  archaeological 고고학적인  remains 나머지; *유적, 유물  distant 먼  reconstruction 복원  pinpoint (위치를) 정확히 찾아내다[보여주다]  prehistory 선사 시대

## 05~06

물 관리의 역사에 관해 글을 쓸 때 어디에서 시작하는가? 그것은 아마 인간과 침팬지 모두의 공통 조상이 지구를 걸었을 때인 6백만 년 전만큼이나 오래전에 일어나고 있었을 것이다. 침팬지는 속이 빈 나무 몸통에서 자신의 입으로 물을 옮기는 데 나뭇잎을 사용하는 것으로 알려져 있다. 그러므로, 우리는 우리 조상들이 그와 똑같은 일을 하고 있었을 뿐만 아니라 두 손에 모아 감싼 채로든, 가죽 용기에 넣어서든, 아니면 접힌 나뭇잎 안에 넣어서든 근거리로 물을 나르고 있었다고도 추정할 수 있다. 그러한 물 운반에 대한 직접적인 고고학적 증거가 부족하기는 하지만, 그것은 수원(水源)에서 멀리 떨어진 곳에서 발견되는, 야영지나 활동지의 유물에 의해 시사된다. 하지만 그러한 증거는 그 자체로 문제가 있다. 이는 선사 시대 초기에 대해서는 가장 가까운 수역의 구체적인 위치를 정확히 보여줄 충분히 상세한 환경 복원이 어렵기 때문이다.

## 05 Chimpanzees are known to use leaves for transporting water

문제 해설 |

현재시제로 쓰고 「be known to-v」 구문을 활용하라는 조건이 있으므로 Chimpanzees are known to use leaves로 쓴다. 전치사 for의 목적어로 동명사가 와야 하므로 이어서 for transporting water를 쓴다.

## 06 finding → found

문제 해설 |

야영지나 활동지의 유물은 발견되는 대상이므로, finding을 수동의 의미를 나타내는 과거분사인 found로 고쳐야 한다.

구문 분석 |

[1행] It was probably taking place **as far back as** *six million years ago*, [a time {at which a common ancestor of both humans and chimpanzees walked the earth}].

▶ 「as+형용사/부사+as ~」는 원급 비교 구문으로, '~만큼 …한/하게'의 의미를 나타낸다. [ ]와 six million years ago는 동격이다. { }는 선행사 a time을 수식하는 관계사절로, 관계대명사 which는 전치사 at의 목적어로 쓰였다.

[4행] Therefore, we can assume [that our ancestors were **not only** doing the same thing **but also** carrying water short distances], *whether* cupped in their hands, in skin containers, *or* within folded leaves.

▶ [ ]는 assume의 목적어 역할을 하는 명사절이다. 「not only A but

## 07~08

사람들이 결정을 더 다루기 쉽도록 만드는 한 가지 방법은 그들이 고려하는 결과의 수를 줄이는 것이다. 그들은 자신들이 생각하기에 소수의 사람들에게 영향을 줄 결과들을 특히 무시하는 것 같다. 하지만 적은 비율의 사람들에게 영향을 주는 결과도 여전히 심각할 수 있다. 예를 들어, 매우 이로운 약이 많은 환자들에게 긍정적인 결과를 가져오고 소수의 환자들에게 부정적인 결과를 가져올 수도 있다. 그런데 그 악영향을 받은 사람들이 사망할 수도 있다면 어떨까? 분명히, 비록 적은 수의 환자들이 영향을 받더라도 여러분은 그러한 심각한 결과를 무시하고 싶지 않을 것이다. 여러분이 이러한 종류의 상황을 직면할 때, 여러분이 내리려는 결정에 의해 영향을 받게 될 폭넓은 범위의 사람들을 고려하는 것이 도움이 된다. 그들은 여러분과 의견이 다른 사람과, 가장 잃을 것이 많은 사람을 포함해야 한다. 일단 여러분이 그들이 어떤 결과에 관해 염려하고 왜 그러는지를 알아내면, 여러분은 여러분의 결정에 이 정보를 포함할 수 있다.

## 07 it is helpful to consider a broad range of people who will be affected

문제 해설 |

「가주어-진주어(to-v)」 구문을 활용하라는 조건이 있으므로 주어 자리에 가주어 it을 쓴다. 또한, 진주어에 해당하는 '여러분이 내리려는 결정에 의해 영향을 받게 될 폭넓은 범위의 사람들을 고려하는 것'은 a broad range of people을 선행사로 하는 주격 관계대명사 who를 활용하고, 사람들이 영향을 받게 될 대상이므로 affect를 수동태 be affected로 바꾸어 to consider a broad range of people who will be affected로 쓴다.

## 08 consequences that affect a small number of people should be taken into consideration

문제 해설 |

어떠한 결정을 내릴 때, 그 결정으로 영향을 받게 될 소수의 사람들도 무시할 수 없으며 결정과 관련된 폭넓은 범위의 사람들을 고려하는 것이 도움이 된다는 내용의 글이므로, '결정을 할 때, 결과들을 직면할 가능성이 있는 사람들과 함께, 적은 수의 사람들에게 영향을 주는 결과들도 고려되어야 한다.'와 같이 요약하는 것이 가장 적절하다.

구문 분석 |

[2행] They're especially likely to ignore consequences [that {they think} will affect few people].

▶ [ ]는 선행사 consequences를 수식하는 주격 관계대명사절이다. { }는 삽입절이다.

▶ [8행] Once you have ascertained [what consequences they're concerned about] and why (they're concerned about them), ….

▶ [ ]는 have ascertained의 목적어 역할을 하는 간접의문문이다. why 뒤에 they're concerned about them이 생략되었다.

어휘 |
manageable 다루기[제어하기] 쉬운  adverse 부정적인, 불리한 (adversely 불리하게, 반대로, 역으로)  ascertain 알아내다, 확인하다  incorporate 포함하다

### 09~10

집단 간 접촉은 만약 그것이 그 집단들 사이에 평등을 촉진하는 사회적 규범에 의해 지지받는다면 고정관념을 형성하는 것을 줄이고 우호적인 태도를 만들어 낼 가능성이 더 크다. 만약 그 규범들이 개방성, 친밀함, 그리고 상호 존중을 지지한다면, 그 접촉은 만약 그것들(=그 규범들)이 그러지(=지지하지) 않는 것보다 태도를 바꾸고 편견을 줄일 더 큰 가능성이 있다. 제도적으로 지지를 받는 집단 간 접촉은, 그것이 외부의 권위자 또는 기존의 관습에 의해 승인받았다는 것을 의미하는데, 지지받지 않는 접촉보다 긍정적인 변화를 만들 가능성이 더 크다. 제도적 지지가 없다면, 한 내부 집단의 구성원들은 외부자들과 상호작용하는 것을 꺼릴 수도 있는데, 그들은 그렇게 하는 것이 (규범에서) 벗어나 있거나 단순히 부적절하다고 느끼기 때문이다. 그러나 제도적 지지의 존재로, 집단 간 접촉은 적절하고, 기대되어지며, 가치 있는 것으로 여겨질 가능성이 더 크다. 예를 들어, 초등학교에서 인종 차별 폐지에 관하여, 인종 차별 폐지에 반대하기보다는 지지하는 교사들(즉, 권위 있는 인물들)에 의해 행해진 수업에서 학생들이 더 많이 동기를 부여받고 더 많이 배웠다는 증거가 있다.

### 09  (A) favorable  (B) more

문제 해설 |
(A) 빈칸 앞뒤에서 집단 간 접촉이 만약 그 집단들 사이에 평등을 촉진하는 사회적 규범에 의해 지지받는다면 고정관념을 형성하는 것을 줄일 가능성이 더 크다고 했으므로, 빈칸에 들어갈 말로 가장 적절한 것은 favorable(우호적인)이다.
(B) 빈칸 앞뒤에서 인종 차별 폐지에 반대하기보다는 지지하는 교사들에 의해 행해진 수업에서 학생들이 더 많이 배웠다는 증거가 있다고 했으므로, 이와 같은 맥락에서 빈칸에 들어갈 말로 가장 적절한 것은 more(더)이다.

### 10  ⓐ the norms  ⓑ members of an in-group

문제 해설 |
ⓐ와 ⓑ는 각각 앞에서 언급된 the norms(그 규범들)와 members of an in-group(한 내부 집단의 구성원들)을 가리킨다.

구문 분석 |
[10행] …, there is **evidence** [that students were more highly motivated and learned more in classes {conducted by teachers (that is, authority figures) who supported *rather than* opposed desegregation}].

▶ [ ]는 evidence와 동격인 명사절이다. { }는 classes를 수식하는 과거분사구이다. who supported … desegregation은 선행사 teachers를 수식하는 주격 관계대명사절이다. 「A rather than B」는 'B보다는 A'라는 의미이다.

어휘 |
intergroup 집단 간의  stereotype 고정관념을 형성하다  equality 평등  prejudice 편견  institutionally 제도적으로 (institutional 제도상의, 제도적인)  authority 권위; *권위자  established 인정받는, 확실히 자리를 잡은  custom 관습, 풍습  deviant (정상에서) 벗어난  inappropriate 부적절한  worthwhile 가치 있는  with respect to ~에 관하여  oppose 반대하다  variable 변동이 심한, 가변적인

### 11~12

16세기에 유럽으로의 감자의 전래는 유럽 대륙을 변화시켰다. 감자는 유럽의 많은 곳에서 잘 자랐을 뿐만 아니라 많은 영양분을 함유하기도 했다. 일단 유럽인들이 감자를 기르기 시작하자, 그들의 식량 공급은 양적으로나 질적으로 극적으로 향상되었다. 유럽 전역에서, 감자는 빠르게 민중의 대다수를 위한 주된 영양 공급원이 되었다. 18세기 말 무렵에 감자는 대부분의 유럽의 농장들에서 재배되어, 유럽이 마침내 자급할 수 있게 해주었다. 많은 유럽인은 기근에서 벗어났으며, 유럽 국가들의 인구는 19세기 동안 급격하게 증가했다. 뿐만 아니라, 감자는 19세기의 영국에 산업혁명을 간접적으로 초래했다. 감자는 많은 다른 작물보다 더 기르기 쉬웠고, 따라서 농사에 더 적은 사람들이 필요했다. 더 이상 농장에서 일을 하지 않는 사람들은 도시에 가서 공장 노동자가 되었는데, 이는 새로운 제조 산업들이 빠르게 성장하는 것을 가능하게 했다.

### 11  (1) ① / were → did
　　　 (2) ③ / it → itself

문제 해설 |
① 일반동사가 쓰인 문장에서 부정어가 문두에 올 경우 「부정어+do [does/did]+주어+동사원형」의 어순으로 쓰며 과거시제이므로, were를 did로 고쳐야 한다.
③ to feed의 목적어와 주체가 Europe으로 동일한 대상이므로, it을 재귀대명사인 itself로 고쳐야 한다.

### 12  increased

문제 해설 |
빈칸 (A)에는 유럽인들의 식량 공급이 양적으로나 질적으로 어떻게 변화했는지 묘사하는 말이 와야 하며 빈칸 (B)에는 유럽 국가들의 인구가 어떻게 변화했는지 묘사하는 말이 와야 한다. 빈칸 (A) 앞에서 감자가 유럽의 많은 곳에서 잘 자랐을 뿐만 아니라 영양분이 매우 많기도 했다고 언급하며, 뒤에서는 감자가 빠르게 민중의 대다수를 위한 주된 영양 공급원이 되었다고 했으므로 감자 재배로 인해 유럽인들의 식량 공급이 양적으로나 질적으로 향상되었다는 것을 추측할 수 있다. 빈칸 (B) 앞에서 감자가 대부분의 유럽의 농장들에서 재배되어 유럽이 자급할 수 있었고, 많은 유럽인이 기근에서 벗어났다고 했으므로 유럽 국가들의 인구가 급격하게 증가했다는 것을 추측할 수 있다. 어법에 맞게 써야 하므로 빈칸 (A)

와 (B)에는 동사의 과거형인 increased(향상했다, 증가했다)가 가장 적절하다.

구문 분석 |

[5행] Potatoes were being grown on most European farms by the end of the 18th century, [allowing Europe to feed itself at long last].

▶ [ ]는 결과를 나타내는 분사구문이다.

[9행] People [who no longer worked on farms] went to cities and became factory workers, [which **enabled** new manufacturing industries **to grow** quickly].

▶ 첫 번째 [ ]는 선행사 People을 수식하는 주격 관계대명사절이다. 두 번째 [ ]는 앞 절 전체를 선행사로 하는 계속적 용법의 관계대명사절이다. 「enable+O+to-v」는 '~가 …하는 것을 가능하게 하다'라는 의미이다.

어휘 |

introduction 도입, 전래   continent 대륙   at long last 마침내   famine 기근

p.170

## 6회 서술형 실전 TEST

01 (A) to close (B) are
02 it is doubtful that a store would find it advantageous to purchase doors without locks
03 advisers can be alerted so that they can reach out and offer guidance
04 How Big Data Is Helping Educators Guide Students
05 (A) ignoring / results in의 목적어 자리이므로 동명사인 ignoring으로 고쳐야 한다.
 (B) that / '~라는 메시지'의 의미로, 명사구 the message 를 부연하는 동격절을 이끄는 접속사 that으로 고쳐야 한다.
06 before being given the opportunity to show others who they are
07 It has been argued that
08 (A) excess (B) reduce
09 (1) ③ → do (2) ④ → that
10 that respecting the rules preserves sport as well as makes room for the creation of excellence
11 (A) irrelevant (B) distinction (C) influence
12 matters so much that safety and functionality must not be our only priorities

### 01~02

많은 편의점이 1년 365일, 하루 24시간 문을 연다. 그런데 그곳들이 문을 전혀 잠가놓지 않는다면 왜 자물쇠가 달린 문을 설치하느라 애를 쓸까? 물론, 긴급한 상황이 이런 가게로 하여금 적어도 잠시라도 문을 닫게 할 수 있는 가능성이 언제나 있다. 예를 들어, 허리케인 카트리나의 여파로 뉴올리언스의 주민들은 거의 예고 없이 그들의 건물을 떠나야 했다. 그러나 설령 문을 닫아야 할 가능성이 확실히 배제될 수 있다 하더라도, 가게가 자물쇠 없는 문을 구입하는 것이 유리하다고 생각할지는 의심스럽다. 대부분의 사업체가 하루 24시간 열지는 않으므로, 다수의 산업용 문은 자물쇠가 달린 채로 제작된다. 이러한 시설들은 그것들의 문에 자물쇠가 필요한 분명한 이유가 있다. 따라서 대부분의 산업용 문이 자물쇠가 달린 채로 판매되는 것을 고려해 볼 때, 모든 문을 같은 방식으로 만드는 것이 아마도 더 저렴할 것이다.

## 01 (A) to close (B) are

문제 해설 |

(A) force의 목적격보어 자리로, force는 목적격보어로 to부정사를 취하므로 to close로 고쳐야 한다.
(B) 「부분 표현+of+명사」 구문으로, the majority of 뒤의 명사가 industrial doors로 복수이므로 복수 동사인 are로 고쳐야 한다.

## 02 it is doubtful that a store would find it advantageous to purchase doors without locks

문제 해설 |

it과 that이 주어졌으므로 「가주어 it-진주어(that절)」 구문으로 나타낸다. '~는 의심스럽다'는 it is doubtful로 쓰고, '가게가 자물쇠 없는 문을 구입하는 것이 유리하다고 생각할지'는 「find+가목적어 it+목적격보어(형용사)+진목적어(to-v)」 구문을 활용하여 a store would find it advantageous to purchase doors without locks로 쓴다.

구문 분석 |

[7행] So, **given that** most industrial doors are sold with locks on them, *it* is probably cheaper [to make all doors the same way].

▶ 「given that ~」은 '~을 고려해 볼 때'라는 의미이다. it은 가주어이고 to부정사구인 [ ]가 진주어이다.

어휘 |

in the wake of ~의 결과로서   property 재산, 소유물; *건물   rule out ~을 배제하다   establishment 기관, 시설

### 03~04

일부 대학에서, 빅데이터 분석은 특정 학생들의 성공 또는 실패 가능성을 예측하는 데 이미 사용되고 있다. 데이터 분석가들은 무수한 개인 학업 학생 기록을 살펴봄으로써 개입이 필요한지 아닌지를 예측할 수 있다. 학생들이 얼마나 자주 조언자와 개인 지도 교사를 보는지 또는 학생들이 순서가 맞지 않게 강의를 듣는지와 같은 특정 행동은 유용한 정보를 주는 것으로 보인다. 일부 대학은 '예측 변수' 과정에서 학생들의 수행 능력이 종종 그들이 졸업을 할지 안 할지를 알려주는 좋은 지표라는 사실을 발견했다. 이 빅데이터 분석을 기반으로, 많은 대학들은 개입의 필요를 시사할 수도 있는 강좌 목록을 유지한다. 만약 한 학생이 이전에 성공한 학생의 길을 벗어난다면, 조언자들은 그들이 접촉하여 안내를 제공할 수 있도록 알림 받을 수 있다.

**03** advisers can be alerted so that they can reach out and offer guidance

문제 해설 |

수동태 표현을 활용하라는 조건이 있으므로 '알림 받을 수 있다'는 can be alerted로 나타낸다. 또한, '그들이 접촉하여 안내를 제공할 수 있도록'은 「so that ~ can ....」 구문을 활용하여 so that they can reach out and offer guidance로 쓴다.

## 04 How Big Data Is Helping Educators Guide Students

문제 해설 |

학생들의 성공적인 학업 수행을 도모하는 데 빅데이터가 쓰인다는 내용의 글이므로, How Big Data Is Helping Educators Guide Students(어떻게 빅데이터가 교육자들이 학생들을 안내하는 데 도움이 되는가)와 같이 배열하는 것이 가장 적절하다.

구문 분석 |

[4행] Some universities have found [that students' performance in "predictor" courses is often a good indicator of {**whether** they will graduate **or not**}].

▶ [ ]는 have found의 목적어 역할을 하는 명사절이다. { }는 전치사 of의 목적어 역할을 하는 명사절로, 「whether ~ or not」은 '~인지 아닌지'라는 의미이다.

어휘 |

intervention 개입   scan through ~을 훑어보다   informative 유용한 정보를 주는, 유익한   out of sequence 순서가 안 맞게   guidance 지도[안내]

**05~06**

많은 고용주는 구직자 면접을 볼 때 첫인상에 집중하는 경향이 있다. 이로 인해 고용주들은 우리가 가진 재능과 지능을 무시하게 되고, 결과적으로 우리는 우리가 원하는 일자리를 얻지 못한다. 단순히 똑똑하거나 유능한 것은 전혀 충분하지 않다. 우리가 우리 스스로를 보여주는 방식은 만약 우리가 그러한 보여주기를 적극적으로 계발한다면, 우리가 기여할 기술들을 더 강력하게 말해줄 수 있다. 아무도 그들 (자신)이 누구인지를 다른 사람들에게 보여줄 기회를 제공받기 전에 목록에서 지워지는 것을 좋아하지 않는다. 당신이 다른 사람을 만나는 그 순간부터 당신의 이야기를 말할 수 있는 것은 당신이 고려되어야 할 누군가이고 그 자리에 적합한 사람이라는 메시지를 전달하기 위해서 적극적으로 계발되어야 하는 기술이다. 그러한 이유로, 우리 모두는 올바른 방식으로 적절한 것들을 말하는 방법과, 다른 사람에게 매력적인 방식으로 우리 스스로를 보여주는 방법을 배우는 것이 중요한데, 즉 훌륭한 첫인상을 재단하는 것이다.

**05** (A) ignoring / results in의 목적어 자리이므로 동명사인 ignoring으로 고쳐야 한다.

(B) that / '~라는 메시지'의 의미로, 명사구 the message 를 부연하는 동격절을 이끄는 접속사 that으로 고쳐야 한다.

**06** before being given the opportunity to show others who they are

문제 해설 |

'기회를 제공받기 전에'는 전치사 before 뒤에 수동형 동명사구 being given the opportunity가 이어지는 형태로 쓴다. '그들이 누구인지를 다른 사람들에게 보여줄'은 the opportunity를 to부정사구가 뒤에서 수식하는 형태로 배열하되, 「to show+간접목적어+직접목적어」의 어순으로 쓴다. 이때, 직접목적어 자리에는 「의문사(who)+주어+동사」 형태의 간접의문문을 쓴다.

구문 분석 |

[1행] This often results in **them** [ignoring the talent and intelligence {that we possess}] and, as a result, we don't get the job [(which[that]) we want].

▶ 첫 번째 [ ]는 results in의 목적어 역할을 하는 동명사구이며 them은 동명사의 의미상 주어이다. { }는 선행사 the talent and intelligence를 수식하는 목적격 관계대명사절이다. 두 번째 [ ]는 선행사 the job을 수식하는 목적격 관계대명사절로, which[that]가 생략되었다.

[3행] The way [we present ourselves] can speak more powerfully of the skills [(which[that]) we bring to the table] ....

▶ 첫 번째 [ ]는 선행사 The way를 수식하는 관계부사절로, The way 는 How로 바꿔 쓸 수 있다. 두 번째 [ ]는 선행사 the skills를 수식하는 목적격 관계대명사절로, which[that]가 생략되었다.

어휘 |

candidate 지원자, 지망자   bring to the table 이익을 제공하다, 기여하다   appeal 항소[상고]하다; *매력적이다   tailor 재단하다

**07~08**

마케팅 경영은 수요를 찾고 증가시키는 것뿐만 아니라 그것을 바꾸거나 심지어 줄이는 것과도 관련이 있다. 예를 들어, 에베레스트산은 그곳을 등반하러 오는 점점 증가하는 수의 미숙한 관광객들을 직면하고, 하와이 섬의 주민들은 여름 휴가 동안의 혼잡함을 해결하기 위해 애쓴다. 심지어 전력 회사들도 때때로 최고 사용 기간 동안 수요를 충족시키는 데 어려움이 있다. (보다 많은 나라들이 우리의 전기 요금을 낮추기 위해 재생 가능 에너지에 투자해야 한다고 주장되어 왔다.) 과도한 수요를 처리하기 위해, 어떤 마케팅 담당자들은 일시적으로 혹은 영구적으로 수요를 줄이기 위해 소위 반 마케팅이라는 것을 이용한다. 반 마케팅의 목적은 수요를 완전히 없애버리는 것이 아니라, 단지 그것을 줄이거나 다른 시기 또는 심지어 다른 제품으로 이동시키는 것이다. 따라서, 마케팅 경영은 조직이 그것의 목표들을 달성하는 것을 돕는 방식으로 수요의 수준, 시기, 그리고 특성에 영향을 주는 것을 추구한다.

**07** It has been argued that

문제 해설 |

수요를 줄이거나 다른 시기 또는 다른 제품으로 옮기는 방식으로 과도한

수요를 처리하는 반 마케팅에 관해 설명하는 내용의 글이므로, 재생 가능 에너지에 투자해야 한다고 주장되어 왔다는 내용의 문장은 글의 전체 흐름과 관계가 없다.

## 08 (A) excess (B) reduce

**문제 해설 |**

마케팅 담당자들은 과도한 수요를 통제하기 위한 방법으로 반 마케팅을 이용하기도 한다는 내용의 글이므로, '(A) 과도한 수요에 직면하면, 마케팅 담당자는 수요가 사업을 압도하지 않도록 수요를 (B) 줄이고 통제하기 위해 반 마케팅을 이용할 수 있다.'와 같이 요약하는 것이 가장 적절하다.

**구문 분석 |**

[1행] Marketing management is concerned **not only** with [finding and increasing demand] **but also** with [changing or even reducing it].

▶ 「not only A but also B」는 'A뿐만 아니라 B도'라는 의미로, A와 B 자리에 각각 with가 이끄는 전치사구가 왔다. 두 개의 [ ]는 각각 전치사 with의 목적어 역할을 하는 동명사구이다.

**어휘 |**

local 주민, 현지인  overcrowding 초만원, 과밀, 혼잡  excess 초과한, 과잉의  temporarily 일시적으로  objective 목적, 목표

### 09~10

규칙은 공식적인 유형의 경기 신호로 여겨질 수 있다. 규칙은 시험의 구조, 즉 무엇이 달성되어야 하고, 우리가 그것을 어떻게 달성해야 하는지를 우리에게 알려준다. 이런 방식으로 규칙에 관해 생각하는 것은 인위적이지만 이해할 수 있는 문제를 초래한다. 예컨대 오로지 농구나 야구 경기의 규칙 내에서만 점프슛을 하는 행위나 주자를 터치아웃시키는 행위가 의미가 통하고 가치를 지닌다. 스포츠에 특별한 의미를 부여하는 것은, 바로 규칙에 의해 만들어진 인위성, 즉 해결되어야 하는 독특한 문제이다. 이렇게 하여, 사다리 없이 농구공을 링 안으로 슛하는 것과 홈 플레이트에서 약 60피트 떨어진 거리에서 투구하는 것이 중요한 인간의 목표가 된다. 규칙을 존중하는 것은 탁월성 창출과 의미 발생의 여지를 만드는 것처럼 보일 뿐만 아니라 스포츠를 보존하는 것처럼 보이기도 한다. 평범한 삶에서 중요하지 않다고 여겨질 행위에 참여하는 것은 자유롭게 해줄 수 있어, 우리가 보호된 환경에서 우리의 능력을 탐구할 수 있게 해준다.

## 09 (1) ③ → do  (2) ④ → that

**문제 해설 |**

③ 일반동사가 쓰인 문장에서 부정의 의미를 지닌 어구가 문두에 올 경우 「부정어(구)+do[does/did]+주어+동사원형」의 어순으로 쓴다. 현재시제이며 주어가 복수이므로 do로 고쳐야 한다.

④ '…하는 것은 바로 ~이다'라는 의미의 「It is[was] ~ that ….」 강조구문이므로 that으로 고쳐야 한다.

## 10 that respecting the rules preserves sport as well as makes room for the creation of excellence

**문제 해설 |**

밑줄 친 문장의 appears 뒤에 단순부정사(to-v)가 왔으므로 「가주어 it-진주어(that절)」 구문에서 that절의 동사도 현재형으로 써야 한다. 따라서, that respecting the rules preserves sport as well as makes room ~과 같이 쓰는 것이 알맞다.

**구문 분석 |**

[9행] [Engaging in acts {that would be considered inconsequential in ordinary life}] can also be liberating, [**allowing** us **to explore** our capabilities in a protected environment].

▶ 첫 번째 [ ]는 문장의 주어 역할을 하는 동명사구이다. { }는 선행사 acts를 수식하는 주격 관계대명사절이다. 두 번째 [ ]는 부대상황을 나타내는 분사구문이다. 「allow+O+to-v」는 '~가 …하게 해주다'라는 의미이다.

**어휘 |**

cue 신호  bring about ~을 유발[초래]하다  artificial 인조의; *인위적인 (artificiality 인위성)  intelligible 이해할 수 있는  tag ~을 잡다; *(주자를) 터치아웃시키다  hoop 테[고리]; *(농구의) 링  pitch 내던지다; *투구하다  emergence 출현, 발생  liberating 해방시키는, 자유롭게 하는  capability 능력

### 11~12

무엇보다도, 건축 환경에서 설계를 시행할 때 사람들은 안전성과 기능성이 협상의 여지가 없다고 여긴다. 하지만 어떻게 그것이 디자인되어 있는지와 같은 새로운 설계의 미학은 너무나 흔히 무관하다고 여겨진다. 어떻게 그것의 디자인이 인간에게 영향을 미치는지에 대한 질문은 거의 제기되지 않는다. 디자인이 장식적인 것을 만들어 내고, 이것이 워싱턴 국립 대성당이 지역 사회의 교회와는 다른 것과 마찬가지로 (미학적) 건축물을 (일반적) 건축물과 구분 짓는다고 단순하게 생각하는 것은 흔한 일이다. 하지만 (미학적) 건축물과 (일반적) 건축물, 더 일반적으로는 디자인과 유용성 사이의 이러한 구분은 더할 나위 없이 잘못된 것이다. 우리의 모든 건축 환경의 디자인이 너무나 많이 중요해서 안전성과 기능성이 우리의 유일한 우선순위여서는 안 된다는 것을 우리는 더욱더 알아가고 있다. 모든 종류의 디자인 요소는 사람들의 환경에 대한 경험뿐만 아니라 그들 자신에 대한 경험에도 영향을 미친다. 그것들은 우리의 인지, 감정, 행동, 심지어는 행복까지 형성한다. 결과적으로 그것들은 실제로 우리의 정체성까지 구성하는 데 도움이 된다.

## 11 (A) irrelevant  (B) distinction  (C) influence

**문제 해설 |**

(A) 빈칸 뒤의 문장에 디자인이 인간에게 미치는 영향에 관한 질문은 거의 제기되지 않는다는 내용이 이어지므로, 빈칸에 들어갈 말로 가장 적절한 것은 irrelevant(무관한)이다.

(B) 빈칸 앞의 문장에 (미학적) 건축물을 (일반적) 건축물과 구분 짓는 것에 관한 내용이 언급되었으므로, 빈칸에 들어갈 말로 가장 적절한 것은 distinction(구분)이다.

(C) 빈칸 뒤의 문장에 디자인 요소가 우리의 인지, 감정, 행동, 행복을 형

성하며 우리의 정체성을 구성하는 데에도 도움이 된다는 내용이 이어지므로, 빈칸에 들어갈 말로 가장 적절한 것은 influence(영향을 미치다)이다.

## 12 matters so much that safety and functionality must not be our only priorities

**문제 해설 |**

so much와 that이 주어졌으므로 '너무 ~해서 …하다'의 의미인 「so+부사+that …」 구문을 활용한다. 동사 matters 뒤에 so much를 쓰고 that절이 이어지는 순서로 문장을 배열한다.

**구문 분석 |**

[3행] **It** is common [to simply believe {that design makes something decorative}, and {that this differentiates architecture from building, just as the Washington National Cathedral differs from the local community church}].

▶ It은 가주어이고 to부정사구인 [ ]가 진주어이다. 두 개의 { }는 to believe의 목적어 역할을 하는 명사절로, 등위접속사 and로 병렬 연결되었다.

**어휘 |**

functionality 기능성　nonnegotiable 협상[교섭] 불가의　implement 시행하다　aesthetics 미학　decorative 장식의, 장식적인　differentiate 구별짓다　cathedral 대성당　utility 공익사업; *유용성　cognition 인지　constitute 구성하다, 이루다　restrain 저지[제지]하다　priority 우선 사항

시험에 꼭 나오는 **서술형 유형**만을 담았다!

필히 통하는
고등 *서술형* 실전편